やりたいことから引く

SHIGEMON 著

鉄道模型
Nゲージ
テクニックバイブル

成美堂出版

桜が咲く春の風景を走る特急リバティ。色づく樹木によって季節感を表現できるのも情景ジオラマの特徴です。

限りあるスペースに切り取った情景を再現する
新たな鉄道模型の世界へようこそ

思い描いた光景を
ありのまま再現できる
つくり方が満載

紅葉を背景に雄大な鉄橋を渡るキハ85系。いまでは見ることのできない光景でも鉄道模型の世界では再現できます。

手づくりの情景のなかを好きな列車が走る喜び

好きな場所、有名なスポットなど実際にある風景を、小さな世界に再現することも情景製作の楽しさのひとつです。

鉄道模型ではさまざまな車両が発売されています。集めて走らせて、情景に飾ってといろいろな遊び方があります。

四季折々、自然の雄大な景色も思いのまま

電車だけでなく機関車も人気の車両です。車庫を置いた線路を往復運転するだけで楽しくなります。

気になる疑問をズバっと解決!

鉄道模型 情景製作 Q&A

鉄道模型で遊んだり、情景ジオラマをつくってみたいけど、どんなものを用意してどこからはじめたらいいのかがわからないという人もいるかと思います。ここでは鉄道模型&情景製作をはじめるときの、よくある疑問にQ&A形式で答えていきます!

鉄道模型Nゲージに触ったことがない!

Q 何からはじめたらよいですか?

A はじめての鉄道模型には入門セットがオススメ!

入門用セットは2メーカーから発売

鉄道模型の運転に必要な車両と線路、そしてコントローラーがセットになった入門セットは、開封後すぐに遊ぶことができます。好きな車両が入ったものを選択しましょう!

P.22

Q 鉄道模型はどこで購入できますか?

A 模型店や家電量販店で購入できます!

お店なら現物をチェックできる!

鉄道模型は模型店や家電量販店で購入することができます。取り扱いがあるかを確認してみましょう。通販サイトでも購入ができますが、お店で現物を見た方がワクワクすると思います!

Q 車両を運転するには何が必要ですか?

A 運転には線路とコントローラーが必要です!

車両と線路とコントローラーを揃えよう

鉄道模型の運転には車両が走るための線路と、速度を調整するためのコントローラーが必要です。コントローラーは電源が必要で、コンセントに差し込むためのアダプターが付属しています。

Q 鉄道模型メーカーっていくつあるのですか?

A KATOとTOMIXの2メーカーが有名です!

TOMIXの新幹線

大手としては入門向けセットを販売しているKATOとTOMIXの2メーカーに加え、マイクロエースやグリーンマックスが有名です!その他、ガレージメーカーを合わせると数多く存在します。

Q どのメーカーを選べばよいですか?

A メーカーでなく欲しいと思った商品を選びましょう!

本物のようなコントローラー

入門セットは2メーカーのうち好きな方を選びましょう!線路の拡張は同じメーカーの線路を買い足す必要がありますが、車両は線路とは異なるメーカーの車両でも走らせることができます!

Q 情景づくりって大変そう！レイアウトって1周分つくるんでしょ？

A 一部の情景をつくればOK！モジュールがオススメです

大きな情景じゃないといけないわけではありません。小さいジオラマや一区間だけをつくるモジュールからはじめてみましょう。

P.44

Q モジュールってどんなもの？

A 線路をつなげることができる情景のことです！

線路をつなげることができる

モジュールとは車両が走れるように線路を敷いた一区間だけの情景のことです。線路をつなげたり、モジュールどうしをつなげて車両を走らせるようにすることもできます。

Q 一区間だけの情景だと車両を走らせて遊べないのでは？

A 線路がつながれば車両を走らせることができます！

一区間だけの情景であっても線路がつながれば車両を走らせることができます！モジュールに線路をつなげて1周させれば、車両をずっと走らせて遊ぶこともできます。

Q 建物はどうやってつくるのですか？

A 建物はいろいろな種類のものが発売されています！

キットで自作するのもあり
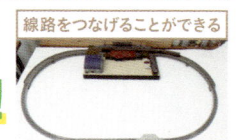

鉄道模型の建物はいろいろなメーカーからさまざまな製品が発売されています。完成品やプラモデルのようなキット、紙製のペーパーキットがあります。

Q 地形はどうやってつくるのですか？

A 発泡スチロールや新聞紙などでつくることができます！

情景の地形の製作は発泡スチロールや新聞紙など、身近にある材料でつくることができます。また、入手しやすい百均の粘土などもよく使います。

Q 情景をつくりたいけどアイデアがない。何をつくればいいですか？

A 自分の好きな車両や風景を思い浮かべてみましょう！

情景製作のテーマは好きな車両や風景がヒントとなります。これから紹介するテクニックを参考につくりたい情景にチャレンジしてみましょう。

アイデアの出し方P.50

Q 夜景をつくりたい何を用意すれば？

A ジオラマ用の照明アイテムを活用しましょう！

電気の知識がまったく無くても、市販の照明用アイテムを活用することで簡単に夜景をつくることができます。もちろん市販のLEDなどを使ってもOK！

P.186

Contents

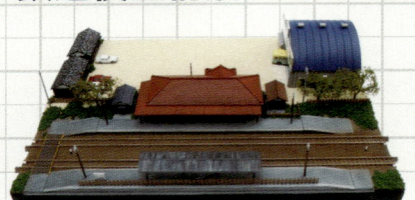
Part 1 Basic ベーシック 基本

Nゲージの基本

情景製作の基本

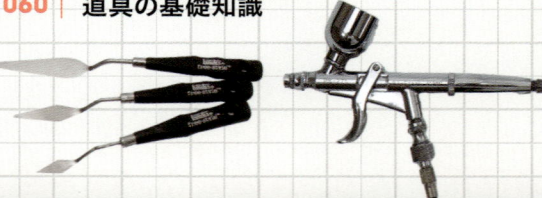

Part 2 Technique テクニック 情景製作

鉄道模型情景 ジオラマ

限りあるスペースに好きな風景を再現する情景ジオラマ。この製作には、鉄道模型の関連製品をはじめ百均で揃えられる素材まで、さまざまなものが使用されています。ここでは、そんな素材の一部をピックアップしてご紹介。つくり方のページへのリンク先では、それらの素材を使った情景製作のテクニックを解説しています。

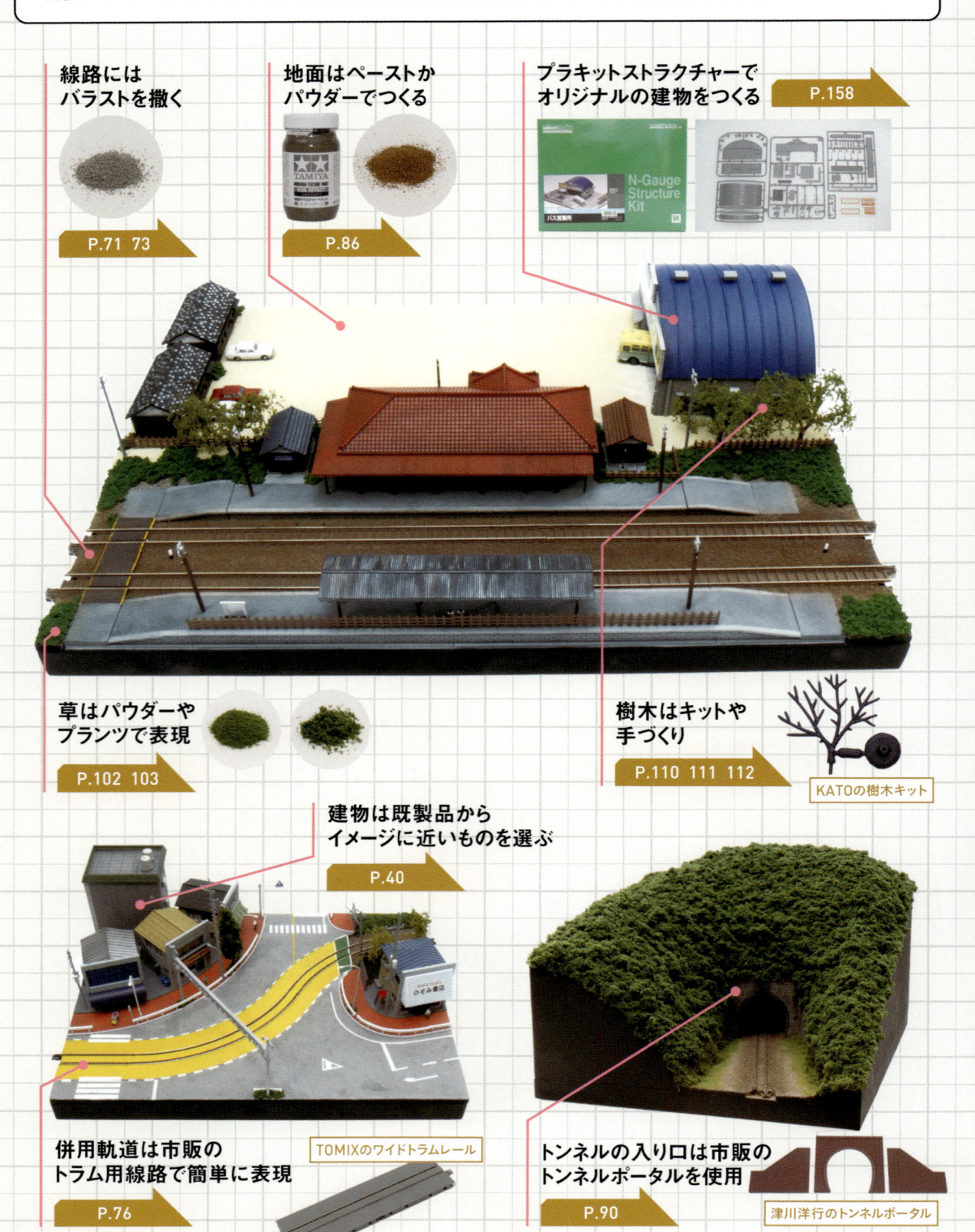

線路には
バラストを撒く

P.71 73

地面はペーストか
パウダーでつくる

P.86

プラキットストラクチャーで
オリジナルの建物をつくる

P.158

草はパウダーや
プランツで表現

P.102 103

樹木はキットや
手づくり

P.110 111 112

KATOの樹木キット

建物は既製品から
イメージに近いものを選ぶ

P.40

併用軌道は市販の
トラム用線路で簡単に表現

P.76

TOMIXのワイドトラムレール

トンネルの入り口は市販の
トンネルポータルを使用

P.90

津川洋行のトンネルポータル

大解剖

山の表面はプラスタークロスと
プラスターでつくる

P.84

地形はスタイロフォーム、
粘土を活用

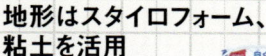

P.82

森はフォーリッジを
貼り付けて表現

P.114

水面は
グロスポリマー
メディウムを使用

P.122

鉄橋は
既製品を活用

P.131

KATOのカーブ鉄橋セット

水しぶきはライトモデリング
ペーストで表現

P.123

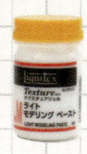

樹木は
プランツの色を変えれば
紅葉も表現できる

P.115

パウダーで雪景色も
表現できる

P.134

情景製作の
基本フローチャート

情景製作の完成までの道のりを見て行きましょう。はじめて鉄道模型に触れる人でも、ひとつひとつ順を追っていくことで、自分だけでつくった情景の中で、好みの列車が走る夢の鉄道模型の世界を再現できます。

1 入門用セットで好みの車両を走らせてみよう
鉄道模型の魅力に触れる

P.22

2 フロアー運転で簡単な情景づくりにチャレンジ
情景づくりの楽しさを知る

P.42

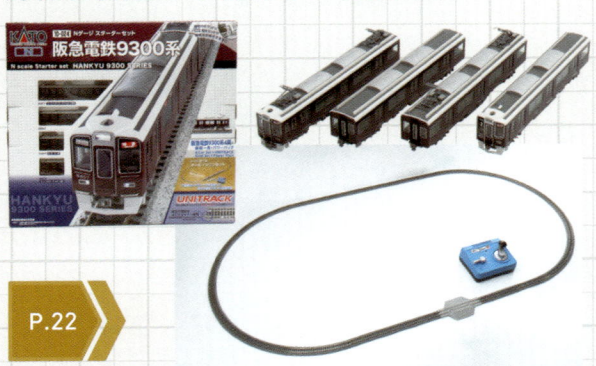

3 スペースに合った土台を決めていく
何をつくりたいかを考える

P.48

5 スペースに合った土台を決めていく
情景の土台を選ぶ

P.54

4 どのくらいのスペースに表現するかを考える
情景のサイズを決める

P.49

縦
148mm

厚さ
25mm

横210mm

縦
600mm

厚さ
40mm

横900mm

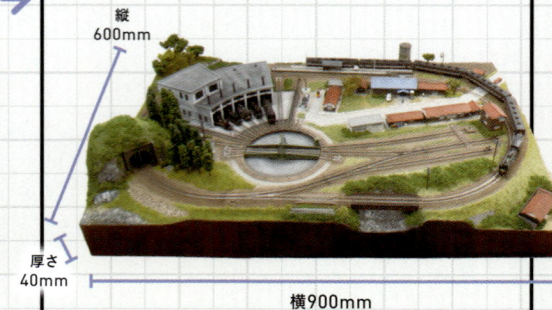

6

土台の上で具体的な線路配置を考える

線路やストラクチャーを用意してプランを練る

P.55

7

土台の素材に合った方法で線路を敷いていく

線路を敷設する

P.68

8

地形の基礎をつくり表面を仕上げる

P.78

地面・地形をつくる

9

既製品などを使って街並みをつくる

建物を設置する

P.140

10

緑や水表現を加えて情景を仕上げる

草や樹木を植える、水辺をつくる

P.100 P.118

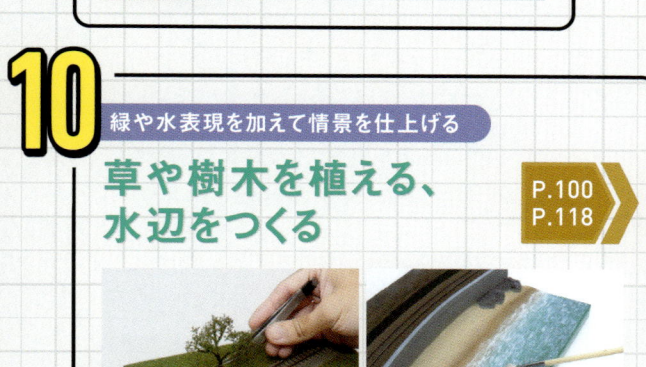

11

物語を想像しながら人形などを加えていく

人形、小物を設置する

P.165

12

情景づくりを終えたら列車の運転開始

P.24

つくった情景の中で好みの車両を走らせる

本書の見方

本書は、鉄道模型Nゲージの情景製作に必要な基本的な考え方、テクニックについて、写真とともにわかりやすく解説しています。それぞれの解説内容に合わせて、ベーシック（基本）、テクニック（情景製作）のふたつのPartに分けてまとめました。

1 Part

 Part 1 ベーシック　 Part 2 テクニック

ベーシック（基本）は、Nゲージや情景製作についてはじめて触れる人に向けた知っておくべき基礎知識を解説。テクニック（情景製作）では、製作のノウハウを手順に沿って確認することができます。

2 ページのカテゴリー

ふたつのPartに含まれる内容をさらに分類したカテゴリー名を示しています。「Part1ベーシック」では、解説内容のレベルを、「Part2テクニック」は、製作難易度をそれぞれ3段階で表示。製作に要する期間の大まかな目安も表示しています。1日あたり2〜3時間作業をした場合の期間になります。

レベル	★：初心者が知っておくべきこと
	★★：基礎的なことをより深く理解できる
	★★★：★ふたつまでの内容を知った上で読みたい
難易度	★：初心者でも挑戦できる
	★★：ある程度製作に慣れた人向き
	★★★：はじめて製作する人には少し難しい、製作に慣れた人向き

3 ダイジェスト

重要な内容を簡潔にまとめてあり、ここを読むだけでも各ページの基本的な内容をつかむことができます。特に大切な内容は、色文字で示しています。

4 解説

各ページの内容を、わかりやすく説明。特に大切な内容は、色付きのアンダーラインで示しています。

5 インデックス

知りたい項目を探したいときに、このインデックスを目印にしてください。

---

2 ページのカテゴリー

 Nゲージ レベル★★★

鉄道模型Nゲージとは

3 ダイジェスト

- Nゲージとは線路幅が9mmの国内でもっとも普及している鉄道模型の規格である。
- 鉄道模型には車両の運転、コレクション、情景製作の3つの楽しみ方がある。
- 車両の運転にはコントローラーと線路が必要になる。

精巧な車両模型を自由に走らせる鉄道模型の世界

HOゲージ　　Nゲージ

4 解説

実物の電車や駅をスケールダウンした鉄道模型は、電気の力で走らせることができます。縮尺によって模型の大きさが変わりますが、中でも車両の縮尺が1/150で9mm幅のレールを走る鉄道模型は、通称Nゲージと呼ばれています。車両が小さく、限られたスペースでも楽しめるためとても人気があります。車両の走行を楽しむほか、好きな車両を集めた情景ジオラマをつくるという楽しみ方もあります。

動く仕組み　モーター

家庭用のコンセントを電源とし、コントローラーで変換した線路に電気を流します。車両は車輪から電気を取り入れ、モーターを動かして走行します。線路に触れてしまっても問題ありませんが、手を挟まれたり、金属を線路上に置かないようにしましょう。

標準的な軌間と縮尺

	軌間	縮尺（日本）	縮尺（欧米）
HO	16.5mm	1/80 (16番)	1/87 (HO)
N	9mm	1/150	1/160
Z	6.5mm	1/220	1/220

ZゲージはNゲージよりさらに小さい規格です。

走らせる・集める・つくるの3つの楽しみ方

鉄道模型の世界にはおもに3つの楽しみがあります。まず「車両を走らせる楽しみ」です。コントローラーで車両のスピードを調節する瞬間はまさに運転士気分です。つづいて「集める楽しみ」があります。好きな車両だけでなく、路線ごとや時代ごとに車両模型のコレクションが増えると、模型趣味が充実していくうれしさがあります。3つめが「情景をつくる楽しみ」。駅や風景のジオラマをつくりあげることで、自分だけの世界が広がります。

 運転を楽しむ

電気の力で動く車両は、コントローラーでスピードの調整をすることができます。ゆっくりと車両を発進させたりスピードを上げたり、減速して停止させたり、運転士気分を味わいながら遊ぶことができます。

 車両を集めて楽しむ

鉄道模型は、蒸気機関から最新の電車や新幹線まで、豊富なラインナップが発売されています。同じ種類の車両や似た編成を走る車両をテーマごとに集めることで、自分だけのコレクションミュージアムをつくることもできるのです。

 情景製作を楽しむ

駅の情景や山や川がある自然の情景など、車両を走らせるためのジオラマをつくる楽しみもあります。実際に列車につくり込んでもいいですが、架空の情景でも楽しめます。時間をかけてつくった情景にお気に入り車両を走らせた瞬間は感動です！

 線路 難易度★★★ 1week

路面電車などの併用軌道をつくる

- 路面電車の併用軌道はKATOとTOMIXからトラム用線路が発売されている。
- 情景に組み込む際はトラム線路と道路面の高さを揃える。
- TOMIXの路面パーツキットを活用してつくる。

6 テクニックを使った作例

 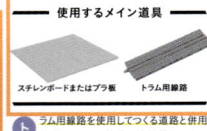

7 使用する道具

使用するメイン道具

スチレンボードまたはプラ板　　トラム用線路

ト ラム用線路を使用してつくる道路と併用軌道、バラスト軌道の境界部分のある情景をつくってみましょう。トラム用線路はカーブ半径が小さいため、省スペースでもS字カーブのような変化のあるレイアウトをつくることができます。併用軌道と路面は高さを揃えるためにスチレンボードやプラ板を用います。トラム用線路はKATOから複線用が、TOMIXから単線用が発売されています。

併用軌道をつくる

道路と併用軌道のある情景です。作業が進めやすいように工程の順番を考えながらつくるとよいでしょう。以前に登場するマスキングのテクニックなども活用します。

 線路を設置する

1 線路をゴム系接着剤で固定します。ストラクチャーを配置する場合は、先に位置を決めて土台におおよそに記しておきましょう。

 併用軌道を塗装する

2 併用軌道面の色は警告色を使用した
併用軌道の取り付けは右ページ
併用軌道を塗装します。全体に黄色のスプレーをする前に、軌道上部に塗料の、うすめ液を染み込ませた綿棒で拭き取りましょう。

 路面を塗装する

3 路面道路のつくり方P.149
路面にはスチレンボードを使用し、トラム線路と高さを揃えるようにします。ゴム系接着剤で取り付け、表面はグレーのアクリル絵の具で塗装します。

 白線を入れる

4 塗料が乾いたら、路面に白線を入れます。市販のインレタを活用したり、マスキングをして白色を塗装します。詳しい方法はP.149を参照。

8 テクニックの手順

 電柱などの小物を追加する

KATOのガードレールや電柱などの小物を追加します。路面に先に設置する場合はじょうぶに取り付けよう。必要に応じてゴム系接着剤で接着します。

草木を植える

線路へバラストを敷いたり、緑地を追加します。草木も植えて緑化をします。地面にできた段差は草で隠してしまうことで目立たなくなります。

ストラクチャーを設置する

ストラクチャーを設置します。グリーンマックスの商店や建物と、TOMIXの人を配置するとにぎやかな街並みを演出することができます。

建物を設置するP.164
人形などの配置P.165

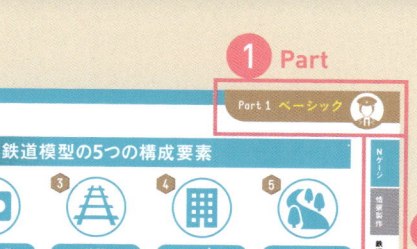

鉄道模型の5つの構成要素

① 車両　② コントローラー　③ 線路　④ 建物(ストラクチャー)　⑤ 情景素材

運転に必要な3つの要素

走らせるための車両、運転するためのコントローラー、車両が走る線路の3つが運転するために必要です。コントローラーで誰でも簡単に運転することができます。一本のレールで……

鉄道模型で遊ぶために必要な5つの要素を紹介します。まず、車両はあなたの好きな車両を選びましょう。鉄道に詳しくなくてもOK！見た目のかっこよさだけで選んでも大丈夫です。次に車両を運転するためのコントローラー。スピードの調整を行い前進と後退の切り替え操作ができます。

情景製作に必要な3つの要素

車両を走らせたり飾ったりするための情景ジオラマをつくる際に必要なものは、線路と建物（ストラクチャー）、そして土や草などでつくるための情景素材です。鉄道模型では建物のことを総じてストラクチャーと呼びます。

そして車両が走る道となる線路が必要です。情景を付け足したい場合は、建物（ストラクチャー）を設置しましょう。駅や車庫などを足すだけでも鉄道模型の世界が広がります！ジオラマとしてつくり込むには草や砂利などの情景素材を用いましょう！

線路とコントローラーは2大メーカーから選択

KATO（カトー）

Nゲージの取り扱いが半世紀以上の老舗メーカーのブランド。車両だけでなく、コントローラー、ストラクチャー、ジオラマ素材とあらゆる製品を展開、車両の動力の安定性に定評があります。東京と京都に直営店があります。

TOMIX（トミックス）

トミーテックが展開するブランド。こちらも車両、コントローラーから車両、線路の種類が豊富でレイアウトが組みやすく、トミーテック製品のジオコレなどのストラクチャーと組み合わせて遊べます。

鉄道模型の運転に必要な線路とコントローラーは、KATOとTOMIXの2大メーカーから発売されています。基本的には最初に購入したメーカーの線路を拡張していく形になりますが、入門用として最初に選ぶ場合はどちらを選んでも大丈夫です。運転方法などの遊び方も同じですので、まずは好きな車両を販売しているメーカーのものを選んでおけば、問題ないでしょう。

グリーンマックス
マイクロエース
ポポンデッタ
津川洋行
MODEMO（モデモ）
アルモデル

Nゲージを取り扱っているメーカー、ブランドは2大メーカーのほかにもたくさんあります。その中から代表的なメーカーをピックアップ。グリーンマックスは、車両キットを中心に、車両、建物、線路、パーツ、ストラクチャー、情景素材を扱っています。コアな車両客からマイクロエース、模型店として珍しいメーカー製品の取り扱いしているポポンデッタ、情景素材を中心に製品展開をする津川洋行、江ノ電や路面電車などの小型車両をラインアップしているMODEMOや金属製のキットを販売するアルモデルなど、それぞれ独自の特徴があります。

※取り扱い製品をアイコンで表示しています。

車両製品　コントローラー　線路製品　ストラクチャー製品　情景素材

併用軌道とバラストの境界をつくる

TOMIXの路面パーツキットを活用して、バラスト軌道との境界部分をつくります。

線路を設置する

併用軌道の境界線を記す

路面パーツをカットする

パーツを固定する

① トラム用線路とファイントラックを接続します。この状態でもバラスト軌道との境界の表現ができます。

② 軌道境界部に変化をつけたい場合は、路面パーツキットを活用しようと思います。境界線となる位置に線を引ます。

③ 引いた線に沿って、路面パーツをカットします。

④ カットしたパーツをゴム系接着剤で接着、線路脇・軌道内のパーツ割合が、一直線に揃うように注意して固定します。

併用軌道の取り付け

併用軌道を設置する際は道路や隣接するストラクチャーの位置を揃える必要があります。TOMIXのトラム用線路の高さは約5mmです。

線路を固定する

線路以外を嵩上げして調整
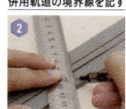
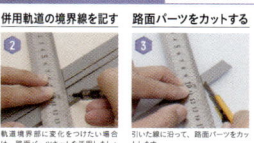

トラム線路の高さに見合ったスチレンボードなどを合ったスチレンボードなどで……

Point トラム専用フィーダーを使う
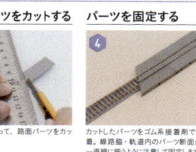

フィーダーはトラム専用のフィーダーを使います。専用の裏側に取り付けるようになっています。

① 線路をゴム系接着剤で固定します。フィーダーの配線は先に土台に開けておきましょう。

② トラム線路の高さに見合ったスチレンボードなどで作ります。

線路の設置の仕方P.70
舗装道路のつくり方P.149

Point バスコレ道路と並走も
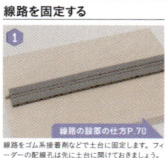

TOMIXのワイドトラムレールはトミーテックのバスコレ走行システムの道路と同規格になっています。線路と並行して設置することで、トラムとバスとのすれ違いを楽しむような遊び方もできます。

接続用のジョイントを用いてトラムレールとバスコレ走行用の道路をつなぐことができます。

KEY Item TOMIX 路面用パーツキット2
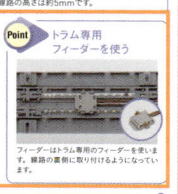

TOMIXの路面用パーツキットを、通常のファイントラック（道床付き線路）にかぶせるように装着することで併用軌道にすることができます。ミニカーブレール・ポイントレール用のパーツも同梱されています。

Up grade パーツキットの活用術

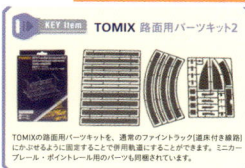

路面用パーツキットには、ポイントレールの路面化パーツも同梱されています。パーツの取り付け位置や向きなどを、仮組みをしてよく確認したあとに、接着の作業を行うようにしましょう。

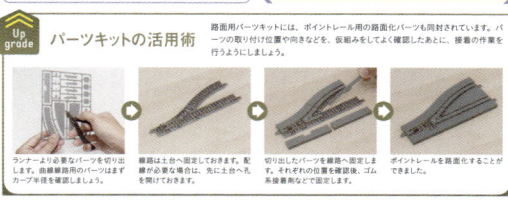

① ランナーより必要なパーツを切り出します。曲線線路用のパーツはまずカーブ半径を確認します。

② 線路は土台へ固定しておきます。配線用の穴も必要な場合は、先に土台へ穴を開けておきます。

③ 切り出したパーツを線路へ固定します。それぞれの向きを確認後、ゴム系接着剤などで固定します。

④ ポイントレールを路面化することができました。

---

⑥ テクニックを使った作例

そのテクニックを使って製作できる情景を、ほかのテクニックを使って最後まで仕上げた完成状態の写真を掲載。どのようなものをつくるときに、必要なテクニックなのかがわかります。作例は下の手順で紹介しているものとは異なる場合があります。同じようにしてつくることができます。

Before　After

このアイコンが表示されているものについては、作業前と作業後の写真を掲載。そのテクニックによって、どのような効果が得られるのかが一目でわかります。

⑦ 使用する道具

そのテクニックで使用するメイン道具（おもな道具）とその他の道具をふたつの箇所にわたって紹介。事前の準備に活用してください。

⑧ テクニックの手順

そのテクニックの基本的な流れを手順に沿って解説しています。またその工程で使用するテクニックを、よりわかりやすく紹介しているページがあればリンクで示しています。

ページリンク　舗装道路のつくり方P.149

⑨ 様々な補足情報を掲載！

ちょっとしたコツや注意点などをピックアップして掲載。次のものがあります。

Point

そのページやテクニックについて、重要な内容、知っておくべきことなどをピックアップして紹介しています。

Plus α

手順にひと手間加えるとより表現がよくなるようなテクニックがあるときにここで紹介しています。基本的には取り入れなくても、問題なく進めることができる作業です。

Close Up

テクニックの手順で、別の方法などがあるときにここで紹介しています。ほかに注目すべき内容があるときにもここで紹介しています。

Up grade

そのページで紹介する基本のテクニック以外の内容を紹介しています。少し上級者向けの内容なので慣れてからチャレンジしてみましょう。

KEY Item

テクニックで重要になるアイテムをピックアップして紹介しています。これを持っていると製作が進みやすくなります。

注意マーク

取り扱い危険なアイテムが出てきたときや、失敗例などを紹介し、注意喚起をしています。

その前に 知っておきたい用語
基本の「き」

Nゲージや情景づくりをはじめる前に、鉄道模型の世界でよく使う専門用語を知っておきましょう。これだけ知っていれば準備OKです！

アクセサリー
一般的には飾りのことをいいますが、レイアウトやジオラマでは電柱や看板、人形など小物のことをさします。

R（アール）
曲線線路の半径をさし、数値はmmです。KATOではR、TOMIXではCが記号として使われています。

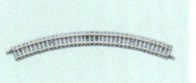

Nゲージ
Nゲージとはレールの間隔が9mmで縮尺が1/150サイズの鉄道模型です。英語の9（Nine）の頭文字からNゲージと呼ばれます。

LED
家電などでも主流として使われていますが、鉄道模型でもヘッドライトや建物の照明など多用されています。

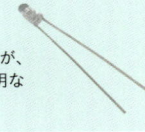

エンドレス
車両を周回運転できるようにした基本的な線路の設置パターンです。オーバルともいいます。

軌間（きかん）
電車のレールの幅の長さのことです。英語では軌間のことをゲージといいます。

コントローラー
鉄道模型の制御機器のこと。車両のスピードや走る向きを制御し、パワーパックとも呼ばれています。

ジオラマ
本来は情景模型をいい、車両が運転できるものをレイアウトといい、総称してジオラマと呼ぶことも。

シーナリー
鉄道模型では鉄道路線の風景をさします。線路やストラクチャーを除く山や川など自然の部分です。

ストラクチャー
鉄道模型の世界では建造物のことをストラクチャーと呼びます。駅や民家、鉄橋やトンネルポータルなどです。

スケール
スケールとは、実物の鉄道車両の寸法を縮尺であらわすための尺度のことをいいます。Nゲージは1/150の縮尺です。

道床（どうしょう）
鉄道模型では、線路を支える砂利（バラスト）を盛り上げた部分のことをいいます。

複線
2組並んで敷設された線路のことです。複線線路もメーカーから各種発売されています。

ポイントスイッチ
ポイントとは列車の方向転換装置ですが、Nゲージでは電動式ポイントスイッチが発売されています。

擁壁（ようへき）
擁壁とは崖や盛土が崩れるのを防ぐ壁ですが、情景に取り入れるとちょっとしたアクセントになります。

レイアウト
一部の区間の情景ジオラマではなく、車両が周回運転できるように線路や情景を設置したものです。

レール
車輪を支える鋼鉄製の細長い棒で線路を構成する部分です。鉄道模型では道床付きのレールのことをいうことが多いです。

BASIC

ベーシック

基本

さまざまな車両が精密に再現されたNゲージ・鉄道模型。
好きな車両を集め、自分で運転し、さらに自分でつくった情景に
車両を飾ったりと遊び方はいろいろあります。
この章ではそもそもNゲージ・鉄道模型とはどういうものなのかを、
これから鉄道模型に触れたい人に向けていねいにわかりやすく解説しています。

鉄道模型Nゲージとは

- Nゲージとは線路幅が9mmの国内でもっとも普及している鉄道模型の規格である。
- 鉄道模型には車両の運転、コレクション、情景製作の3つの楽しみ方がある。
- 車両の運転にはコントローラーと線路が必要になる。

精巧な車両模型を自由に走らせる鉄道模型の世界

HOゲージ

車両の縮尺は在来線が1/80、新幹線は1/87。線路幅は16.5mm。

Nゲージ

縮尺は在来線が1/150、新幹線は1/160。線路幅が9mmなのでNineの頭文字を取りNゲージと呼ぶ。

実物の電車や駅をスケールダウンした鉄道模型は、電気の力で走らせることができます。縮尺によって模型の大きさが変わりますが、中でも車両の縮尺が1/150で9mm幅のレールを走る鉄道模型は、通称Nゲージと呼ばれています。車両が小さく、限られたスペースでも楽しめるためとても人気があります。車両の走行を楽しむほか、好きな車両を集めたり情景ジオラマをつくるという楽しみ方もあります。

動く仕組み

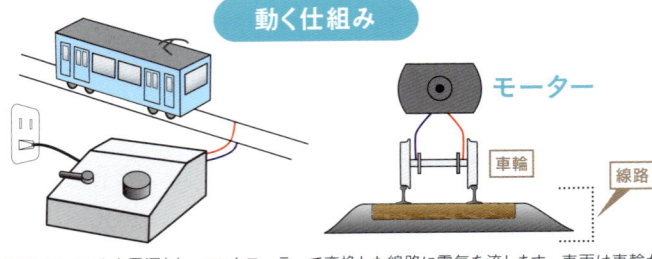

モーター

車輪

線路

家庭用のコンセントを電源とし、コントローラーで変換した線路に電気を流します。車両は車輪から電気を取り入れ、モーターを動かして走ります。線路に触れてもまったく問題ありませんが、濡れた手で触れたり、金属を線路上に置かないようにしましょう。

標準的な軌間と縮尺

	軌間	縮尺（日本）	縮尺（欧米）
HO	16.5mm	1/80（16番）	1/87（HO）
N	9mm	1/150	1/160
Z	6.5mm	1/220	1/220

ZゲージはNゲージよりさらに小さい規格です。

走らせる・集める・つくるの3つの楽しみ方

鉄道模型の世界にはおもに3つの楽しみがあります。まず「車両を走らせる楽しみ」です。コントローラーで車両のスピードを調節する瞬間はまさに運転士気分です。つづいて「集める楽しみ」があります。好きな車両だけでなく、路線ごとや時代ごとに車両模型のコレクションが増えると、模型趣味が充実していくうれしさがあります。3つめが「情景をつくる楽しみ」。駅や風景のジオラマをつくりあげることで、自分だけの世界が広がります。

運転を楽しむ

電気の力で動く車両は、コントローラーでスピードの調整をすることができます。ゆっくりと車両を発進させて徐々にスピードを上げたり、減速して駅に停車させたりと、運転士気分を味わいながら遊ぶことができます。

車両を集めて楽しむ

鉄道模型は、蒸気機関車から最新の電車や新幹線まで、豊富なラインナップが発売されています。同じ種類の車両や同じ沿線を走る車両をテーマごとに集めることで、自分だけのコレクションミュージアムをつくることもできるのです。

情景製作を楽しむ

駅の情景や山や川がある自然の情景など、車両を走らせるためのジオラマをつくる楽しみ方もあります。実物に忠実につくり込んでもいいですし、架空の情景でも構いません。時間をかけてつくった情景にお気に入り車両を載せた瞬間は感動です！

鉄道模型の5つの構成要素

 **1 車両**

 **2 コントローラー**

 **3 線路**

 **4 建物（ストラクチャー）**

 **5 情景素材**

運転に必要な3つの要素

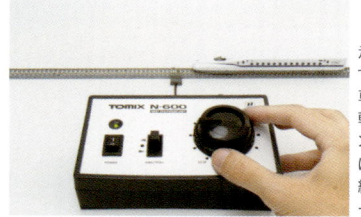

走らせるための車両、運転するためのコントローラー、車両が走る線路の3つが運転するために必要です。コントローラーで誰でも簡単に運転することができます。線路は車両が走るためのコースのようなものです。

鉄道模型で遊ぶために必要な5つの要素を紹介します。まず、車両はあなたの好きな車両を選びましょう。鉄道に詳しくなくてもOK！　見た目のかっこよさだけで選んでも大丈夫です。次に車両を運転するためのコントローラー。スピードの調整を行い前進と後退の切り替え操作ができます。

情景製作に必要な3つの要素

車両を走らせたり飾ったりするための情景ジオラマをつくる際に必要になるのは、線路と建物（ストラクチャー）、そして土や草などをつくるための情景素材です。鉄道模型では建物のことを総じてストラクチャーと呼びます。

そして車両が走る道となる線路が必要です。情景を付け足したい場合は、建物（ストラクチャー）を設置しましょう。駅や車庫などを足すだけで、鉄道模型の世界が広がります！　ジオラマとしてつくり込むためには草や砂利などの情景素材を用いましょう！

線路とコントローラーは2大メーカーから選択

KATO（カトー）

Nゲージの取り扱いが半世紀以上の老舗メーカーのブランド。車両だけでなく、コントローラー、ストラクチャー、ジオラマ素材とあらゆる製品を展開。車両の動力の安定性に定評があります。東京と京都に直営店があります。

TOMIX（トミックス）

トミーテックが展開するブランド。こちらも車両、コントローラーに情景素材とあらゆる製品を展開しています。線路の種類が豊富でレイアウトが組みやすく、トミーテック製品のジオコレなどのストラクチャーと組み合わせて遊べます。

鉄道模型の運転に必要な線路とコントローラーは、KATOとTOMIXの2大メーカーから発売されています。基本的には最初に購入したメーカーの線路を拡張していく形になりますが、入門用として最初に選ぶ場合はどちらを選んでも大丈夫です！　運転方法などの遊び方も同じですので、まずは好きな車両を販売しているメーカーのものを選んでおけば、問題ないでしょう。

グリーンマックス	
マイクロエース	
ポポンデッタ	
津川洋行	
MODEMO（モデモ）	
アルモデル	

Nゲージを取り扱っているメーカー、ブランドは2大メーカーのほかにもたくさんあります。その中から代表的なメーカーをピックアップ。グリーンマックスは、未塗装キットを中心に、車両、車両パーツ、ストラクチャー、情景素材を扱っています。コアな車両を扱うマイクロエース、模型店として他メーカー製品の取り扱いもしているポポンデッタ、情景素材を中心に製品展開を行う津川洋行、江ノ電や路面電車などの小型車両をラインナップしているMODEMOや金属製のキットを販売するアルモデルなど、それぞれ独自の特徴があります。

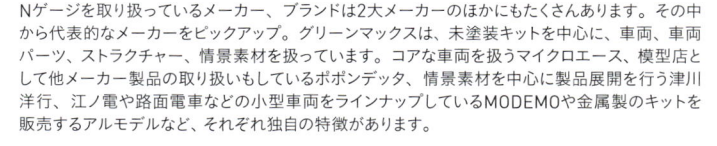

※取り扱い製品をアイコンで表示しています。

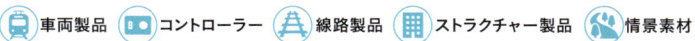 🚃車両製品　🎛コントローラー　🛤線路製品　🏢ストラクチャー製品　🌳情景素材

Nゲージの
選び方・買い方・走らせ方

- 鉄道模型の運転には車両、線路、コントローラーが必要。
- はじめてのNゲージには、必要なアイテムがすべて入った入門用のセット商品がある。
- 床に線路を敷いたお座敷運転なら手軽に車両走行を楽しめる。

線路とコントローラーと車両の選び方

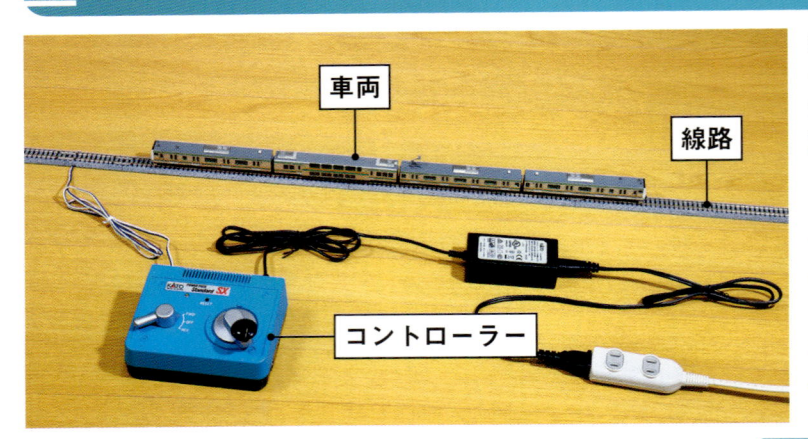

車両

線路

コントローラー

鉄道模型で遊ぶために必要となるのは車両と線路とコントローラーです。線路とコントローラーは、KATOとTOMIXから発売されています。基本的に最初に購入したメーカーに合わせて線路を拡張していくことになります。また、両社で線路の見た目や長さなどは異なりますが、線路幅は9mmとNゲージ規格で統一されています。異なるメーカーの車両を線路に載せても、問題なく運転して遊ぶことができるようになっています。

ポイント 1 線路とコントローラーは基本同じメーカーに

線路とコントローラーは同一メーカーのものを使いましょう。異なるメーカーどうしの接続は基本的にできません。入門者向けセットであれば、同じメーカーのものが揃うので問題ありません。

ポイント 2 車両の選択は自由

車両はどのメーカーの車両を選んでも大丈夫です！　線路、コントローラーと同一メーカーでなくても遊べます。

入門者のための線路&コントローラー、車両の買い方ガイド

これから鉄道模型をはじめたいという人には、線路、コントローラー、車両一式が入った入門セットがオススメです。入門セットはKATOからはスターターセットという名称で、TOMIXからはベーシックセットSDという名称で発売されています。それぞれ鉄道模型を楽しむために必要なアイテムと、人気の車両がセットになっているのが特徴です。開封して、線路とコントローラーをつなげるとすぐに車両を走らせて遊ぶことができます。

買い方 1 車両、コントローラー、線路すべてが揃う入門用セットが便利

KATO Nゲージスターターセット 阪急9300系

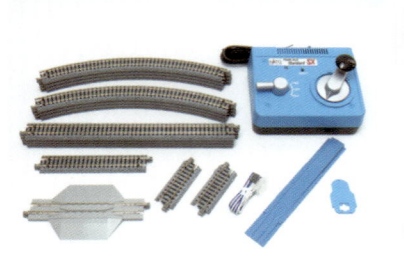  

車両、ユニトラック線路、パワーパックスタンダードSXが一式含まれた入門者向けのセットです。全国の人気のある車両がラインナップされています。

TOMIX ベーシックセットSD N700系（N700S）のぞみ

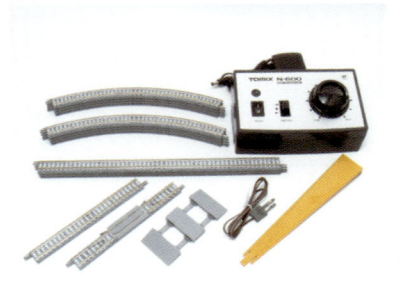 

車両、ファイントラック線路、パワーユニットが一式含まれた入門者向けセットです。最新のN700S新幹線は基本4両セットが同梱されています。

買い方 2 好みの車両ではじめるならこの組み合わせ

好みの車両

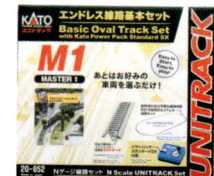

例 マイクロエース
富士山ビュー特急

＋

線路とコントローラーのみのセット

KATO
マスターセット

or

TOMIX
マイプラン

KATOのマスターセットやTOMIXのマイプランは、運転に必要な線路とコントローラーが入った入門者向けの線路セットです。車両は入っていないため、好きな車両と一緒に購入しましょう。入門セットで好きな車両がない場合に便利です。

線路とコントローラーをつなげてお座敷運転をしよう!

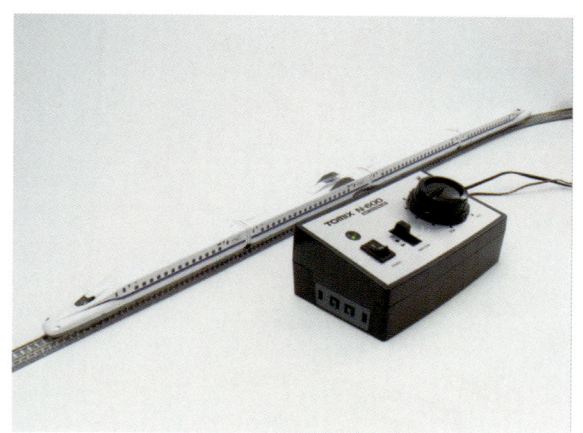

線路をつなぐ

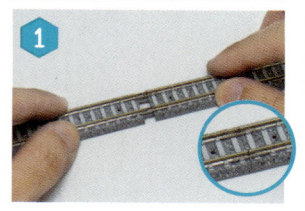

コントローラーをつなぐ

車両を載せる
リレーラー
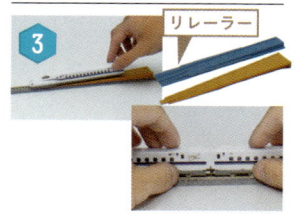

運転開始

線路を床に敷いて車両を運転することをお座敷運転と呼びます。畳やフローリングなど平らな場所に線路を敷いて運転しましょう。段差がある場所などでは車両が脱線してしまうことがあるので注意が必要です。また、鉄道模型は埃に弱いため、線路の上に細かいゴミや埃が載らないようにしましょう。線路が敷けたらコントローラーをつなぎ、リレーラーを使って車両を線路の上に滑らせるように載せます。車両どうしは付き合わせるようにして連結すればこれで準備OKです! コントローラーのハンドルを回せば列車が動き出します。スピードを調整しながら運転を楽しみましょう!

運転終了

コントローラーのスイッチをオフ

収納する
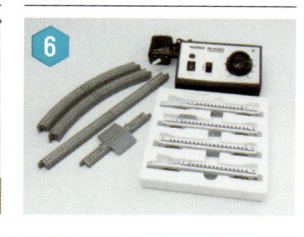

鉄道模型Nゲージの購入方法はおもに3つある

模型専門店

量販店

ネット通販

実店舗なら実物を見て購入することができる

ホビーセンターカトー東京

トミックスショールーム東京

鉄道模型は模型専門店、量販店、ネット通販で購入できます。専門店では商品を見れるだけでなく、知識豊富な店員さんによるサポートも充実しています。近くにお店がない場合は、ネット通販を活用するのも◎です。

KATO製品はもちろん、他メーカーの鉄道模型の取り扱いも。購入前の試運転や、専門スタッフのアドバイスも聞けて満足いく買い物ができます。

既存製品や発売前の新製品を、いち早く見ることができます。店内にある大型のレイアウトは、情景製作のヒントにもなります。

コントローラーと線路の メーカーによる違い

🔌 **コントローラーと線路**はKATO、TOMIXから発売されている。

🔌 **コントローラーと線路**はメーカーを揃えて使用する。

🔌 **KATOとTOMIXの線路**は基本的につながらない。

車両を運転するためのコントローラーと線路は、KATOとTOMIXから発売されています。両社のコントローラーと線路はそれぞれ見た目が異なりますが、遊び方はどちらも共通の仕様です。コントローラーと線路を選ぶときは、必ずメーカーを統一して遊ぶようにすることが大切になります。配線のコネクタの形状や、線路の形状が異なるため、違うメーカーどうしの接続は、基本的にできないことを覚えておきましょう。

コントローラーの違いをチェック！

KATO
パワーパック

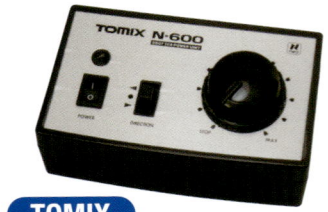

TOMIX
パワーユニット

入門セットに同梱されているコントローラーは、両社ともにシンプルかつ扱いやすいものとなっています。前面には速度調整のハンドル（つまみ）と、前進と後退を切り替える逆転スイッチがあります。TOMIXのパワーユニットは電源スイッチも設置されています。

線路との接続は両社とも、コントローラー背面にあるコネクタ端子で行います。フィーダーのコードをコネクタに差し込みます。電源も同様に付属のアダプターを背面の端子に差し込みます。

車両の運転方法も両社のコントローラーともに共通です。進行方向を逆転スイッチで切り替えます。つまみをゆっくり回すと、車両が選択した進行方向へと動き出します。逆転スイッチを切り替えると車両が逆向きに動き出します。スイッチを中間位置に入れると、線路へ電流は流れません。遊び終わったあとは中間位置に戻しておきましょう。

☑ コネクタとの接続

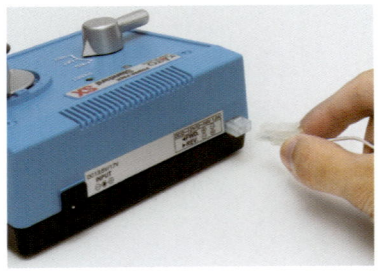

☑ 車両の制御の仕方

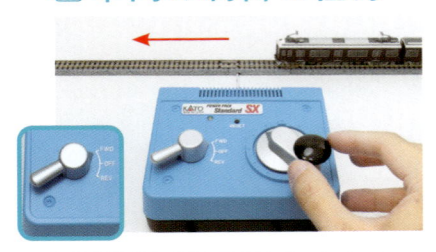

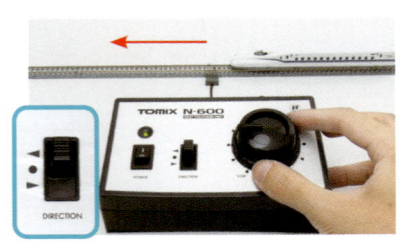

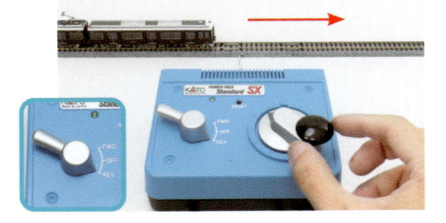

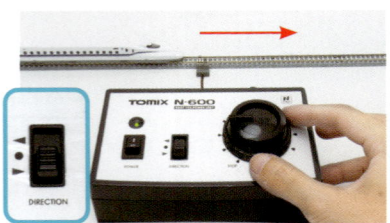

線路の違いをチェック!

KATO 　　　**TOMIX**

断面

　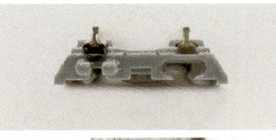

俯瞰

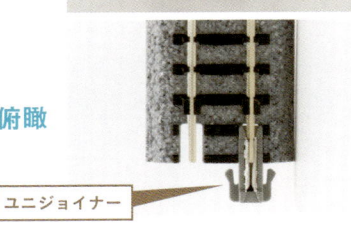　

ユニジョイナー

両社の線路を見ていきましょう。KATOのユニトラックは道床の幅が広く(約25mm)、線路の敷設と車両の走行の際の安定感があります。ユニジョイナーと呼ばれる接続用パーツで線路どうしをつなぎます。複線間隔は33mmとなっています。TOMIXのファイントラックは道床の幅が18.5mmとなっており、倍の37mmが複線間隔です。線路を3本くっつけて横並びにし、真ん中を抜き取ると複線間隔になります。

☑ 入門セットを展開したときの大きさ

Nゲージスターターセットの場合

1337mm×677mm

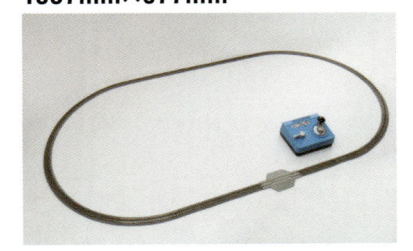

ベーシックセットSDの場合

1120mm×560mm

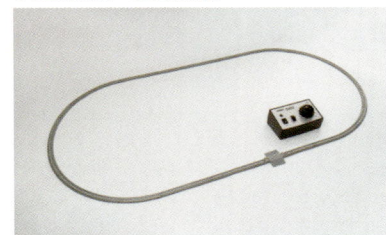

Q 両社の線路どうしはつなげられる?

A 両社の線路どうしは、道床部の幅や高さ、接続部の違いにより、基本的には直接接続することは難しいです。ただし、専用の線路「ジョイント線路」を介することで、間接的な接続が可能になります。

ジョイント線路

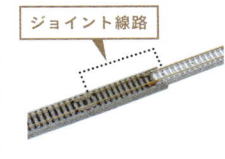

KATOの「ジョイント線路」を使うことでユニトラックとファイントラックを接続することができます。

線路とコントローラーの接続の違いをチェック!

KATO 　　　**TOMIX**

　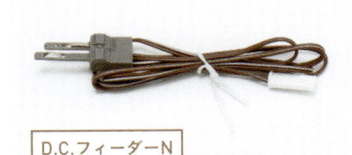

フィーダーコード 　　D.C.フィーダーN

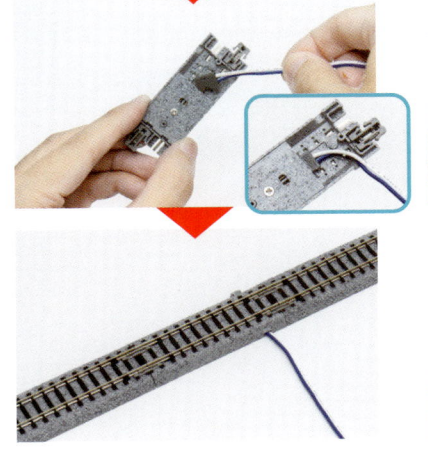　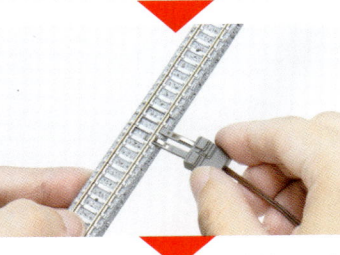

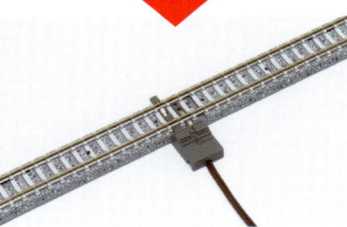

線路とコントローラーはKATOもTOMIXも、フィーダーと呼ばれるコードで接続します。フィーダーはコントローラーから線路へ給電する役割があり、走行には必ず必要となります。フィーダーの形状はKATOとTOMIXで異なります。KATOはフィーダーを専用の線路の裏側に配線し、レイアウトに組み込みます。TOMIXは線路の道床にある取り付け位置へフィーダーを差し込みます。直線だけでなく、曲線線路へも差し込めるようになっています。

Q 異なるメーカーどうしはつなげられる?

A KATOとTOMIXのフィーダーはコネクタの形状が異なるため、例えば、KATOのコントローラーにTOMIXのフィーダーをつなげるといった、両メーカーどうしの接続はできません。基本的にコントローラーと線路は同一メーカーのものを使用するようにしましょう。

線路の種類の基礎知識

Nゲージ レベル ★★★

- つなげて遊べるNゲージの道床付きの線路。
- 道床付きの線路はメーカーで規格が統一されており、システマチックに拡張できる。
- ポイント線路を使うことで列車の運転の幅が広がる。

道床付き線路で扱いやすいNゲージの線路

線路まわりの各部名称

- **レール**：車両が載り、車輪が転がる方向を導くためのもの。
- **道床**：枕木の下に入れる砂利（バラスト）。
- **路盤**：線路を設置するために補強し整えられた土台部分。
- **枕木**：レールを固定するために等間隔に敷かれた角材。
- **線路**：レール、枕木、道床などを含めて通称線路と呼びます。

鉄道模型の線路はKATOとTOMIXから発売されています。両社の線路はレールと枕木、そして線路の基盤となる道床部分が一体化された設計になっており、KATOからはユニトラック、TOMIXからはファイントラックという名称で発売されています。また、線路1本あたりの長さやカーブ半径、複線間隔は各社独自の規格となっているため、レイアウトを拡張する際は、同一メーカーで揃えるようにしましょう。

線路の種類の見分け方

KATO ユニトラック

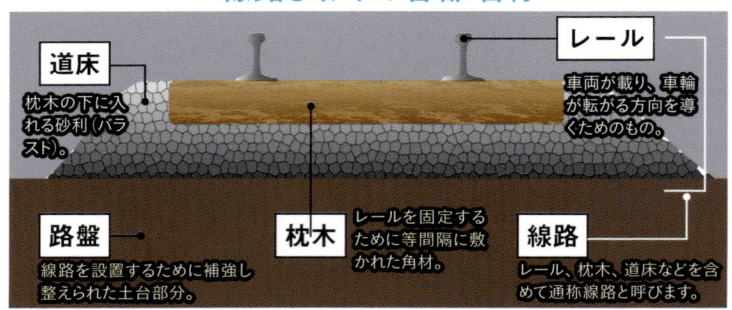

S248

TOMIX ファイントラック

S280

線路には直線と曲線があり、各社の線路の裏には識別用の記号がモールドされています。直線では線路の長さ、曲線ではカーブ半径の数値が記されており、線路を組む際の目安となります。直線線路、曲線線路は、右頁で説明しているようにさまざまな種類があります。長さが微妙に異なる直線や、差異が少ない曲線などは、線路記号で判別するとわかりやすいです。

KATO と **TOMIX** の線路記号例

KATO

直線線路 S62F
- Sは直線（Straight）の意味
- 線路の長さ
- フィーダー線路には末尾にFが記載

曲線線路 R282-45
- Rは半径（Radius）の意味
- 曲線の半径の長さ
- 曲線の角度

ポイント線路 EP481-15R
- EPは電動ポイントの意味
- 分岐側の半径の長さ
- 分岐側の角度
- 分岐の方向、右はR、左はL

TOMIX

直線線路 S140（F）
- Sは直線（Straight）の意味
- 線路の長さ
- ファイントラック製品を表す（F）

曲線線路 C280-45（F）
- Cは曲線（Curve）の意味
- 曲線の半径の長さ
- 曲線の角度
- ファイントラック製品を表す（F）

ポイント線路 PR541-15（F）
- Pはポイント線路の意味、Rは分岐の方向で右はR、左はL
- 分岐側の半径の長さ
- 分岐側の角度

※長さの表記は、すべて単位はmmになります

KATOとTOMIXの直線線路と曲線線路の違いをチェック

KATOとTOMIXの両社の基本線路は、直線と曲線で構成されています。それぞれ直線線路1本あたりの長さや、曲線線路のカーブ半径などが異なります。曲線線路は基本的に1本の角度が45°に設定されています。カーブ半径が小さくなると通過できる車両が限られるため、車両の最小通過半径※を下回らないように注意しましょう。また、複線間隔（P.29の複線線路参照）はKATOでは33mm、TOMIXでは37mmと、こちらも両社で異なっています。

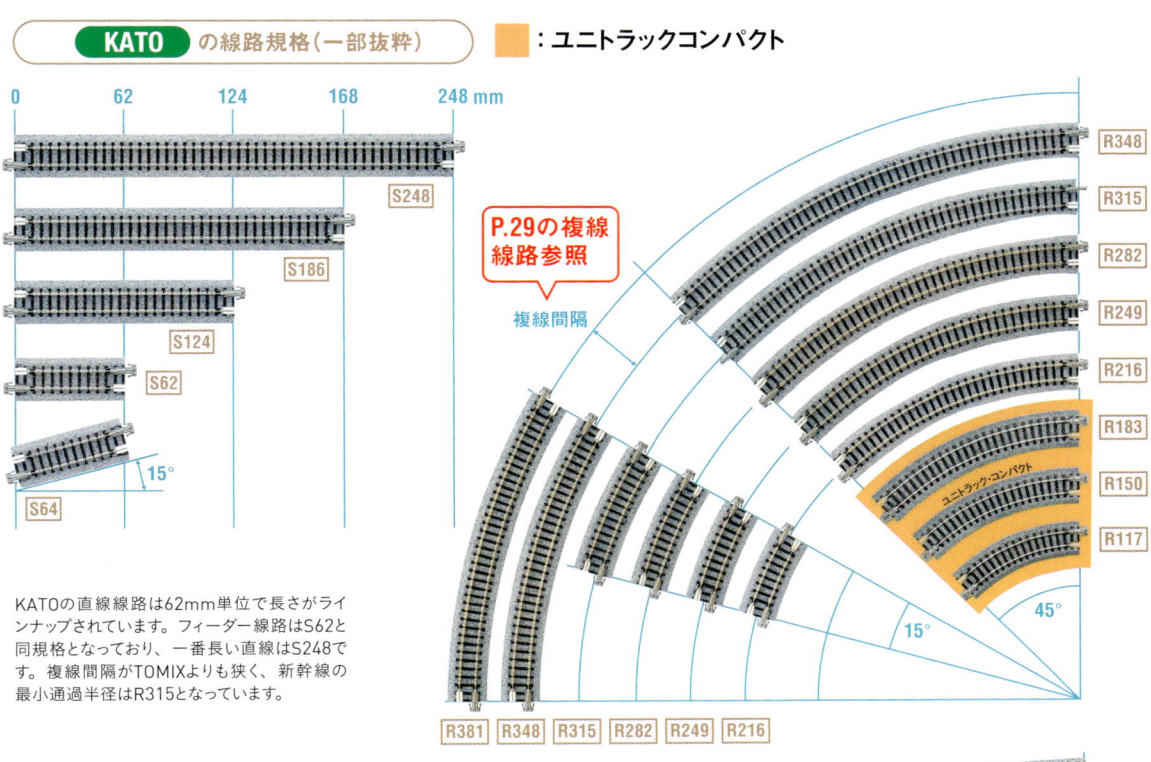

KATO の線路規格（一部抜粋）　　■：ユニトラックコンパクト

KATOの直線線路は62mm単位で長さがラインナップされています。フィーダー線路はS62と同規格となっており、一番長い直線はS248です。複線間隔がTOMIXよりも狭く、新幹線の最小通過半径はR315となっています。

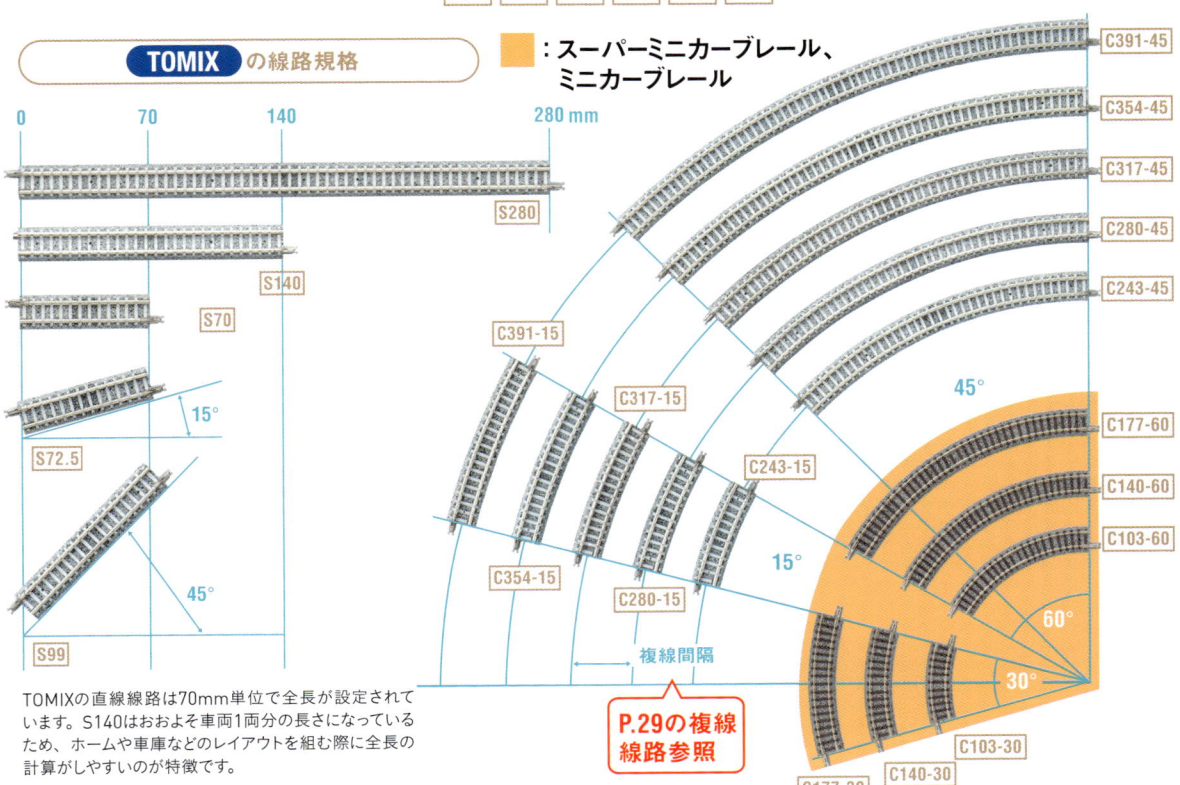

TOMIX の線路規格　　■：スーパーミニカーブレール、ミニカーブレール

TOMIXの直線線路は70mm単位で全長が設定されています。S140はおおよそ車両1両分の長さになっているため、ホームや車庫などのレイアウトを組む際に全長の計算がしやすいのが特徴です。

※最小通過半径とは、車両が問題なく通過できる一番小さな曲線線路の半径。メーカーの商品ページや説明書に記載されています

曲線は基本的には8本で円になる仕組み

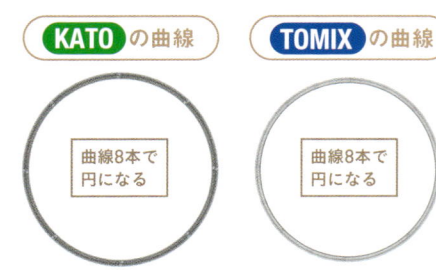

KATO の曲線

曲線8本で円になる

TOMIX の曲線

曲線8本で円になる

曲線と直線の組み合わせでバリエーションが生まれる

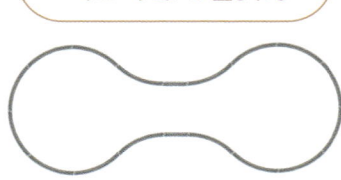

KATOとTOMIXの両社の曲線線路は、レール1本のカーブ角度が45°になっているため、4本つなぐことで半円が、8本つなぐことで1周の円が完成するように設計されています。線路の種類によってはカーブ角度が異なりますが、基本的に1周の円が組める設計になっています。

ポイント線路を使うことで列車の運転の幅が広がる

ポイント線路

ポイント線路は列車の進む方向を切り替えるための役割があります。配線をポイントスイッチへ接続することで、手元でポイントを切り替えることができます。ポイント線路本体(線路の脇)にあるレバーでも、手動で進行方向を切り替えることが可能です。

KATO のおもなポイント

| 0 | | 124 | 186 | 248 | | 310 mm |

電動ポイント6番(右)EP718-15R

電動ポイント4番(右)EP481-15R

電動Y字ポイント2番 EP481-15Y

複線両渡りポイント(ダブルクロス)WX310

複線片渡りポイント4番(右)SX248R

TOMIX のおもなポイント

| 0 | | 140 | | 280 mm |

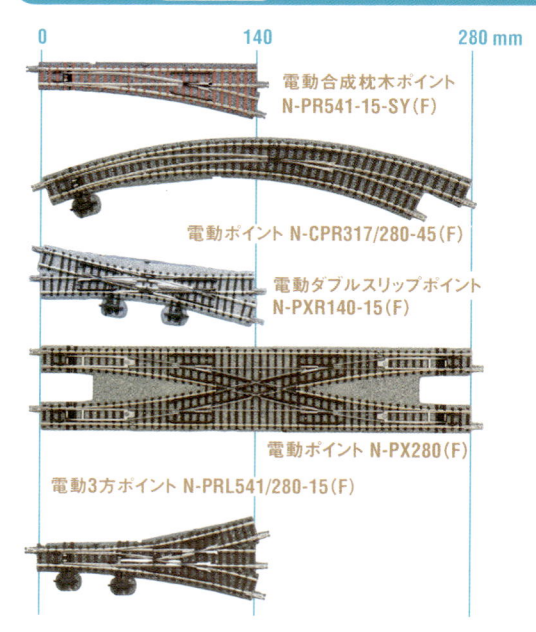

電動合成枕木ポイント N-PR541-15-SY(F)

電動ポイント N-CPR317/280-45(F)

電動ダブルスリップポイント N-PXR140-15(F)

電動ポイント N-PX280(F)

電動3方ポイント N-PRL541/280-15(F)

Point ▶ おもなポイントの種類

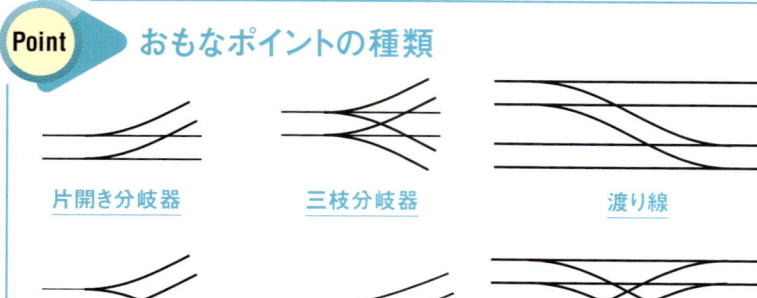

片開き分岐器

三枝分岐器

渡り線

両開き分岐器

内方分岐器

交差渡り線

ポイント線路にはさまざまな種類があります。待避線や車両を留置させるヤードのようなレイアウトには、片開き分岐を使用し、複線区間で列車を行き来させる場合は、渡り線、交差渡り線〔両渡りポイント〔ダブルクロス〕〕を使用します。TOMIXのカーブポイントはカーブ区間に分岐を入れることができるため、コンパクトなレイアウトを組む場合に重宝します。つくりたいレイアウトに合わせて選択しましょう。

さらに さまざまな種類の線路が揃うNゲージの世界

Nゲージの線路にはさまざまな種類のラインナップがあり、これらを活用することでレイアウトの自由度が大幅に広がります！　線路単体で見てみると、オーソドックスな見た目の木枕木線路や、都会の鉄道でよく見ることができるPC枕木線路など、線路の見た目も再現されているため、車両に合わせた時代や地域の雰囲気を演出することができます。複線線路を使うことにより2列車のすれ違い運転も可能になり、友達と一緒に遊ぶこともできます！　それだけではなく、鉄橋や踏切など鉄道のいろいろな情景に合わせた線路も、多種発売されています。こうした多彩な線路を組み合わせれば、初心者でも簡単に鉄道模型の魅力を引き立てるレイアウトをつくりあげることができるのです。

枕木の表現の違い

木枕木

昔の鉄道や地方のローカル線などによく使われています。蒸気機関車が走る風景や、単線区間の情景などに似合います。KATOの入門セットには、この木枕木の線路が付属しています。

PC枕木

プレストレスト・コンクリート枕木の略称です。実物は木枕木よりも強度があり安定しているため、新幹線や都市部のような近代的な鉄道に活用されています。TOMIXの入門セットには、PC枕木線路が付属しています。

スラブ軌道

実物はコンクリートの基礎にレールが直接固定されているため、バラスト軌道（道床が砕石や砂利でできている軌道）よりも軌道のブレが生じにくく、メンテナンス性に優れています。都市部や積雪地域の新幹線のレイアウトなどに似合います。

路面電車用の線路

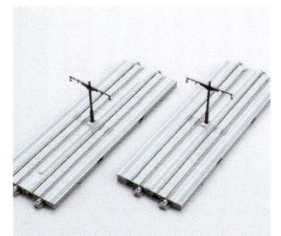

路面電車の軌道が再現された線路です。KATOとTOMIXの両社から発売されています。線路の接続の仕方は通常の線路と同様です。

KATO ユニトラム

路面電車用のレイアウトシステムです。複線線路となっており、別売りの道路やビルなどのジオタウンと接続すれば、都市の風景を手軽に再現できます。

※写真は別売りのジオタウンを組み込んだイメージ。パッケージはユニトラムスターターセット 広島電鉄1000形

複線線路

複線間隔で2線分の線路が一体となった線路です。KATOとTOMIXいずれもPC枕木が採用されており、近郊車両などの運転に向いています。

高架線路

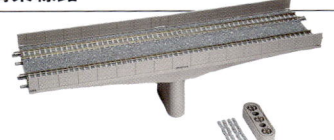

橋脚と組み合わせて高架レイアウトを組むことができます。立体交差をつくったり新幹線などの運転にも向いています。

鉄橋

河川を渡る場合などに使います。トラス式やデッキガーダーなど、さまざまな形状の鉄橋が発売されています。

車止め線路

線路の末端に接続します。複数の種類があり、シチュエーションや設置場所に応じて使い分けることで、実車に基づいた演出をすることができます。

信号機

車両が通過することで信号機の点灯が変わり、一定の時間が経つと元に戻ります。信号機には専用の電源が必要となります。

踏切

踏切の手前に設置されたセンサー線路を列車が通過すると、踏切の警報音が鳴って遮断機が降り、列車が通過し終えると遮断機が上がります。

Close Up 列車の脱線を復旧するリレーラー線路

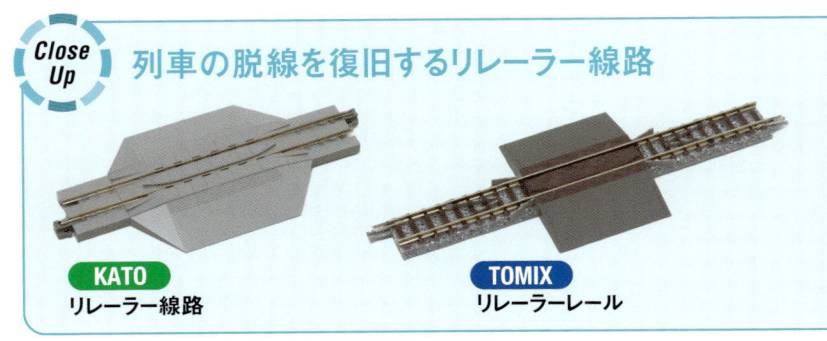

KATO リレーラー線路

TOMIX リレーラーレール

リレーラー線路は、通過した車両の脱線を復旧することができる便利な線路です。万が一、走行中に車両が脱線してしまっても、自動的に復旧ができるように、レイアウトに組み込んでおくようにしましょう。また、車両を線路に載せる際にも活用できます。KATO製、TOMIX製ともに、踏切を模した形状になっています。

線路は単品かセットで揃える

単品は1〜4本入りで購入できる

KATO

直線線路248mm <S248>（4本入り）

直線線路124mm <S124>（4本入り）

複線直線線路248mm <WS248PC>（2本入り）

TOMIX

ストレートPCレール（4本セット）S280-PC（F）

ストレートPCレール（4本セット）S140-PC（F）

複線レール（2本セット）DS280（F）

レイアウトは別売りの線路を買い足すことで、拡張することができます。線路は基本的に直線線路は同じ長さのもの、曲線線路は同じ半径のものが、1〜4本入りのパッケージで単品として販売されています。通常は4本単位ですので、レイアウトに必要な線路の本数が算出しやすいので便利です。また、分岐や高架などのオーソドックスな線路は、必要なアイテム一式が入ったセットでの販売もあります。

セットとしても販売されている

KATO

V1 島式ホーム用 待避線電動ポイントセット

基本のオーバルに付け加えることで、待避線をつくることができます。別売りの島式ホームを設置して列車交換や通過待ちの再現も。

V2 立体交差線路セット

基本のオーバルに付け加えることで、高架と立体交差をつくることができます。赤いトラス鉄橋がかっこよくて印象的です。

V3 車庫用引込線電動ポイントセット

ポイント線路や車止め線路が入っており、本線から分岐した留置線をつくることができます。別売りの電車庫と組み合わせるのも効果的です。

TOMIX

レールセット引込み線セット（レールパターンB）

基本のオーバルに付け加えることで、車両を留置できる引き込み線をつくることができます。手動で切り替えるポイントは合成樹脂製まくら木タイプ。

レールセット待避線セット（レールパターンB）

島式ホームを設置できる待避線セットです。引き込み線とレール内容は同様ですが、電動ポイントスイッチ（ポイントコントロールボックス）が付属しています。

レールセット立体交差化セット（レールパターンC）

高架と鉄橋のあるレイアウトを組むことができます。基本のオーバルと組み合わせると、立体交差をつくることが可能です。

セットを組み合わせて線路を拡張・発展できる

KATO

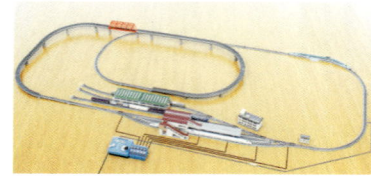

M1+V1+V2+V3セットの組み合わせ

※M1（マスターセット1）はスターターセットでもOK

TOMIX

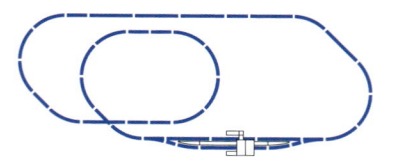

レールパターンA+B+Cの組み合わせ

※ベーシックセットSDもレールパターンAです

KATOとTOMIXの入門セットは、別売りの線路セットを組み合わせることで、簡単にレイアウトの拡張をすることができます。列車の追い越しや行き違い運転ができる待避線を付け加えたり、高架線路を使って立体交差を組んだりと、自分で描いたレイアウトプラン通りに線路を組むことができるので、初心者でもバリエーションに富んだレイアウトをつくることができます。次はどんなレイアウトを組もうか考えるだけで、ワクワクしてきます。

自由な線形をつくることができるフレキシブル線路

道床付きの線路は線路独自の規格に合わせて線路を拡張することができ、直線の長さやカーブの大きさが決まっているので、全長や寸法などを計算しやすい反面、線路の線形は単調になりがちです。道床がなく自由に曲げることができるフレキシブル線路を活用することで、線路規格にとらわれないレイアウトをつくることができます。市販の道床付き線路には無い小さいまたは大きなカーブをつくったり、直線区間も好きな長さにできたりと自由度が高いのですが、レール配置は事前に設計しておく必要があります。また、フレキシブル線路は土台に固定して線形を維持するため、お座敷運転には使えません。ジオラマやレイアウトに設置する場合はコルク道床とともに土台に固定したあと、バラストを撒いて仕上げます（P.72参照）。KATOのフレキシブル線路は全長808mmで販売されており、情景によっては道床付き線路で揃えるよりも安価に抑えられる場合もあります。

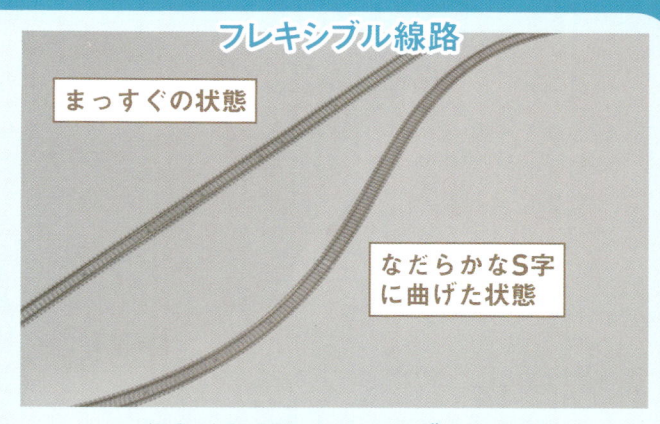

フレキシブル線路

まっすぐの状態

なだらかなS字に曲げた状態

道床付き線路とフレキシブル線路

断面

左:道床がある
右:道床がない

フレキシブル線路はバラスト表現のある道床部分がないため（上画像右）、自由に曲げて設置することができます。バラストがなくとも車両の走行はできますが、情景をつくり込む場合にはバラスト敷設の作業が必要になります。

フレキシブル線路の使い方

市販線路にないゆったりしたカーブ

パイク（超小型レイアウト）

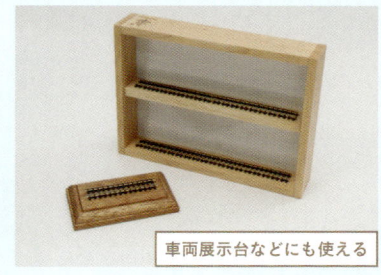

車両展示台などにも使える

☑ **市販の道床付き線路よりも小さい曲線がつくれる**

☑ **ゆったりした大きな半径の曲線がつくれる**

☑ **自由な線形をつくることができる**

☑ **レイアウトの大きさや情景に合わせることができる**

☑ **木枕木とPC枕木を選択できる**

☑ **道床付き線路との接続も可能**

フレキシブル線路を活用すると、市販の道床付き線路だけではつくれない半径のカーブをつくることができます。小さく曲げることで小型車両に似合うパイク（超小型レイアウト）を、半径の大きなカーブにすると道床付き線路では味わえない、実車さながらの列車の曲線美を演出することができます。レイアウトの大きさやつくりたい風景に合わせて活用しましょう。

 Point ▶ 道床付き線路との接続

高さを合わせる

KATOのユニトラックとコルク道床を敷いたフレキシブル線路は、レール上部までの高さが同じになります。

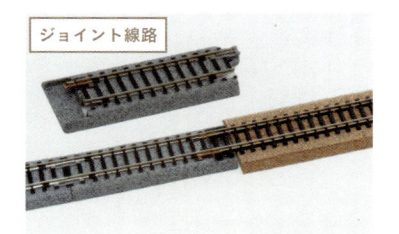

ジョイント線路

フレキシブル線路と道床付き線路を接続するには、市販のジョイント線路またはジョイント道床を用います。KATOのフレキシブル線路の場合はコルク道床を下に敷いた際と、ユニトラックは同じ高さになります。モジュールレイアウトなどの接続部分のみ、ユニトラックにしておくと接続が容易になります。

Nゲージ
レベル ★★★

コントローラーの基礎知識

- コントローラーの役割は車両の走行以外にポイントの切り替え、信号機や踏切への給電がある。
- コントローラーは種類によって音を楽しんだり、特殊な運転ができる。
- コントローラーひとつでひとつの列車を運転するのが基本。

コントローラーが持つ3つの役割

鉄道模型のコントローラーには3つの大事な役割があります。まずひとつめはもっとも重要な車両を走らせる役割です。コントローラーのつまみを回すことによって、車両のスピードの調整を行います。逆転スイッチにより車両の進行方向を切り替えることもできます。ふたつめはポイントを切り替える役割です。コントローラーの側面にポイントスイッチを取り付けることで、ポイント線路の切り替えが手元でできるようになります。そして、3つめは建物の照明や信号機、踏切などの電気を必要とするアクセサリーへ給電するという役割もあります。

①車両の運転

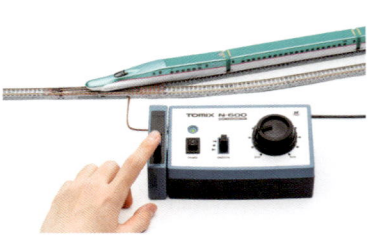

コントローラーのメインの役割です。車両のスピードの調整や、進行方向の切り替え操作を行います。

②ポイントスイッチの切り替え

ポイント線路（P.28参照）の切り替え操作をするためのスイッチへの給電を、コントローラー横に取り付けて行います。

③アクセサリーへの給電

自動踏切や信号機、ストラクチャーの室内照明などのアクセサリーへの給電の役割があります。

Point ポイントの切り替えで線路への通電も自動で切り替わる

Nゲージは左右のレールに＋と−の電気を流して車両のモーターを動かします。右側のレールに＋の電流が流れると前進します。コントローラーの逆転スイッチで、左右のレールに流れる電流が入れ替わり、前進と後退が変わる仕組みです。ポイント線路では進行方向により線路への通電も切り替わります。

− の電流　　**＋** の電流

直線方向のみに電気が流れる

ポイントを切り替えると

分岐方向にのみ電気が流れる

Close Up KATOとTOMIXでアクセサリー給電の方法が異なる

KATO

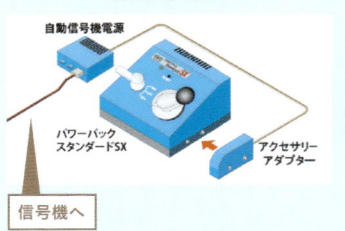

自動信号機電源

パワーパックスタンダードSX

アクセサリーアダプター

信号機へ

TOMIX

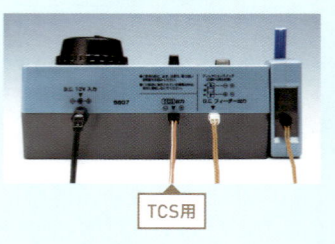

TCS用

アクセサリーへの給電はKATOとTOMIXで方法が異なります。例えば、信号機への給電の場合、KATOはパワーパックに接続したアクセサリーアダプターを介した、専用の電源装置が必要になります。それに対し、TOMIXではパワーユニット裏のTCS用コネクタから直接信号機へ給電をします。その他、TCS用コネクタは電動踏切にも給電できるようになっています。

Nゲージ
情景製作
コントローラーの基礎知識

コントローラーひとつで列車ひとつの制御が基本

オーバルレイアウト※において同じ線路に複数の車両が載っている場合、コントローラーのつまみを回すとすべての車両が同時に動いてしまいます。Nゲージで運転する場合には、同一線路上には1編成だけを載せて運転することが基本となります（アナログ運転）。ただし、機関車を2両以上連結して運転することや、動力車が入った2編成の電車を併結して運転することなどは可能です。このように1編成に複数の動力車が入る場合には、それぞれの動力車のスピードに差があるとうまく走らない場合があるので注意しましょう。基本的には、同一メーカーの同車種の動力車どうしであれば連結しても問題ないです。

☑ ひとつの列車を走らせる場合

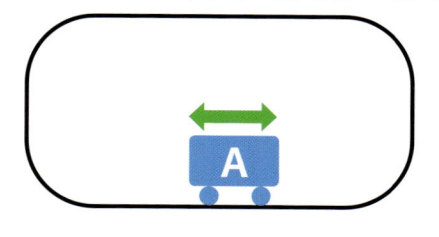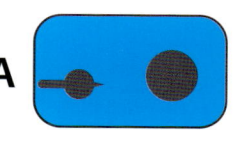

> ⚠ **同一線路上に接続するコントローラーは原則ひとつだけ**
>
> 線路の上に載った列車を走らせる場合、原則同一線路上には1列車だけ載せるようにしましょう。複数の列車を載せると同時に動いてしまい、列車どうしがぶつかってしまいます。また、ひとつの線路に対してコントローラーはひとつだけつなぐようにしましょう。

☑ 複数の列車を同時に走らせる場合

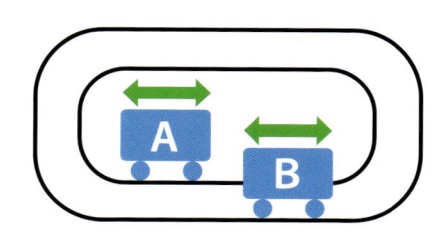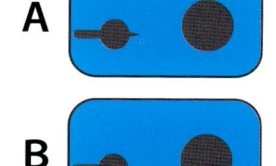

線路を複線にした場合も同様です。同一線路上には1列車だけを載せましょう。複線で2列車をすれ違いさせる場合、基本的にコントローラーがもうひとつ必要になります。それぞれのコントローラーで、それぞれの列車を制御する必要があるのです。

α^{Plus} DCC（デジタルコマンドコントロール）による運転とは？

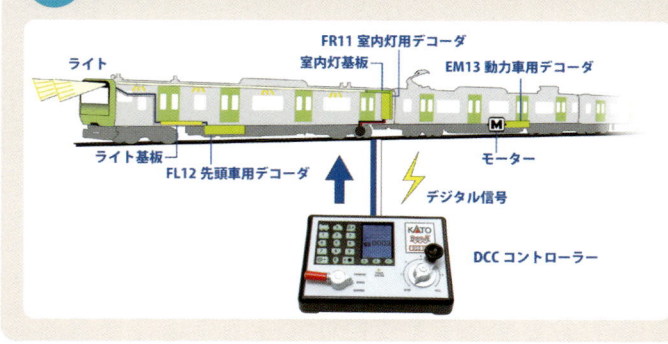

DCCとは車両にデコーダと呼ばれる装置を搭載し、コントローラーより線路を介して電子信号を送ることで車両を運転するシステムです。DCCによる運転では同一線路上に複数の車両が載っていても、車両を個別に制御することができます。また、車両の前照灯や室内灯などのライトのON・OFF操作や、警笛を鳴らしたりするなどのサウンドも制御することができます。ポイント線路の場合も同様にデコーダを取り付けることで、電子信号での切り替えが可能となり、ケーブル配線をなくすことができるのです。DCC関連の製品は、KATOから販売されています。

Point コントローラーによって出力が異なる

大出力パワーパック

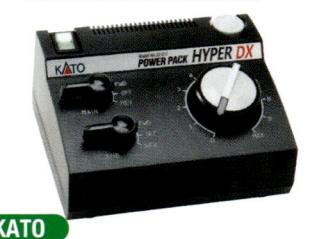

KATO
パワーパック ハイパーDX

運転する列車に複数の動力車がある場合や、車両に室内灯を取り付けた場合は、コントローラーの出力が不足することがあります。灯りが暗くなったり列車の動きが鈍くなった場合は、コントローラーの出力を確認しましょう。

消費電流の理論上の計算

| ヘッドライト 60mA | + | テールライト 60mA | + | 動力車 300mA | = | 420mA |

ライトユニットや動力車などの消費電流値の合計が、コントローラーの出力を上回らないようにする必要がありますが、通常の遊び方であれば問題なく制御することができます。

※楕円型のエンドレスレイアウトのこと

楽しみ方によって選ぶコントローラー

入門セットに同梱されているコントローラーは、鉄道模型の運転操作を行うための標準的なものですが、そのほかにも遊び方に応じてさまざまな種類のコントローラーが発売されています。運転する車両の動きに合わせて走行音が鳴るものや、実物の電車さながらの操作ができるコントローラーも各社からラインナップされています。TOMIXからは往復運転などの自動制御ができるコントローラーに加え、閉塞運転（右頁参照）を用いて複数の車両を同時に制御できるものも発売されています。コントローラーの選び方によって遊び方の幅が広がります！

音を運転と一緒に楽しめるコントローラー

TOMIX
TCSホーム用サウンドユニットⅡ

ホームに付属のスピーカーを取り付け、ボタン操作により駅構内の音声や列車通過音、警笛、発車ベル、ドアの開閉音といったサウンドを鳴らすことができます。

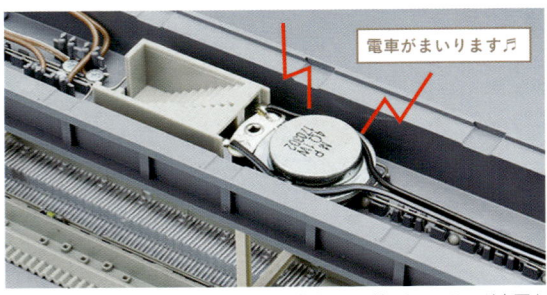

電車がまいります♬

ホームの裏側に取り付けたスピーカー。線路に取り付けたセンサーが車両を検知すると、サウンドユニットと連動して音声を鳴らすことができます。

KATO
サウンドボックス（サウンドカード別売）

ドレミファ♪

パワーパックと接続し、車両の動きに応じた臨場感のある走行音を楽しめます。ボタン操作で警笛などの音声を鳴らすことができます。

サウンドカード〈京急2100形〉

サウンドは別売りのサウンドカードに収録。車両特有のいろいろな音声が収録されています。本体から外部のスピーカーに接続して、より大きな音声を鳴らすことも可能です。

別売りのサウンドカードは、コントローラーの左上部にセットして使用します。車両ごとに異なるカードが用意されています。

本物のような運転台で列車の運転を楽しめるコントローラー

TOMIX
TCSパワーユニットN-DU204-CL

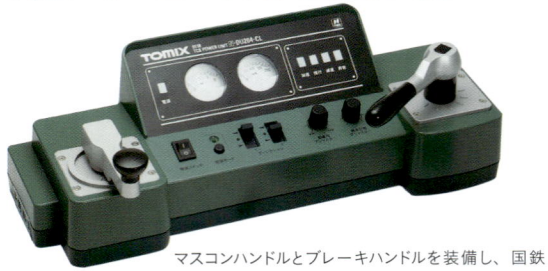

マスコンハンドルとブレーキハンドルを装備し、国鉄の電車やディーゼルカーの運転台を模したパワーユニットです。実車さながらの惰行運転が楽しめます。

金属でできた筐体は質感と重量共に実物の運転台を再現しており、運転操作と車両の動きは実車さながら。サウンドボックスと連携することも可能です。

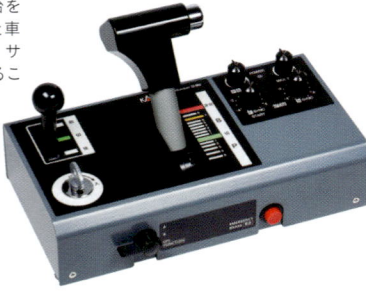

KATO
EC-1 ワンハンドル運転台形コントローラー

自動往復運転などを楽しめるコントローラー

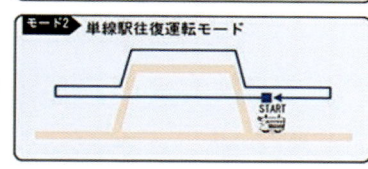

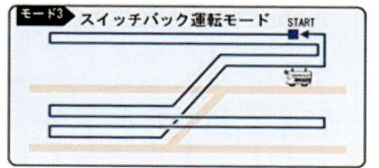
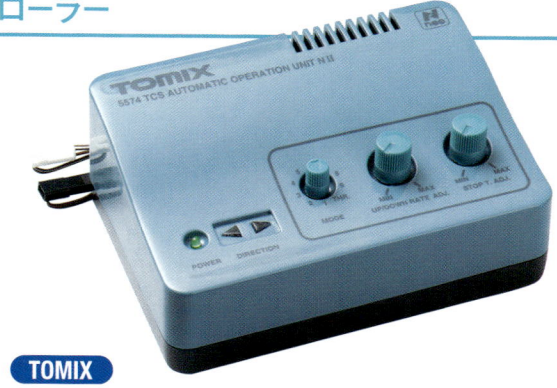

TOMIX
TCS自動運転ユニットNⅡ

プログラムされた運転モードに従って列車の自動運転ができます。運転には車両の位置を検知する別売りのセンサーが必要になります。複数列車の同時運転や自動での発車、停止などができるようになります。

本物の鉄道と同じ閉塞運転を楽しめるコントローラー

閉塞運転システムの概念

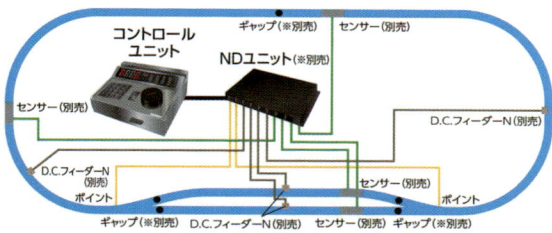

※別売：ギャップジョイナーとNDユニットは、基本セットに1セットずつ付属します。プランに合わせて別売のものを追加してお買い求めください。

線路を絶縁ジョイナーによって区切り、1区間に1列車しか進入できないようにして、複数の列車を同一線上で同時に動かすこと（閉塞運転）ができるコントローラーです。線路に取り付けたセンサーによって車両の位置を検知し、レイアウトに応じたプログラムによって制御されます。別売りのNDユニットを追加することで、より大きなレイアウトに対応できます。

※図中のギャップとは、電気を通さない絶縁ジョイナーを接続することで、線路間に区切りを入れて通電しないようにすること。レイアウトによってはショートを防ぐためにギャップが必要な場合があります

TOMIX
TNOS新制御システム基本セット

実物の鉄道同様の閉塞運転を可能とし、複数の列車を、同一線上で同時に自動で運転することができます。TCS自動運転ユニットNⅡよりも複雑な自動運転が可能です。

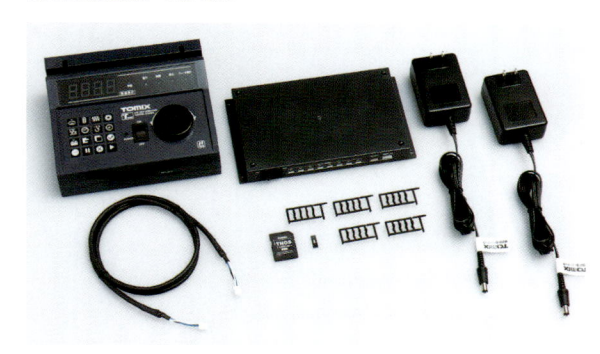

スマートフォンでの遠隔操作が可能になるコントローラー

KATO
スマートコントローラー（ACアダプター別売）

Bluetooth対応でスマホやタブレットから列車の操作ができます。離れた場所からの操作や、大きなレイアウトでは列車を追いかけながら手元で運転することもできます。

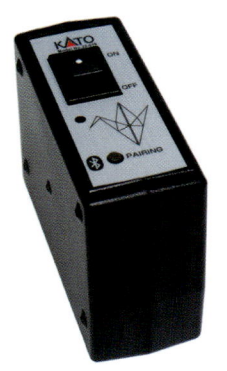

接続コネクター面

車両の基礎知識

🔄 車両は走行に必要な**モーター付きの動力車**と、**モーターなしの非動力車**がある。
🔄 車両の販売形態は**完成品**と**キット**に大きく分けられる。
🔄 連結器は**カプラー**と呼ぶ。 基本的に**カプラーは同一のものとしか連結できない**。

車両は動力車と非動力車の2種類ある

鉄道模型の車両にはモーターを搭載している動力車と、モーター非搭載の非動力車の2種類があります。 動力車をモーター車（M車）、非動力車をトレーラー車（T車）と呼ぶこともあります。 電車や新幹線などでは基本的に編成の中間車両の1〜2両が動力車となり、前後につながった車両を引っ張って編成全体を動かします。 また、機関車は機関車自体にモーターを積んでいるため、連結した客車や貨車を引っ張るだけでなく、機関車単体での走行も可能です。 編成が長い場合は、複数の動力車を使う場合があります。 モーターへの給電は、線路から車輪を通して行われます。

動力車（モーター車・M車）

非動力車（トレーラー車・T車など）

見た目は同じだが

モーター搭載

中を見てみると

モーターがない

☑️ 車両を走らせるためには動力車が必要になる

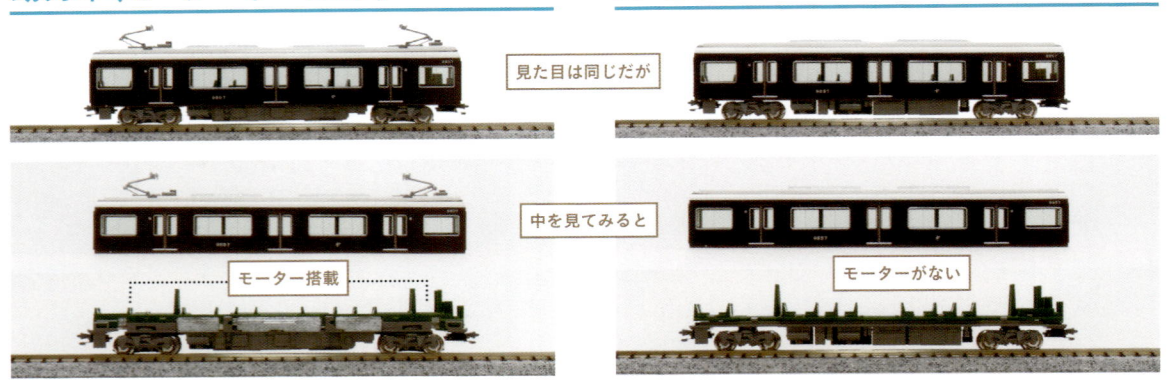

動力車

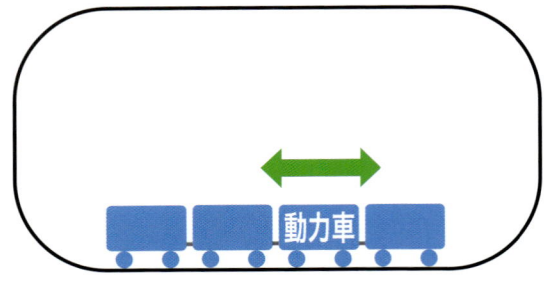

電車や新幹線の場合は中間車両が動力車になる場合が多く、前後につながった車両を動力車の力で動かします。 機関車は動力車になっている場合が多く、連結した非動力車である客車や貨車を動かします。 重連のように動力車どうしを連結する場合は、なるべく速度差がないものどうしをつなげるようにしましょう。 基本的に同一メーカーのものであれば、問題なく走行できます。

動力車のタイプもさまざま

KATO D51 200

ロッドも動く蒸気機関車！

MODEMO 東急 300系

2車体3台車の連接車両！

車両は完成品、キットタイプなど販売形態はさまざま

鉄道模型の車両には組み立てや塗装が不要の完成品と、ユーザー自身で組み立てる必要があるキットタイプの2種類があります。基本的には完成品の車両が多く、購入後にすぐに走らせて遊ぶことができるので、初心者でも安心です。キットタイプの商品では組み立てることが必要になりますが、ユーザーの好きなように工作と塗装ができるので、走らせるだけでなく、工作も好きな人はより楽しむことができるでしょう。

☑ 小さなパーツの取り付け以外必要のない完成品タイプ

新幹線

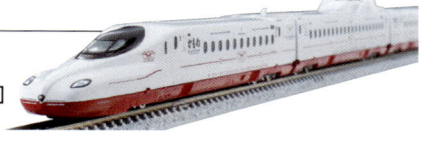

TOMIX
N700S-8000系
[西九州新幹線]

特急形

マイクロエース
近鉄26000系
[さくらライナー]

近郊形

グリーンマックス
311系 2次車

通勤形

TOMIX
E235-0系
後期型
[山手線]

長距離列車

KATO 285系3000番台 [サンライズエクスプレス]

各メーカーから発売されている鉄道模型の車両は基本的に完成品です。組み立てや塗装などが不要で、購入後すぐに走らせて遊ぶことができます。ただし一部の車両では、ユーザー自身が取り付ける必要があるパーツが用意されている製品もあります。また、機関車の場合は、ナンバープレートが選べるように選択パーツになっていたり、シールやレタリングシートなどが付属するものもあります。説明書を見ながら必要に応じて使うようにしましょう。

☑ パーツを組み立てて完成させるキットタイプ

**はんだ付け不要！
接着剤でも組める金属キット！**

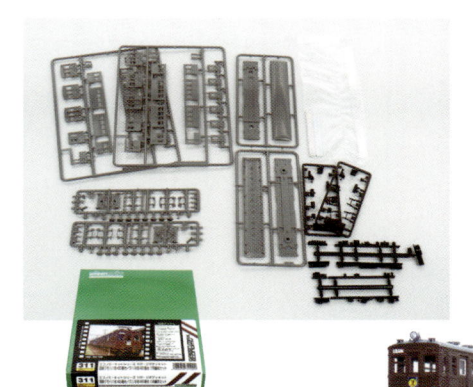

真鍮製

アルモデル
とても簡単な古典Dタンク

 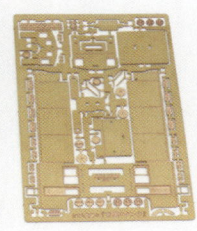

鉄道模型の組み立てキットにはおもにプラスチック製のプラキット、精密かつ頑丈な仕上がりになる金属キット、そして軽量で組み立てやすいペーパーキットがあります。プラキットはプラモデルのように接着剤で組み立てることができ、グリーンマックスからは豊富なキットが発売されています。金属キットは板状の真鍮やロストパーツをはんだ付けしながら組み立てます。レーザーで切り抜かれたペーパーキットは、木工用ボンドで貼り合わせるように組み立てます。いずれのキットも素材により独特な風合いがあります。

プラ製 グリーンマックス
国鉄クモハ11形400番台／クハ16形400番台　2両編成セット

Up grade 車両をつくる楽しみ

ミニ車両もつくれる

つくり方P.194

KATO
チビ凸用動力ユニット

車両の動力ユニットは単体でも発売されています。自作したボディに動力を取り付けることで、自分だけの車両をつくる遊び方もあります。製品として発売されていない車両をつくったり、実在しない架空の車両をつくるのも◎。工作の楽しさが広がります！

完成品はセット販売が主流

☑ モーター車が含まれている基本セット

KATO
E235系
山手線 基本セット（4両）

TOMIX
JR E235-1000系電車
（横須賀・総武快速線）
基本セットA

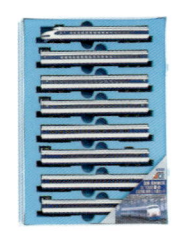

マイクロエース
国鉄 新幹線0系
0/1000番台 お召列車
（青帯入）8両セット

鉄道模型は、数両の車両が入ったセットでの販売が主流になっています。電車や新幹線を例にあげると、列車の顔となる前後の先頭車両と、走行に必要な動力車が入った「基本セット」と、中間車両だけが入っている「増結セット」があります。基本セットに増結セットを足すことで、実車と同じような編成をつくることができます。編成の車両数によっては、ひとつのセットのみで編成が完結する製品もあります。

☑ 編成を増やしたい場合は増結セットを購入

基本セット	増結セット	編成例

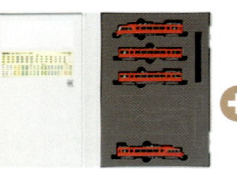

TOMIX
名鉄7000系パノラマカー（2次車）

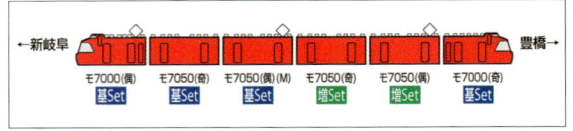

基本セットと合わせることで、実物と同じ車両数になります。増結セットは動力がない中間車だけのことが多いため、基本的には増結セットだけでは遊ぶことができません。基本セットと増結セットを合わせたものをフル編成と呼びます。

☑ 機関車や貨車は個売りの場合が多い

蒸気機関車

TOMIX JR C58形蒸気機関車（239号機）

電気機関車

KATO EF210 300番台

コンテナ貨車

TOMIX JR貨車 コキ104形（新塗装・ヤマト運輸コンテナ付）

特殊貨車

TOMIX 国鉄貨車 ソ80形（グリーン・チキ7000形付）

ディーゼル機関車

KATO DE10 JR貨物更新色

電車などはセットで販売されていることが多いのですが、機関車や貨車・客車などは車両を単品で購入することができます。機関車は直線線路を敷いて往復運転をするだけで楽しいです。そこに加えて単品の貨車や客車を少しずつ買い足していくこともできます。機関車に貨車を数量つなげて走らせるだけで癒されます。鉄道模型は必ずしも実物同様の編成を再現しないといけないわけではありません。好きな機関車に好きな車両をつなげて走らせて遊ぶことも鉄道模型の醍醐味です。

連結器は原則、他種とはつながらない

鉄道模型の連結器はカプラーと呼びます。カプラーはメーカーや車両の種類によって形状が異なっており、基本的に同じカプラーどうしでないと連結できません。しかし、カプラーは、別売りの製品を使って比較的簡単に交換ができるため、同一のものに揃えれば、扱いやすくすることができます。

連結器の仕様が車両の種類で異なることが多い

異なるカプラーどうしでは連結ができません。旧客や貨車などはカプラーを統一しておくと、他社どうしの車両でも問題なく連結することができます。

KATO製

TOMIX製

TOMIX製

カプラーはメーカーや車両の種類によって、構造が異なっています。同一メーカー内でも、カプラーの種類はさまざまです。

Point 世界標準の連結器 "アーノルドカプラー"

アーノルドカプラーはNゲージで広く使われる、世界共通規格のカプラーです。連結方法が簡単で扱いやすい上、走行する環境にも左右されにくいため、最初から装備されている商品も多いといえるでしょう。扱いやすいのはよいのですが、車両間の間隔が広く見えることがあります。

卓上の省スペースで運転が楽しめる小型車両

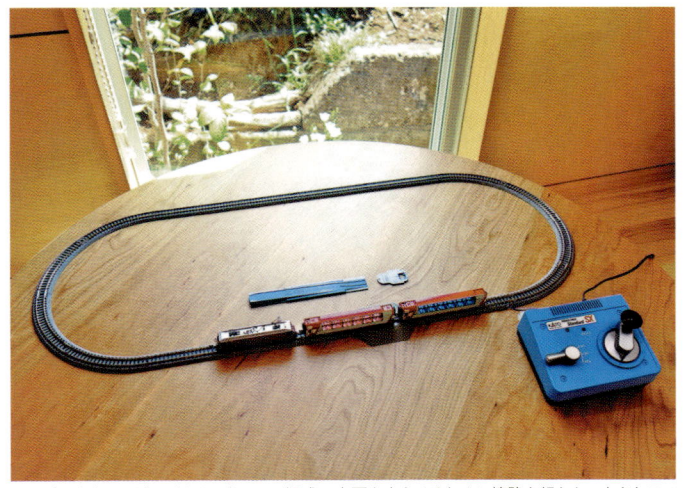

鉄道模型の中でも全長の短い小型の車両は、小さなカーブを通過することができるため、省スペースで遊ぶことができるのが特徴です。2〜3両編成の車両をテーブルトップで走らせるのはオススメの遊び方といえるでしょう！

MODEMO 東京都電 8800形 "ローズレッド"

KATO アルプスの氷河特急

サイズの小さいNゲージとはいえ、フル編成の車両を走らせるために線路を組むと、大きなスペースが必要になります。しかし、小型車両と半径の小さい曲線線路を使うと、設置面積を小さくできて省スペースで遊ぶことが可能になります。最近では、蒸気機関車や路面電車などの小型の車両のラインナップも豊富になっており、より生活の中に鉄道模型の運転の楽しさを取り入れやすくなっています！

ストラクチャーの基礎知識

- ストラクチャーとは鉄道に関連する施設やビル、住宅などの建物のこと。
- 鉄道に関連した施設のストラクチャーは線路の規格に沿って設計されている。
- 鉄道模型以外の製品をストラクチャーとして活用するのも◎。

ストラクチャーとは駅や住宅、ビルなどの建物のこと

TOMIX
木造駅舎セット

KATO
地上駅舎

鉄道模型において駅やビルなどの建物のことを、総じてストラクチャーと呼びます。また、建物だけでなくトンネルや鉄橋などの建造物や架線柱や信号機などの、線路まわりの小物なども含めることがあります。ストラクチャーは情景製作に活用されますが、お座敷運転でもトッピングするような形で駅や機関庫などを置くと、車両の運転がより楽しくなります！

KATO
庭のある家2（ブラウン）

TOMIX
コンビニエンスストア（セブン-イレブン）

KATO
ショッピングビル1（ブルー）

完成品とキットとして販売されている

ストラクチャーは完成品とキットの2種類があります。完成品のストラクチャーはその名の通りできあがった状態で販売されており、初心者や工作が苦手な人でも置くだけで建物を簡単に設置することができます。ただし、完成品の中には、ユーザー自身で取り付けが必要なパーツやシールが用意されている製品もあります。一方キット形式のストラクチャーは、プラモデルのように組み立てる必要があります。基本的にキットは未塗装のため、塗装をする必要もあります。組み立てる大変さがありますが、加工したり好きな色に塗ったりと、オリジナリティを出せるメリットもあります。

完成品
KATO
看板建築の角店3（モルタル・右）

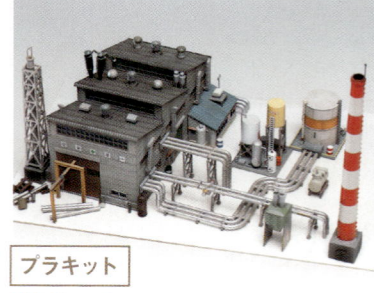

プラキット
グリーンマックス
プラント工場

ペーパーキット
東京ジオラマファクトリー
海鮮丼屋

線路の規格をベースとした鉄道関連施設

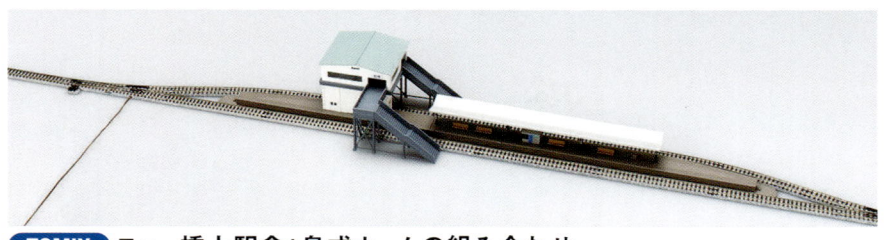

TOMIX ニュー橋上駅舎+島式ホームの組み合わせ

☑ ホームの幅は KATO 、 TOMIX で異なる

TOMIXのホームと線路

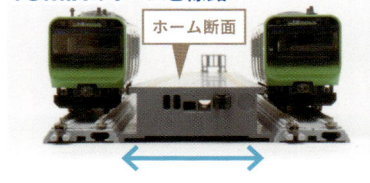
ホーム断面

KATOのホームと線路

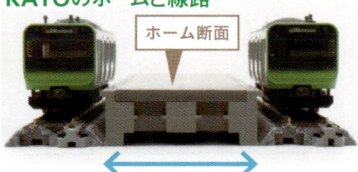
ホーム断面

ホームの幅は、メーカーの規格に則っているため、KATOとTOMIXでは長さが異なります。

ストラクチャーの中でも駅や機関庫のような線路と隣接するものに関しては、使用する線路に対応したものを選択するのが基本です。駅を例にあげると、KATOとTOMIXで両社の線路の道床の厚みや複線間隔が異なるため、異なるメーカーどうしでは設置ができなかったり、車両とホームが接触したりする場合があります。線路周辺のストラクチャーは線路とメーカーを統一するようにしましょう。

ストラクチャーの選び方で表現する世界が変わる

地方や田舎をイメージする製品

グリーンマックス
木造校舎

TOMIX わらぶき農家

都会をイメージする製品

TOMIX 高架駅

グリーンマックス
地下駅出入口

完成品とキットを合わせて豊富なストラクチャーが販売されています。ビル群と高架駅を組み合わせて都会の風景をつくったり、かやぶき農家と田園風景のようなSL時代のなつかしい情景など、つくりたい世界観や時代背景に合わせて選びましょう。

鉄道模型関連の製品以外もストラクチャーとして使える

箱や日用品などを使う

文房具などのシールを転用する

スチレンボードにマステを使用した駅のホーム

ポポンデッタ
駅のマステ

鉄道玩具を活用する

タカラトミー
プラレールトンネル

ご当地のお土産などと一緒に

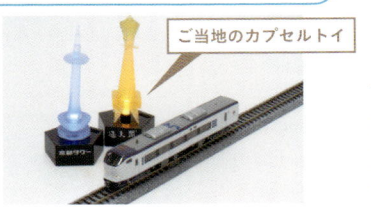
ご当地のカプセルトイ

市販のストラクチャー製品だけでなく、身のまわりにあるものを代用することで鉄道模型の楽しさを広げることができます。必ずしも実物に近づける必要はありません。あなたの生活の範囲内で、鉄道模型の世界を広げていきましょう。

※鉄道玩具は、メーカー推奨ではないため利用時は注意して扱いましょう

情景をつくる楽しみ

- 情景づくりの楽しさはお座敷運転で駅や機関庫などのストラクチャーを置くところからはじまる。
- 情景製作のサイズは手軽なジオラマなどの小さな情景からエンドレスレイアウトのような大きな情景まで多種多様。
- はじめて情景をつくるときは、車両を飾るためのディスプレイ用ジオラマがはじめやすい。

お座敷運転（フロアー運転）ではじめる情景づくりの楽しみ

駅を設置

線路に駅を付け足した様子。車両の停車と発車の位置が決まって遊びやすくなりましたが、情景としてはまだまだ寂しい感じです。

住居を加える

駅の側にアパートや商店などの建物を追加。どの位置に置くと自然なのかを意識して置いてみましょう。もう少し賑わいが欲しいところです。

大きな建物を増やす

さらにビルやマンションを追加。高さがある建物が加わることによって、駅前に賑わいが出てきました。

実物の鉄道車両が忠実に再現された鉄道模型は、走らせて遊ぶうちに情景要素が加わることでより運転が楽しくなります。まずはお座敷運転の中に、市販のストラクチャーを付け足してみましょう。駅をひとつ加えるだけで、列車の停車位置が決まり遊びやすくなります。さらに少しずつストラクチャーを増やしていくと、駅前の賑わっている様子が想像できます。アパートなどの住宅だけでなく、ビルやマンションのような少し高さのある建物が郊外の雰囲気を演出してくれます。ストラクチャーは一気に買う必要はなく、少しずつ欲しいものを買い足していきましょう。どのように建物を配置すれば自然になるかは、実物の駅前などを観察して参考にしましょう。建物の位置が決まれば車や人形、樹木などを設置するとさらに情景として仕上がってきます。最初の駅だけの様子と比べれば、建物を数点並べただけで駅前が発展しました。しかし、お座敷運転で毎回建物を並べたり片付けたりするのは大変です。土台の上に建物を並べて固定し、お座敷運転の線路と接続できるようにしてみたらどうでしょうか。これが情景製作の第一歩となります。

樹木やアクセサリーを増やす

車と樹木を追加。樹木の緑色が加わると一気に情景として仕上がってきます。少しずつ発展させていくのがワクワクしませんか？

ジオラマから大型レイアウトまで情景づくりはさまざま

鉄道模型の情景にはいろいろな大きさのものがあります。はじめて情景をつくるときはいきなり大きなものをつくるのは難しいため、小さい情景からはじめてみましょう。また、情景のある模型は全般的にジオラマと呼ばれますが、線路をつなげて走行を前提としたものをモジュール、線路がぐるりと1周つながって列車が周回できるものをレイアウトと呼びます。すべてをジオラマと呼んでも間違いではありません。

情景づくり成功へのポイント

☑ はじめてつくる場合は小さい情景から

☑ つくりたい情景イメージをしっかりと

☑ 実物や模型作品を観察しヒントを得る

☑ 車両が走ればOK! ハードルを上げない！

小 小さな情景

ディスプレイジオラマ　P.45

走らせるためではなく、車両を飾るための情景。手のひらサイズから車両が数両載るものまで、小さくつくることができるのがポイントです。

モジュール（直線部）　P.44

車両の走行を前提としたジオラマをモジュールと呼びます。また、複数のモジュールをつなげて車両が周回できるようにしたものをモジュールレイアウトと呼びます。

サイズ

モジュール（曲線部）　P.44

モジュールによって曲線の半径がバラバラだとつなげて走行させることが難しいため、クラブやサークル、大会などでつなげる場合は曲線半径などが規格で設定されていることが多いです。単体ではディスプレイ台にもなります。

エンドレスレイアウト（固定式レイアウト）　P.46

土台に線路が固定されており、車両を載せるだけで運転ができるレイアウト。室内の壁や棚などに常設したものも含みますが、本誌では600×900mmの土台に設置したものを紹介します。

大 大きな情景

モジュールレイアウトとは
（集合式レイアウト）

- 規格に合わせてつくったモジュールを複数つなげてひとつのレイアウトとなるもの。集合式レイアウトともいう。
- モジュール単位で製作できるため、一部の情景に特化して再現するのに適している。
- モジュールはひとつでも、まわりに線路をつなげれば列車の運転を楽しむことができる。

規格を揃えることでつなげることができる情景作品

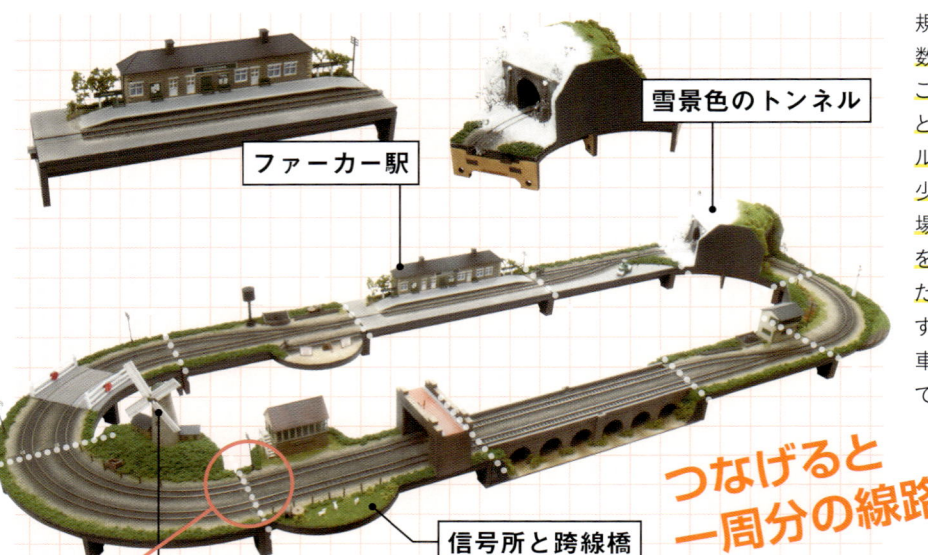

雪景色のトンネル

ファーカー駅

信号所と跨線橋

風車

つなげると
一周分の線路になる

規格に合わせてつくった複数のモジュールをつなげることでひとつのレイアウトとなった状態を、モジュールレイアウトと呼びます。少しずつ情景をつくりたい場合や、仲間どうしで情景を持ち寄り運転を楽しみたい場合などに向いています。各モジュール単体は、車両のディスプレイ台として使うこともできます。

モジュールレイアウトの特徴

- ☑ モジュールごとに少しずつ情景をつくれる
- ☑ いろいろな情景をつなげることができる
- ☑ 小型のモジュールは収納・保管がしやすい

Close Up

モジュールどうしの接続に便利な特殊な線路

モジュールどうしの接続は、伸縮することで全長が変わるスライド線路を用いて接続するのがオススメです。モジュール間に隙間ができてしまった場合でも車両の走行に支障がありません。大型のモジュールどうしの接続など、位置の微調整が難しいものに向いています。

接続に使える特殊な線路

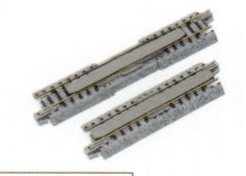

画像はKATO製品

KATO
スライド線路 S78S

TOMIX
バリアブルレール V70（F）

伸縮させることで線路の全長をKATO78〜100mm（TOMIX70〜90mm）にすることができます。線路の微妙な隙間を埋めるために使ったり、モジュールどうしの接続部分に使うことができます。

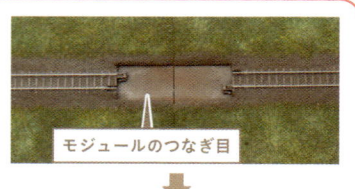

モジュールのつなぎ目

スライド線路

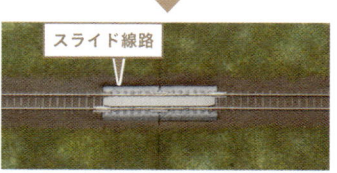

モジュールどうしが離れ隙間ができていても、線路が伸縮するので影響なくつながります。

モジュールレイアウトの規格例を見てみよう

例 **鉄道模型コンテスト　モジュールボード規格** （「鉄道模型コンテスト2025」モジュールボード規格（KATO・直線＆曲線・ユニトラック線路）より）

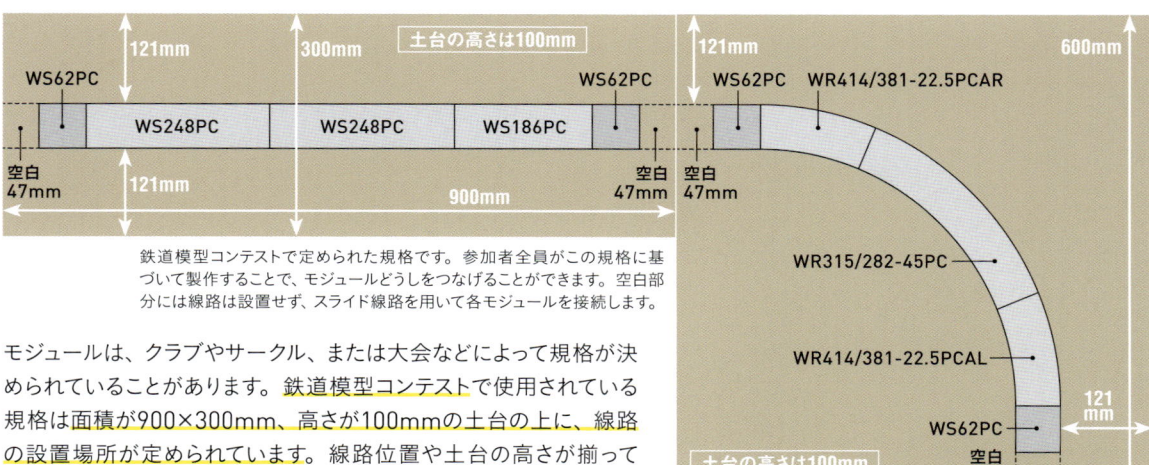

鉄道模型コンテストで定められた規格です。参加者全員がこの規格に基づいて製作することで、モジュールどうしをつなげることができます。空白部分には線路は設置せず、スライド線路を用いて各モジュールを接続します。

モジュールは、クラブやサークル、または大会などによって規格が決められていることがあります。鉄道模型コンテストで使用されている規格は面積が900×300mm、高さが100mmの土台の上に、線路の設置場所が定められています。線路位置や土台の高さが揃っていないとモジュールどうしの接続ができなくなります。

モジュールひとつでも列車の運転は楽しめる

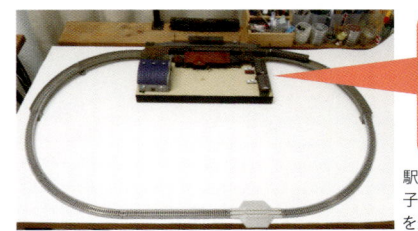

駅のモジュールをお座敷運転に取り入れた様子。大きなレイアウトでなくても、列車が情景を通過する様子はとても楽しい。

モジュールは、単体でも、まわりに線路を接続することで車両の走行を楽しむことができるようになります。いきなり大きな情景をつくることが難しくても、まずは小さな情景をつくって普段遊んでいるお座敷運転に組み込んでみるのもよいでしょう。

Point ▶ 線路をつなげるにはボードの高さ分嵩上げが必要

同じ厚みの土台を用意
モジュールやジオラマと同じ高さの土台を用意し、線路の高さを合わせて接続します。

線路を嵩上げする
線路の下に本などを敷いて、土台の厚み分の嵩上げをして線路を接続します。

高架線路を使う
高架線路と橋脚を使って接続します。同じ高さの橋脚ですべて高架にしてしまってもOKです。

モジュールに線路をつなげるときは土台の厚さがあるため、その厚み分線路の高さを合わせる必要があります。すべての線路を嵩上げするのが難しい場合は、橋脚で勾配をつくってからモジュールに接続する方法もあります。

Close Up ディスプレイジオラマとモジュールの違い

ディスプレイジオラマ
車両を載せるための情景。ケースを被せることで情景ごと車両を飾っておくことができます。

線路をつなげればモジュールとして利用できる
線路をつなげられるようにしておけば、レイアウトに組み込んで車両の走行もできます。

同じような小さい情景でも車両を飾るためのものをディスプレイジオラマ、線路をつないで走行を前提としたものをモジュールと呼び分けることがあります。しかし、モジュール単体でも車両を飾れるため、ディスプレイジオラマと呼んでも間違いではありません。

情景製作
難易度 ★★★

エンドレスレイアウトとは
（固定式レイアウト）

🔁 列車が周回できる線路を棚や土台に固定して、いつでも運転できるようにしたレイアウト。
🔁 家庭でつくりやすい一般的なエンドレスレイアウトの大きさは600×900mmや畳1畳サイズ。
🔁 いくつもの情景をひとつの土台の上に再現できる。省スペースに情景を収める場合はデフォルメも必要。

いつでも車両が運転できる常設式の情景作品

手前側からの全景

つくり方P.198

手前右側からの全景

奥側からの全景

列車が周回できる線路を土台に固定し、いつでも車両を運転できるようにしたものをエンドレスレイアウト（固定式レイアウト）と呼びます。家庭でつくりやすい一般的なレイアウトの大きさは600×900mmや、ベッド下に収納できる畳1畳サイズが主流です。限られたスペースにオーバル1周の線路と情景を盛り込むので、うまく収まるようにつくりたい要素を選別して配置を工夫する必要があります。完成までには少々時間がかかりますが、いつでも車両を運転できるようになるのはとても楽しいです。部屋の中に常設したレイアウトもこれに含みます。

エンドレスレイアウトの特徴

☑ 線路と情景が常設されているので、いつでも車両の運転を楽しめる

☑ ひとつの土台の上に複数の情景を取り入れることができる

☑ 線路1周分を限られたスペースに収める場合は、工夫とデフォルメが必要になる

Nゲージ 情景製作 エンドレスレイアウト（固定式レイアウト）とは

KATO、TOMIXの線路でつくる最小円サイズ

 **KATO** （R117-45）
サイズ 234×234mm

TOMIX （C103-30°60°）
サイズ 206×206mm

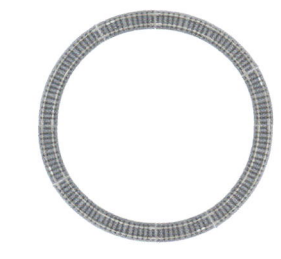

※サイズは線路の中心から中心までの長さ

小さい線路を使えば小さい土台の上でもエンドレスを組むことが可能になります。KATOからは最小半径R117のユニトラックコンパクトが、TOMIXからは最小半径C103のスーパーミニカーブレールが発売されています。ただし、曲線の半径が小さくなれば走行できる車両が限られてしまいます。走行できるかはメーカーのHPなどで先に確認しておきましょう。

ポイントひとつで運転の楽しみが広がるエンドレス

単純なエンドレス

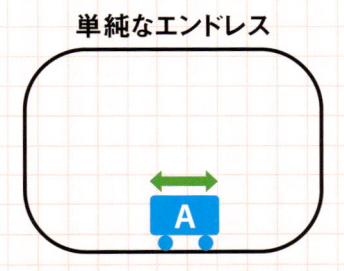

線路を1周つないだだけだと1列車の運転しかできません。ほかの車両と載せ換えるときも毎回運転をやめないといけません。

待避線を取り入れる

ポイントを入れて待避線をつくれば2列車を交互に遊ぶことができます。停車中の列車をほかの車両と載せ換えて準備することもできます。

Aの運転

Bの運転

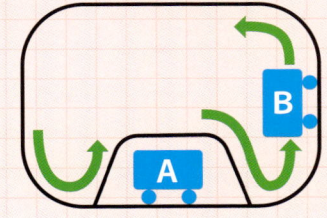

入門セットに入っているような小判形のオーバルレイアウトでは、1列車の周回運転しかできません。ポイントを組み込んで待避線をつくることで、ふたつの列車を交換して遊ぶことができます。また、片方の列車を周回させている間に、待避線の列車を片付けて別の列車を載せて遊ぶ準備をする、といったこともできるようになります。

Point 完成までの道のりは自由。区画ごとに完成を目指してもOK

大きなレイアウトになればなるほど完成まで時間がかかるものです。無理に終わらせず、少しずつ部分的に仕上げていきましょう。区画ごとに区切って作業していくのもありです。線路が敷けていれば車両を走らせて息抜きもできます。途中でつくりたい情景や付け足したい建物などが思いつくかもしれません。また、振り返れるように製作途中の写真を撮っておくとよいでしょう。

Plus α エンドレスにこだわる必要がない自動運転化

固定式のレイアウトは必ずしもエンドレスでなければならないわけではありません。土台に敷いた線路の上で列車を往復させたり、ポイントを切り替えて機関車の入れ替えをしたりと運転の遊び方は色々あります。また、自動運転のシステムを組み込んで、車両の動きを制御する方法などもあります。

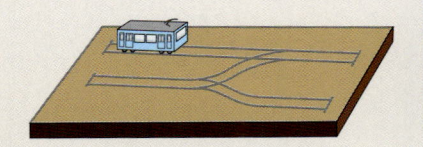

TOMIXの自動運転ユニット（P.35参照）を使えば、線路にセンサーを組み込むことで列車の自動運転が可能に。ポイントの切り替えももちろん自動。

機関庫や車両基地は機関車を入れ替えたり、構内を往復運転したりと、エンドレスレイアウトとは違う遊び方ができます。

情景づくりの流れ

🔄 製作を**はじめる前にイメージをふくらませる**ことで**理想の情景**に**近づける**。
🔄 **まずは何をつくるか**を考え、**情景のサイズ決め、土台の選択、プランニング**へと続いていく。
🔄 鉄道模型の世界に間違いということはない！**好きなようにつくっていこう。**

情景づくりに挑むまでの4ステップを確認

情景づくりに挑むまでの4ステップ

STEP 1	STEP 2	STEP 3	STEP 4	NEXT
何をつくるかを考える	情景のサイズを決める	情景の土台を選ぶ	プランニング	製作開始

情景づくりをはじめるまでの基本的な流れです。何をどのようにつくっていくかを考えイメージをふくらませていきます。つくりたい風景が決まれば、どれくらいの大きさの情景にするかを考えます。土台が用意できれば、線路やストラクチャーの配置と製作に必要な材料を集めていきましょう。

敦賀駅をモチーフにした作例

特定の場所をモチーフにする場合はすべてを再現することは難しいので、どの部分を省略できるかを考えます。モジュールのように規格が無い場合は好きな形の土台をつくってもよいです。

つくりたい場所がある場合は、現地に足を運ぶと現地でしかわからない情報を得られます。どの部分を土台に収めるかを考えましょう。

STEP 1 何をつくるかを考える

詳しくはP.50

情景をつくるといってもつくりたいイメージがないとはじまりません。まずは自分が好きな車両に似合う情景や、思い出の場所など模型にしてみたい風景を思い浮かべてみましょう。写真などがあれば眺めてみるのもいいかもしれません。必ずしも実写のような風景でなくても、アニメや漫画のようなファンタジーの世界観でもまったく問題ありません！

考え方のポイントをチェック！

☑ **好きな車両や持っている模型からイメージする！**

☑ **昔行ったことのある場所や思い出の写真を参考に！**

☑ **漫画やアニメの世界観や、非現実的な世界でもOK！**

STEP 2　情景のサイズを決める

詳しくはP.54

ディスプレイ

モジュール

車両を飾っておける小さめのディスプレイジオラマであれば、はじめての情景製作でもハードルが低く取りかかりやすいです。大きい情景は完成まで時間がかかるので、作業をするためのスペースや完成後の保管場所などもよく考えておきましょう。

サイズを考えるときのポイントをチェック！

☑ まずは小さい情景からはじめてみる
☑ 作業スペースや保管場所も考えておく

STEP 3　情景の土台を選ぶ

詳しくはP.54

ディスプレイケース

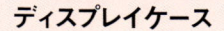

木製のボード

つくりたい情景に適した土台を選びます。小さいディスプレイ用の情景であれば、百均のケースなどでもつくることができます。A5〜A3くらいの大きさであれば木製のキャンバスボードを使うと便利です。1000円前後で販売されているので入手しやすいです。

土台選びのポイントをチェック！

☑ 百均のディスプレイケースも使える
☑ 木製のキャンバスボードも土台に最適

STEP 4　プランニング

詳しくはP.55

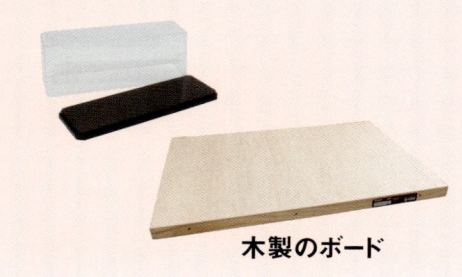

線路やストラクチャーなど、情景に必要な要素を土台の上にどのように配置するかを考えます。また、製作に使う素材や材料などもリストアップしておきましょう。一度に用意する必要はありませんので、製作の工程が進むにつれ少しずつ買い足していけばOKです。

プランニングの方法をチェック！

☑ 線路やストラクチャーの配置を考える
☑ 必要な材料を確認し、少しずつ買い足していく

NEXT　いよいよ情景づくりがはじまる

Part2 P.67から

キハ85系と紅葉と
鉄橋のある情景

特急くろしおが走る
海沿いの情景

トワイライトエクスプレスと雪景色

全体のイメージが固まったら情景製作開始です！ 完成まで焦らずに少しずつ工作を進めていきましょう。途中でつくりたいものを変えても構いません。鉄道模型の世界に間違いはありません！ つくりたい表現はPart2で紹介しているテクニックを参考にしてください！

情景製作
難易度 ★★★

何をつくるかを考える❶

情景づくりのヒント

🔹 情景づくりは何をつくりたいか、どんな列車を走らせたいかを考えてみることからはじまる。

🔹 好きな風景や思い出の光景などから再現したい情景をイメージする。

🔹 模型作品に触れることでどんなものが再現できるか見えてくる。

情景づくりのヒントになるものを見つけよう

具体的にどのような情景をつくろうか思いつかない場合は、好きな車両や好きな情景から考えてみましょう。好きな車両がある場合は、その車両が走る風景を想像すると情景づくりのテーマのヒントになります。また、好きな風景がある場合は、その風景の要素を取り込んで情景にしてみましょ

う。また、情景は必ずしも現実に忠実でないといけないわけではありません。ときには非現実的な要素やファンタジーを取り入れてもOKです。さらにはいろいろな模型作品に触れてみることで、ヒントとなったりアイデアを思いつくこともあります。

好きな車両や集めている模型をヒントに!

① 好みの車両

思い出の場所など好きな情景をつくる!

② 好きな情景

さまざまな模型作品からアイデアを得る!

③ 作品に触発される

好みの車両や手持ちのNゲージ車両から考えてみる

好きな車両や持っている鉄道模型が似合う風景は、情景づくりをする上でのもっともシンプルなテーマです。蒸気機関車が好きで模型を集めているのであれば、蒸気機関車が現役だった頃の風景が思いつきます。具体的には架線柱がなく非電化、また高層の建物なども無い瓦屋根が多い田園

風景、といったように時代と風景が連想できると思います。また、機関車であれば機関庫のような情景が思い浮かぶ人も多いのではないでしょうか。このように好きな車両からイメージをふくらませていくと、つくりたい情景のよいヒントとなります。

客車や貨車を牽引する蒸気機関車!

蒸気機関車

車両が走る風景例

☑ 非電化の頃の情景。建物なども時代に合わせよう

☑ 黒いボディが映える緑が多い山間や、雪景色も◎

特徴的なフォルムを持つ特急や新幹線!

特急や新幹線

車両が走る風景例

☑ 観光特急は山や海など自然とも似合う

☑ 新幹線は各地の私鉄や在来線と並走しても違和感がない

通勤や通学で毎日見かける車両たち

通勤電車

車両が走る風景例

☑ ビルなどが立ち並ぶ都会の情景は建物に照明を入れたい

☑ 複線かつ高架線路を走る様子は都心部を演出できる

好きな風景や思い出の光景から考える

海岸線を走る列車

海を背景に列車が走る風景。水の表現は情景づくりの中でも難易度が上位。魅力的なためいつかはチャレンジしたいものです。

鉄橋を渡る列車

川を渡る鉄橋も鉄道ならではの風景。鉄橋は、車両が映えるお立ち台にもなるため、ディスプレイジオラマにもぴったりです。

田園風景

都心部を離れて列車が走るのどかな田園風景。緑が多い区間は比較的情景としてつくりやすいので、はじめてつくる情景としても○です。

山とトンネル

トンネルの中から車両が出てくる様子は魅力的です。機関車から新幹線まであらゆる車両と似合う情景です。

情景としてつくりたい風景は、自分の好きな風景でかまいません。昔見たことがある景色や思い出の場所、また観光などで乗ったことのある車両が走る風景を思い浮かべるとよいヒントになります。例えば、子どものころに見た地元の風景をイメージしてつくった情景に、昔走っていた車両の模型を走らせたりできるのも鉄道模型ならではの楽しみ方です。また、海や山などの自然豊かな景色や、鉄橋とトンネルなどの自然と人工物が組み合わさった風景は鉄道特有のものでもあり、車両が映えるのでつくって楽しい情景のテーマといえるでしょう。実物を見て綺麗と思ったりかっこいいと感じた場所は、鉄道模型の情景でも同じように感じることができると思います。

模型作品に触れてみるとつくる楽しみが見えてくる

どのように線路を配置して情景をつくりこめばよいのかイメージができない場合は、鉄道模型のイベントや博物館、模型屋さんに足を運んで見学してみましょう。毎年夏に開催されている鉄道模型コンテストでは、数多くの作品を一度に見ることができます。限られたスペースに収められた情景は製作意欲を高めてくれること間違いないでしょう。博物館に常設展示されたレイアウトでは、線路の配置と情景の中を車両が走る楽しさを実感できます。つくり方などよくわからないことがあれば、街の模型屋さんにアドバイスをもらうのもよいでしょう。

鉄道模型のイベント

全国の高校生が専用モジュールにつくる情景製作のコンテスト。作品をつなげて大きなレイアウトに！ また、一般参加のT-TRAKやミニジオラマなど数多くの作品を見ることができます。

Data
鉄道模型コンテスト
開催時期：8月上旬〜中旬
開催地：東京ほか
URL：https://www.moraco.jp

常設展示の博物館

原信太郎氏が製作・所蔵した鉄道模型のコレクションが展示されています。縮尺約1/32の1番ゲージの巨大なレイアウトは、車両だけでなく情景が細部までつくり込まれ必見です。

Data
原鉄道模型博物館
営業時間：10：00〜17：00
休館日：毎週火曜日・水曜日
アクセス：横浜駅・新高島駅（みなとみらい線）より徒歩3〜5分
URL：https://www.hara-mrm.com

鉄道模型店

ポポンデッタは全国に店舗があり、中でもお客さんが車両を持ち込んで運転できるレンタルレイアウトがあるのが特徴です。Nゲージとはどんなものなのか間近で見学することができます。

Data
ポポンデッタ
営業時間：10：00〜
場所：全国に店舗展開
URL：https://www.popondetta.com

何をつくるかを考える❷

情景イメージをふくらませる

- つくりたい情景が思い浮かんだら、写真を参考にしてイメージをふくらませる。
- 現地の資料は本やネット、SNSで手軽に探すことができる。
- 本や旅行先で撮影した写真がイメージの参考になる。現地に出向ける場合は取材して資料を集める。

つくりたい情景のイメージをふくらませよう

取り入れたい情景の実写を探す

☑ 踏切

☑ 鉄橋

☑ トンネル

☑ 山

つくってみたい情景が思い浮かんだら、具体的に何を情景に取り入れるかのイメージをふくらませてみましょう。想像だけでつくることは難しいので、モチーフとなる場所の写真があれば何をつくればよいかがよりイメージしやすくなります。過去に撮影した写真があればそれを参考に、無い場合は書籍やネットに掲載されている画像などを参考にしてみましょう。また、普段は見向きもしないような地面や草木、建物の裏側のような場所の写真も情景づくりにおいては貴重な資料になります。現地で写真を撮るときは意識的に撮影しておくとあとで役に立ちます。

身近にある写真や旅行雑誌などが役に立つ

旅行で撮影した鉄道写真など

旅行などで撮った写真は、情景の参考資料として使うことができます。

旅行などで過去に撮影した写真は情景づくりをする上でイメージをふくらませるために役に立ちます。鉄道車両はいまでは走っていないものも多く、当時の様子を記録した写真から製作のモチベーションを得られることがよくあります。また、旅行雑誌や写真集もとても重宝します。誌面の画像は綺麗な風景が載っているだけでなく、客観的に撮影されているものが多いので、情景としてつくるべき要素を見つけ出すための参考になります。この写真のような情景をつくってみたい、と思うこともとても大事なことです。よい写真になるような風景は、情景としても魅力的なものになります。

旅行雑誌や専門誌などは情景写真が満載

小学館
全日本鉄道
バス旅行地図帳2021

成星出版
世界の沿線から
汽車の見える風景

日本交通公社
追憶のSL C62

情景の資料とするだけではなく、写真集などはつくってみたい情景のヒントにもなります。

インターネットやSNSは情景づくりの参考になる実写の宝庫

情景づくりのイメージをよりふくらませるために、インターネットを活用してモチーフにする場所について調べてみましょう。建物の配置などはGoogle Earthや同システム上のストリートビューを活用することで現地の様子を見ることができます。YouTubeやSNSで閲覧できる動画や画像は製作の資料にもなります。また、なぜこの場所に線路や建物があるのかなどの時代背景も調べておくと、情景に必要な要素がさらに明確になります。

Google Earth(グーグルアース)
真上からの建物の配置を閲覧でき、道路上をダブルクリックするとストリートビューで移動しながら現地の様子を見ることができます。

YouTube(ユーチューブ)
路線の前面展望などを活用して、線路まわりがどうなっているのかを確認できる資料になることがあります。

画像検索(各ブラウザ)
ネットで調べればどんな画像でも出てくる時代。撮影とアップをしてくれた人に敬意を持ちながら閲覧しましょう。

Plus⊕ 再現したい路線を旅行がてらロケハンしてみる

観光地のおもな鉄道
☑ 江ノ島電鉄
☑ 京福電気鉄道
☑ 箱根登山鉄道

つくってみたい風景は現地に出向いてみましょう。実物を直接見ると何をどのようにつくるかを想像しやすくなります。普段は見ることのない地面と建物との境界なども写真に撮っておくと製作の資料になります。

〈情景写真から再現した作品例〉

桜満開の阪急神戸線 都賀川橋梁
モデルにした情景写真

作品例

春の桜が咲いた情景をテーマに製作しています。桜が満開の晴れた日を狙って現地で写真を撮り、情景製作の資料としました。

思い出の三重県玉城町 田丸駅
モデルにした情景写真

作品例

老朽化で建て替えられる駅舎を解体前の姿でジオラマに。いまは無き姿を情景として残せるのも鉄道模型のよいところです。

土台のサイズを決める

- 情景をつくるための土台にはいろいろな大きさのものがあり、強度のある木製のものが中心となる。
- どんな土台を使うかは、表現したい情景、作業スペースや置き場所、予算によって決める。
- 部屋に合わせて棚などをつくり、常設しておく方法もある。

土台に使える素材は木製が中心

ジオラマやレイアウトの土台はある程度の強度が必要なため、木製の土台を使うことが多くなります。小さめのサイズのものであれば、市販のレイアウトボードや絵画用のキャンバスボードが使いやすく、模型メーカーからもモジュール用の土台が各種発売されています。卓上などに飾るディスプレイ用のジオラマであれば、百均で入手できるフィギュアなどの展示ケースも活用できます。ここでは、比較的手に入れやすく、使いやすい土台を紹介しています。

種類	向いている
ディスプレイ	△
モジュール	○
エンドレス	◎

TOMIX
レイアウトボード
サイズ 600×900×40mm

作例

600×900mmのサイズはカーブ半径240～280mm程度の標準的なエンドレスオーバルを設置することが可能です。限られたスペースに情景を収める必要がありますが、気軽に車両を運転できるのは楽しいです。

KATO
T-TRAK
モジュール
ボードキット
サイズ
ダブル 355×618×60mm
コーナー 363×363×60mm

KATO
ミニジオラマベース
（線路付キット）
サイズ
曲線 R183mm 直線 124mm

種類	向いている※	
ディスプレイ	△	◎
モジュール	◎	◎
エンドレス	○	✕

※左モジュールボードキット
　右ミニジオラマベース

作例

複数をつなげることで車両が走行できるようになるモジュールレイアウト用の土台。T-TRAKは世界的に同規格で統一された大きさになっており、ミニジオラマベースは手のひらサイズのモジュールです。

種類	向いている
ディスプレイ	○
モジュール	○
エンドレス	○

キャンバスボード
サイズ A4（297×210mm）

作例

木製のキャンバスボードは情景の土台としても使えます。さまざまな大きさがありますが、A5～A3サイズのものが強度もあり安価で使いやすいです。車両を飾るためのディスプレイ用ジオラマにも最適です。

種類	向いている
ディスプレイ	◎
モジュール	△
エンドレス	✕

ダイソー
コレクションボックス
サイズ
（画像左）アーチ深型
（約23×13.3×13.4cm）
（画像右）ボックスミニ・
フラット台座（約16×8×10cm）

作例

百均で入手できるディスプレイ用ボックスも情景の土台として使えます。ケースを被せて保管できるため、ホコリを避けながら車両を飾ることもできます。小さいためジオラマの入門用としてもピッタリです。

土台は部屋に合わせて自作する手も

大きな情景や部屋に合わせた常設のレイアウトを設置する場合は、ホームセンターで売っている板材を切り出して専用の土台をつくります。また、600×900mmの土台であれば比較的省スペースで設置でき、常設していつでも車両の運転ができるため鉄道模型ではよく活用されています。

600×900サイズのレイアウトは一般的な大きさのテーブルなどに載せることができるため、インテリアの一部として置いておくこともできます。

情景製作 レベル ★★★

プランニング❶
資料や素材を集めて土台の上でプランを練る

- 土台の大きさが決まったら、資料集め、材料集めをする。
- 土台の上で線路や建物などを並べてプランを練る。
- プランの練り方の参考になるプラン集をチェックする。

プランニングは土台に描く下書き

例えばグーグルアースを参考に、線路の線形と建物の位置を確認します。縮尺通りの再現はできないので、どのようにつくるかを考えます。

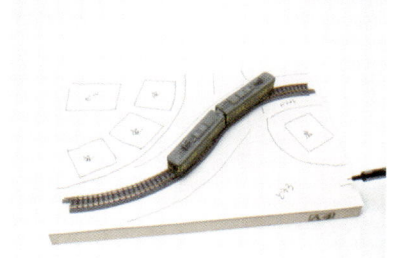

作例では、線路はファイントラックを使用しました。その線形を軸に道路や建物をどこにつくるかを下書きしながらイメージをふくらませます。

いきなり土台に線路や建物を接着してしまうと、製作途中で変更の必要が生じた場合にいちからやり直しになってしまいます。そのため、あらかじめ土台のどこに何を設置するかをしっかり考えて、土台に線路と建物の位置を下書きしておくと間違いも無くイメージしやすくなります。プランニングの段階では何度やり直してもOKです。

必要素材を集めて土台の上でプランニング

情景をどのようにつくるかは、写真などの資料を参考にするだけでなく、実際に線路とストラクチャーを並べてみることでイメージが沸く場合もあります。駅舎など線路まわりの建物は仮置きして車両が見えづらくないかや、かっこよく見えるかも確認します。また、1方向からではなくあらゆる方向から土台を眺めてみて、どの部分に情景の見せ場や見所を盛り込むかも意識すると、情景作品としての仕上がりもよくなります。

イメージ資料を集める

つくりたい情景のテーマを決めて資料を参照し、どんな要素を情景に盛り込むかを考えます。

素材などを集める
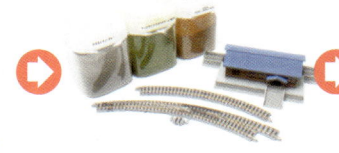
情景に必要な線路やストラクチャーなどの素材を用意します。少しずつ買い足してももちろんOK。

プランを練る
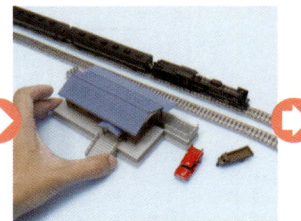
土台に線路と建物を仮置きして、どの場所に何をつくるかを考えましょう。

見せ場や見所を考える
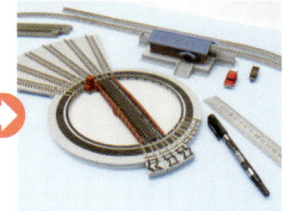
春の風景なら桜、川沿いなら鉄橋というように、この情景ならではの見せ場と見所を考えます。

Plus α プランの練り方の参考になるレイアウトプラン集

NOCH
Mai Catalogue 2021・2022

情景素材などを多く販売する鉄道模型メーカーNOCHのカタログ。情景の作例は線路配置だけでなく、素材の使い方の参考にもなります。

KATO
プラン特集

KATOのレイアウトプラン集はウェブサイトから閲覧が可能です。ユニトラック規格ですので、どの線路が何本必要なのかも記載されています。

URL:https://www.katomodels.com/unitrackplan/index

鉄道模型は線路の配置が情景の主軸となります。ジオラマやレイアウトをはじめてつくる場合、鉄道模型メーカーのカタログに載っている情景やレイアウトの作例、線路配置のプラン集が活用できます。すべてをいちから考えるのではなく、真似をしてもOKです。

プランニング❷

情景を落とし込むためのヒント

🔖 再現したいテーマが出てきたらそのテーマを構成している要素を抽出してみる。
🔖 抽出した要素からテーマを再現するために何が必要か導き出してみる。
🔖 情景を限られたスペースに落とし込むためにはデフォルメが必要になる。

再現したいテーマから要素を抽出する

例 ▶ 江ノ島電鉄

Nゲージの車両

MODEMO
江ノ島電鉄300形

MODEMO
江ノ島電鉄20形

つくってみたい風景が思い浮かんだら、その風景を構成している要素をピックアップしてみましょう。例えば、江ノ電の風景をつくりたい場合、江ノ電の特徴と情景として盛り込みたい要素を考えます。併用軌道を車両が車と並んで走る様子や、海を背景に踏切を通過する様子はまさしく江ノ電といえる風景です。それらのうちから、どの風景を表現したいのかを考えて選定するようにしましょう。

併用軌道
線路が道路の上に設置されたものを併用軌道と呼びます。江ノ電では江ノ島駅から腰越駅までの区間が併用軌道となっており、江ノ電の大きな特徴ともいえます。

海岸線
海沿いを走る江ノ電ならではの風景。鎌倉高校前駅のそばにある踏切は有名なアニメなどにも登場するため、知っている人も多いのではないでしょうか。

寺・神社
江ノ電の沿線にはお寺や神社も多く鳥居と一緒に電車を見れるスポットもあります。その場所にしかない風景は情景に落とし込みやすいポイントになります。

民家に隣接
電車が民家すれすれを走る様子は生活に溶け込んだ江ノ電ならではの風景です。ほかにも江ノ電といえば、という風景はあると思いますので思い浮かべてみましょう。

江ノ島電鉄らしさを構成する要素

☑ 併用軌道がある路面電車と専用軌道が混在する様子

☑ ほかの路線ではあまり見ることができない小型の車両が通過するS字カーブ

☑ それにともなって設置された、特徴的な架線柱の位置

☑ 店や住宅の合間を走る姿が生活に根付いた江ノ電の風景

江ノ島電鉄の江ノ島駅近くにある龍口寺前の交差点をイメージした情景です。道路の上を走る併用軌道に加え、小さい車体が通過するS字の急カーブがある区間。有名な実写の撮影スポットでもあります。

限られた空間で表現するためのデフォルメの極意

情景をつくる上で実物の風景を忠実に模型で再現することは難しいため、形やサイズを変更したり、部分的に省略したりすることをデフォルメと呼びます。そもそも鉄道模型の車両自体が9mmのレール幅に合わせて車体がデフォルメされています。情景に関しても土台の上に収めるために形や縮尺を変えたり、意図的に省略しても構いません。

特徴的な部分を目立たせる

どこかの風景をモチーフにする場合、その風景の特徴的な部分が目立つようにすると特定の場所ということがわかりやすくなります。

サイズや縮尺の変更

情景として必要な要素をうまく取り入れるために、建物の縮尺や大きさ、配置などを変更して土台の中にうまく収まるように調整します。

素材を活かす

草や樹木などの素材はさまざまな製品が販売されています。実物を完璧に再現することはできなくても、素材の質感や大きさなどを組み合わせることで自然に近いおもむきを出すことができます。

細かいつくり込みをしない

実物ではさまざまな配線や機器が設置されている車庫まわりですが、建物を置くだけで十分に雰囲気が出ます。必要な要素だけでつくっていくようにすると仕上がりも早くなります。

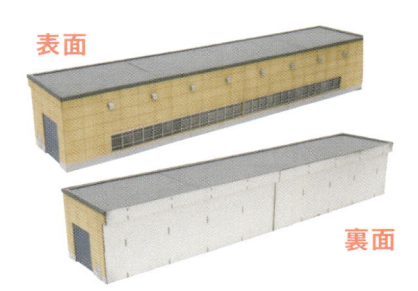

表面

裏面

見えない部分は省略する

建物の内部や裏側など、覗き込んでも見えない部分は潔く省略します。全部を細かくつくろうとしないで、見せたい場所とそうでない場所をはっきりさせましょう。

市販品をうまく組み合わせて表現する

河川に連続して設置される鉄橋

鉄橋

非電化区間の駅舎の再現に

駅舎

使用する既製品例

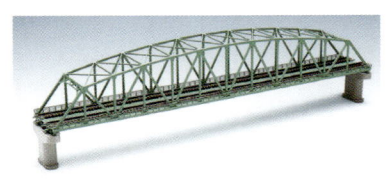

**TOMIX
複線曲弦大トラス鉄橋（F）（緑）**

市販品の中で一番大きなトラス鉄橋。大型の鉄橋を再現することができます。

使用する既製品例

**KATO
ローカル地上駅舎**

田舎の風景や蒸気機関車時代の駅舎に最適。汎用的な形のためどんな車両とも似合います。

実物の駅舎などの建物、鉄橋やトンネルなどの設備は、すべて同じ形ではなく形状はさまざまです。また、特定の場所を再現したりモチーフにする場合も、実物とまったく同じ形のストラクチャーが販売されていることは少ないため、実物に似た形状の市販品を活用してつくることになります。鉄橋やトンネルなどは各メーカーからいろいろなタイプのものが販売されているので選択肢は多いのですが、たとえ実物と形が違うからといって完成度が下がるわけではありません。市販品をそのまま使うとどうしても思い描いたイメージとは異なる場合は、塗装して塗り替えたりするだけで印象を変えることもできます。どのアイテムを使うことが最適なのかを考えるのも、情景製作の楽しみのひとつといえるでしょう。

情景づくりに欠かせない 車両の試走

- 🔧 線路を固定する前に 車両が問題なく走行できるかを確認しておく。
- 🔧 線路のまわりに設置する ストラクチャーなどは車両と接触しないかを確認する。
- 🔧 試走は実際に走らせる車両を使って行う。 試走を行わないと完成した情景で走行に支障が生じることも。

情景づくりに必須となる車両の試走

鉄道模型の情景では車両がトラブルなく走行できることが大前提となります。基本的にKATOとTOMIXの道床付き線路であれば、どんなつなげ方でも車両は通過できるのですが、情景として線路を土台に固定する場合は線路の設置前に、実際に走らせる車両が問題なく走行できるかを確認しておきます。車両が脱線したりするときは原因が何かを確認しましょう。

試走で確認したいこと

- ☑ 線路がつながっていて通電できているか
- ☑ 車両が脱線せずに問題なく走行できるか
- ☑ 前進と後退のどちらの方向でも走行できるか
- ☑ 車両とストラクチャーが接触しないか

車両の試走が必要となるおもなシチュエーション

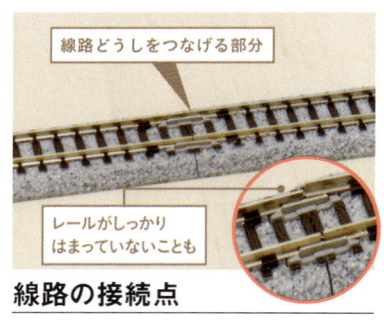

線路どうしをつなげる部分

レールがしっかりはまっていないことも

線路の接続点

レールがジョイントによってしっかり接続されていないと車両が走行できません。意外と見落としてしまう箇所です。線路を固定したあとだと修正できないため、念入りに確認しましょう。

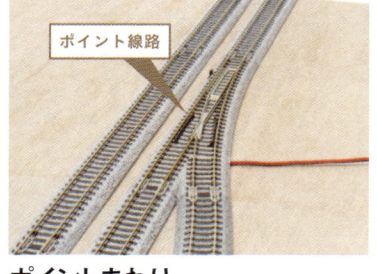

ポイント線路

ポイントまわり

ポイント線路がきちんと水平に設置されていて問題なく車両が通過するかを確認しておきましょう。ポイントを切り替えてそれぞれの方向に通過するかも確認しておきます。

試走で確認しておきたいのは車両が問題なく走行できるかです。線路がきちんとつながってないと段差ができたり、通電がうまくできずに車両が運転できなくなります。車両とストラクチャーの接触は意外と盲点で、仮置きして実際に車両を通過させることで気づくこともあります。また土台へ線路を固定したあとでは修正しづらいことも多いので、事前に車両を走行させて確認しておきましょう。

駅のホーム

ストラクチャーまわり

ホームなどの線路と隣接するストラクチャーは、車両と接触しないようにしましょう。実車は車両とホームの隙間はとても狭いのですが、模型ではどんな車両でも通過するようにゆとりを持って設置しましょう。

鉄橋と高架線路の境目

鉄橋の両端

高架線のカーブを曲がってすぐに鉄橋を設置すると、車両によってはぶつかってしまう場合があります。設置する段階で通過できるかを確認しておきましょう。

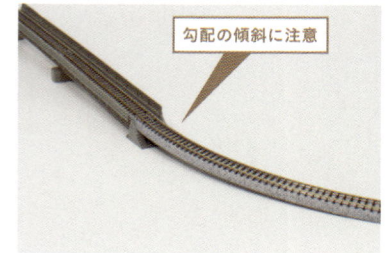

勾配の傾斜に注意

勾配をつくるとき

下り坂の直後がカーブになっていたり、急勾配になっていると車両が脱線したり、スムーズに勾配を登れない場合があります。車両が問題なく走行できるか確認しましょう。

線路を敷くとき、設置物を接着するタイミングで行う

例 線路の仮置き時や固定したあと

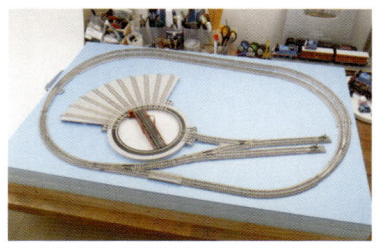

線路を固定する前の仮置き時に、線路の配置に無理がないか、曲線や勾配、ポイント線路を車両が通過するかを確認しておきます。

車両を走らせてみる

線路を固定したあとにも同じように走行を確認しておきます。試運転の回数は多くても問題なく、ポイントを設置する場合はきちんと切り替わるかも合わせてチェックしておきましょう。

例 トンネルポータルを設置する際

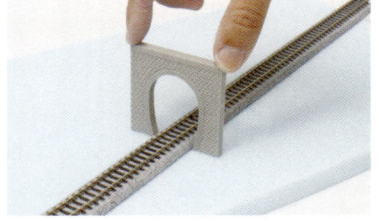

線路まわりのアクセサリーやストラクチャーも設置時に車両と接触しないかを確認しておきましょう。固定したあとに車両がぶつかって通れない、ということが無いようにしましょう。

車両と接触していないか確認

実際に車両を載せて上と左右が接触していないかを確認します。道床付き線路またはフレキシブル線路のどちらを使うかで、車両上部の隙間の広さが変わるので気をつけましょう。

試走のタイミングは線路を設置する前とあとで行います。設置前の試走は線路を車両が無理なく通過しているかを確認します。設置前に通過していれば基本的に問題ないのですが、線路を固定するときに微妙なズレがおきたり、線路を一度バラして組み直したときにうまくつながっていなかったりする場合があるので、線路を設置したあとも車両が通過するかを確認しておきます。設置直後であれば修正ができますが、バラストを撒いたり地面をつくったりしたあとでは修正が難しくなるので注意しましょう。線路まわりのストラクチャーはわりあい早い段階で土台に固定することが多いため、設置のときに車両と接触しないかをしっかり確認しておきましょう。作業が進むに連れて各工程が終わったときに試走をするようにしておけば、いざ完成した情景で運転を楽しもうというときに、車両が走らないといったトラブルは避けることができるでしょう。

Point 試走時に気をつけておきたいこと

☑ 勾配をつくるときは走らせたい車両数で動力車の試運転を行う

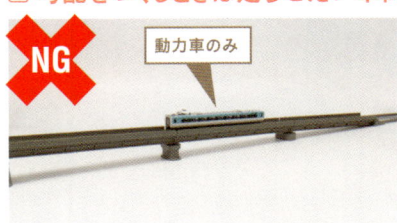

動力車のみ

通電しているかどうかの確認であれば動力車のみでも構いませんが、曲線や勾配などは動力車単体では通過できても編成だと走れない場合があります。

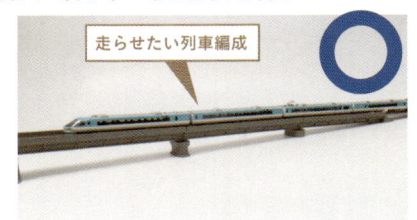

走らせたい列車編成

実際に走らせる車両をすべてつなぎ、走行して問題がなければ試走OK。機関車も客車や貨車をつないだ状態で試運転して支障がないかを確認しましょう。

☑ パンタグラフをあげた状態が高さの目安になる

高架線路

地上の線路

立体交差をする場合などは、車両上部の空間にゆとりを持たせましょう。パンタグラフを最大に伸ばして接触しなければ走行に支障はありません。

接触している

交差する高架線路が低すぎると車両が接触してしまいます。当たり前なのですが、製作に夢中になると見落としてしまうことがありますので要確認です。

試走するときは実際にレイアウトで走らせる車両を使い問題なく走行するかを確認しましょう。その際、動力車のみで試走せずに、車両をつないで編成にしておきます。曲線や勾配では動力車単体だと通過できても、編成だと牽引力が落ちて通れない場合もあるので、車両をつないで普段走らせる状態で試走しましょう。また、立体交差などをするときは、下を通過する車両が高架線路とぶつからないように注意します。電車や電気機関車の場合はパンタグラフを最大に伸ばした状態で接触せずに通過できればOKです。高さの目安として活用できます。また、KATOのスターターセットやリレーラーに付属のユニジョイナーはずしは、建築限界がわかる形になっています。レールに立てて建物などと接触しなければ問題なく通過できます。

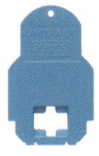

KATO
ユニジョイナーはずし

道具の基礎知識

情景製作やプラキットの組み立て、鉄道模型のメンテナンスなどに必要な道具やあると便利な道具を紹介します。模型工作専用の道具は模型店で、日常的に使う道具は画材店や百均などで入手できます。ここで取り上げたもの以外にもさまざまな道具がありますので、お店に出向いたときにチェックするのもよいでしょう。どの道具を使うときもケガには注意しましょう。

SHIGEMON'S ITEM：複数の製品がある中から著者のSHIGEMONが愛用しているアイテムを表示しています。

切る

素材を切るための道具です。カットするものの大きさや素材の材質によって、道具を使い分けるようにしましょう。百均やホームセンターで入手できるものが多いです。

プラスチック用ニッパー

プラキットのランナーをカットするために使います。硬いものを無理に切ろうとすると刃こぼれを起こして使えなくなるので注意。

SHIGEMON'S ITEM

TAMIYA／先細薄刃ニッパー（ゲートカット用）

金属用ニッパー

真鍮線やエッチング、フレキシブル線路のような金属素材のカットに使います。プラ用のニッパーと使い分けましょう。

ハサミ

紙や薄手の素材を切るために使います。大小の使いやすいものをふたつ持っておくとよいでしょう。百均で入手も可能です。

SHIGEMON'S ITEM

TAMIYA／曲線バサミ（プラスチック用）

選び方のポイント

手で持つ部分（柄）の大きさが自分の手に合っていない製品だと使いづらいことがあります。曲線を切るときは、曲線バサミがあると便利です。

Pカッター

厚みのあるプラ板の切断や、モデル表面へのスジ彫りのときに使います。画像はTAMIYAのPカッター。刃は収納式、替刃は本体の収納ポケットに。

SHIGEMON'S ITEM

TAMIYA／PカッターⅡ

カッター

素材の大きさや厚みに合わせて、大小を複数本持っておくとよいでしょう。定期的に刃を折ってよく切れる状態で作業しましょう。

選び方のポイント

スタイロフォームやスチレンボードを切る際は、大きめのカッターを使いましょう。替刃を用意するのも忘れずに。

**垂直カットの
マストアイテム！**

Pick Up Item

替え刃

ガイド

デザインナイフ

カッターナイフよりも刃が細いため、繊細なカットに向いています。刃は交換式のため、切れ味が悪くなったら交換して使いましょう。替え刃が足りなくならないよう補充も忘れずに。

選び方のポイント

のこぎりの刃の厚みは薄いほど切断面が綺麗に仕上がります。垂直にカットできるように刃を垂直に固定するためのガイドがあるとなおよいでしょう。

プラスチック用のこぎり

プラ棒のような厚みがある素材の切断に使います。ストラクチャーや車両といった、大きなモデルのカットにも使えます。

SHIGEMON'S ITEM

TAMIYA／薄刃クラフトのこ

つまむ

細かい素材やパーツをつまむための道具です。いろいろな大きさや形状があるので使いやすいものを選びましょう。

ピンセット

先端形状が異なる種類をいくつか持っておくと、素材の形や大きさに合わせることができて便利です。TAMIYAのピンセットは種類も豊富で丈夫です。

SHIGEMON'S ITEM

TAMIYA／ピンセット各種

作業時に必要な道具

カッティングマット

カッターで素材を切るときの下敷きとして使うもの。大小さまざまあるとよいでしょう。百均でも入手可能。

保護ゴーグル

切った素材の破片や折れたカッターの刃などが飛んでくることも。百均商品でもよいので1本は必ず持っておきたい。

測る

素材の厚さや長さを測るために使う道具。定規は直線の下書きのときや、素材をまっすぐカットするときに使用します。カッターで切れたりしないよう金属製のものがオススメです。

ストッパーがあると、素材の端から一定の距離をケガいたり※、カットするときに便利です。

ノギス

素材の厚さを測るために使います。凹みの内側の距離の測定にも。デジタル式のものもあるので使いやすいものを選びましょう。

金定規

長さを測るだけでなく、カッターで直線を切るときに使います。プラスチック製だとカッターの刃で切れてしまうので金属製を使います。

選び方のポイント

長いものしかないと小回りが利かず使いづらいため、大小複数本持っておくと作業効率があがります。

接着する

素材を貼り合わせる接着剤は材質や用途によって使い分けます。素材を溶かしたり接着できないこともあるので適切な接着剤を選びましょう。

木工用ボンド

情景製作において使用頻度が高いオーソドックスなボンドです。情景素材どうしの貼り合わせや、水で溶いてボンド水として使用します。

多用途ボンド

木工用ボンドでは接着しづらい金属などの素材にも対応します。塗装済みのパーツどうしの、貼り合わせや組み立てにも使えます。

棒状の樹脂

グルーガン

本体に差し込んだ棒状の樹脂を溶かして接着する道具です。異なる素材どうしをしっかり固定したい場合に使用します。

ゴム系接着剤

有機溶剤を含んだ接着剤で、乾燥後は透明になり水で溶けず、強固に接着が可能。糸を引くため、塗るときは余計な箇所につかないように注意を。

発泡スチロール用接着剤

用途と使用感はゴム系接着剤と同じですが、有機溶剤を含まないためスタイロフォームや発泡スチロール、スチレンボードを溶かさず接着できます。

プラスチック用接着剤

プラキットの組み立てやプラ板を接着するために使用します。貼り合わせた面を溶かして接着するタイプ。クレオスのMr.セメントSPはABS材の接着も可能です。

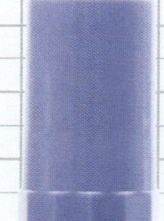

少量タイプで保管にも最適！

Pick Up Item

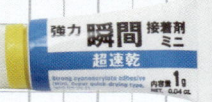

瞬間接着剤

スチロール系以外のあらゆる素材に対応し、瞬間的に強固な接着が可能。少量の塗布で十分に接着できます。

瞬間接着剤（速乾＆ゼリー）

百均で入手できる少量タイプの瞬間接着剤。さらさらした速乾タイプと、貼り合わせのときの位置調整がしやすいゼリータイプがあります。

接着時に必要な道具

クランプ

素材どうしを挟み込んで固定するための道具。複数箇所を同時に接着する場合などに重宝します。

土台とスタイロフォームといった厚みや大きさのある素材どうしを、しっかり接着する場合などに活用します。

接着剤として使用可能！
つやが目立たない仕上がりに

Pick Up Item

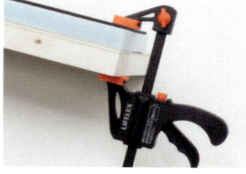

マットメディウム

本来は画材なので接着剤ではありませんが、ジオラマ製作ではつや消しの接着剤として使用できます。水で溶いてボンド水としても。

接着剤を塗る

接着剤を状況に合わせて塗布するための道具です。消耗品なので百均アイテムを活用しましょう。

スポイト

ボンド水を滴下するときに使います。百均などで入手できるもので十分ですが、予備はあった方がいいです。使いやすいものを選びましょう。

楊枝

ボンドや接着剤を少量とって塗布するときに使います。複数回使ったあとは捨てるのではなく、茶色く塗って樹木の幹に再利用する方法もあります。

はんだ付け

ストラクチャーへの照明の配線をするときに使います。電子工作用のはんだごてがあれば十分です。

はんだ

ストラクチャーへの照明の配線であれば、電子工作用のはんだを選びましょう。ホームセンターなどで入手できます。

はんだごて

電子工作用のはんだごては30ワット程度のもので十分です。金属キットの組み立てに使う場合は、ワット数が高いものを選ぶ必要があります。

孔あけ

おもにプラスチックへ孔を開けるための道具です。精密ドリルは細く、折れることがあるので保護ゴーグルをつけて扱いましょう。

ケガき針

いきなりドリルで孔を開けようとすると、回しているうちに位置がズレてしまうため、ケガき針で下孔となるくぼみをつくっておきます。

SHIGEMON'S ITEM

ハセガワ／モデリング スクライバー（模型用けがき針）

ピンバイス＆ドリル

ピンバイスの先にドリルをくわえさせて使います。ドリルの直径は0.1mmから。ピンバイスとドリルは異なるメーカーのものを選んでも大丈夫です。

削る

素材を削って形を整えたり、表面の凸凹を取り除き平らに処理するための道具です。仕上がりに影響するため少しずつ揃えていきましょう。

サンドペーパー

TAMIYAのフィニッシングペーパーが定番商品。番手の数字が小さいほど目が荒い。安価なため、240〜2000番までは揃えておきたい。

電動リューター

先端に取り付けたヤスリを回転させて、素材を削るための道具。削りカスなどが飛ぶことがあるので保護ゴーグルが必須です。

Pick Up Item

曲面のやすりがけに最適のアイテム！

やすり

大まかにパーツを削りだす場合や、バリ取りなどに使います。プラスチック用と金属用があるので素材に合わせて使い分けましょう。

スポンジやすり

曲面のやすりがけに重宝します。画像はゴッドハンドの「神ヤス」。複数の番手が入ったアソートが、買いやすく使いやすいです。

塗装道具

塗装のためによく使う道具たち。道具も大事ですが、塗装時は塗料や揮発した溶剤を吸い込まないように換気を行いましょう。

筆

筆もピンキリですが、入門向けの安価な筆や百均で購入できる筆でも問題無く使えます。色や用途ごとに複数本持っておくと便利です。

💡 **選び方のポイント**

筆は平筆、面相筆のふたつの種類を揃えましょう（P.174参照）。大きさは、平筆は幅3〜8mmのものから複数本、面相筆は極細タイプまであると便利です。

調色スティック

塗料を攪拌するための棒。先端が平たい方で塗料を混ぜます。使用後は拭き取って何度でも使用可能です。

塗料調色カップ

塗料を混ぜたり薄めたりするときに使うカップです。その他、細かいパーツを分類したり保管する場合にも活用できます。

SHIGEMON'S ITEM

GSIクレオス／Mr.注ぎ口計量カップ

ツールクリーナー

うすめ液よりも強い成分で、筆やエアブラシに付いた塗料を溶かして落とします。模型に付くと塗料が剥がれるので注意しましょう。

マスキングテープ

色を塗り分けるときに、塗りたくない場所に貼り付けて使用します。幅が細いものから太いものまで複数種類あると便利です。その他、素材の仮止めなどにも使えます。

Pick Up Item

塗装時の対象物を固定するための便利アイテム！

エアブラシ

圧縮したエアーの力で、塗料を霧状に吹き付けて着色するための道具です。別途、コンプレッサーが必要になります。

塗装クリップ

棒の先についたクリップで、細かいパーツを挟んで塗装します。塗装時に汚れますが、何度でも使用可能です。

新聞紙

塗装をするときは、まわりが汚れないように敷いておきます。汚れた新聞紙はくしゃくしゃに丸め地形製作の芯材として再利用します。

キムワイプ

日本製紙クレシアの製品。毛羽立ちが少なく、埃が出ない紙製のウエス※です。エアブラシのカップ内の拭き取りなどに使います。

ゴム手袋

塗料や溶剤が付着しないように用意しておきましょう。ゴム手袋にも種類があり油分を通さないニトリル手袋を用意しておくと安心。

SHIGEMON'S ITEM

ニトリルゴム製のゴム手袋

塗料系

着色のための塗料もいろいろあります。塗装するものの材質や表現したい質感によって使い分けます。少しずつ買い足すことで表現の幅が広がります。

アクリル絵の具

水で薄めることもできますが、原液を塗り広げる方がムラなく塗布できます。乾燥後は耐水性があり溶けません。塗り重ね可能。

SHIGEMON'S ITEM

リキテックス、ターナー色彩、ホルベイン／アクリル絵の具

選び方のポイント

アクリル絵の具はメーカー問わず好みの色を選択してOK。欲しい色が無い場合は、混ぜ合わせて調色しましょう。

パステル

画材用パステルを粉末状に削って塗ることで、粉っぽい質感のある着色ができます。茶こしを使うと削りやすいです。

SHIGEMON'S ITEM

ターレンスジャパン／ヌーベル カレーパステル

選び方のポイント

土の汚れに茶色系の色、蒸気機関車の煤などに黒色、埃が付着したような汚れには白色を使用します。複数の色を混色して使うのもよいでしょう。

ウェザリングカラー

油絵の具に近い成分の汚し塗り用塗料。色の種類も豊富で、プラキットのスミ入れなどにも重宝します。専用の薄め液で薄めることも可能です。別売りの接着剤用筆をキャップに取り付けることで塗りやすくなります。

SHIGEMON'S ITEM

GSIクレオス／Mr.ウェザリングカラー

選び方のポイント

黒系の色は細かいところに流し込むことで、隅にたまった汚れ表現になります。土汚れはブラウン系の塗料で、ホワイト系の塗料はドライブラシに使うこともできます。

削る必要がなくそのまま使える便利なパステル

Pick Up Item

多用途スプレー

水性タイプの缶スプレー。乾燥後は耐水性が出るものも。色やつやの質感など豊富です。ホームセンターで入手できます。

SHIGEMON'S ITEM

アサヒペン／水性多用途スプレー

缶スプレー

一般的な模型用の缶スプレー。面積が広い部分や複数の小物へ一気に着色したい場合などに。カラーバリエーションも豊富です。

SHIGEMON'S ITEM

TAMIYA／タミヤスプレー

パンパステル

削る必要がなく、筆で取るだけで塗ることができるパステル。各色のケースは重ねて収納ができます。画材店で購入が可能です。

SHIGEMON'S ITEM

ホルベイン／パンパステル

塗料の詳しい解説はP.173

埋める／混ぜる

素材と素材の間にできた、隙間や凹みを埋めるために使います。

パテ

おもにプラスチックキットのパーツ間にできた、隙間や凹みを埋めるときに使います。揮発性の溶剤が含まれるので換気して使います。

TAMIYA／タミヤパテ（ホワイト）

木工パテ

土台となる木材やスタイロフォームなどの、素材どうしの隙間を埋めるときに使います。荒く塗布して木目やコンクリートの表現にも。

セメダイン／木工パテA

Pick Up Item

平面にペースト状の素材を塗るときに重宝する

ペインティングナイフ

パテやペースト状の素材を塗るための道具です。筆では塗りづらい平面へ、均一にペーストを塗り広げるときなどに活用します。

リキテックス／ペインティングナイフ

混ぜる用カップとマドラー

石膏を水で溶くときなどに使います。百均のコップや、半分にカットしたペットボトルでも代用ができます。水洗いして何度でも使えるのがメリット。

メンテナンス

鉄道模型のメンテナンスのために使う道具一覧です。百均などで購入できる日用品で代用できるものもあります。綿棒は必須アイテムのひとつ。

バニッシャー

車両やストラクチャー、情景へのレタリングシートの貼り付けのときに使います。無い場合は楊枝などでも代用ができます。

精密ドライバー

車両の分解や、ストラクチャーキットの中には、ねじ止めが必要なものがあります。百均アイテムでもよいので持っておきましょう。

電動ドライバー

充電式で動くドライバーです。ボタンを押すだけでねじ止めできるのであると便利。先端を付け替えてドリルにすることもできます。

Pick Up Item

レタリングシートを美しく貼るのに便利

選び方のポイント

TAMIYAからは大小のブラシが販売されているので、メンテツールとして持っておきたい。塗装前の埃落としにも。

除電ブラシ

静電気を取り除きながらホコリを落とすことができるクリーニングブラシ。毛先が細く、入り組んだ部分のホコリも掻き出せます。

TAMIYA／
モデルクリーニングブラシ（静電気防止タイプ）

綿棒

メンテナンス用のクリーニング液を染み込ませ、線路や車輪に付着した汚れを落とすときに使います。

Part 2

Technique

テクニック

情 景 製 作

鉄道模型の車両はどのようなものかがわかったら、次は情景ジオラマをつくって、
お気に入りの車両を飾ったり走らせたりしてみましょう。
山や川があったり、季節によっては紅葉や雪が降る情景など鉄道が走る風景はさまざまです。
この章では情景製作に必要な要素ごとにつくり方とテクニックをくわしく解説しています。

線路編

併用軌道のある情景

ジオラマやレイアウトの情景製作は、線路の取り付けからはじまります。市販の線路には道床付き線路とフレキシブル線路の2種類があり、それぞれ設置方法が異なります。線路が敷けたらバラストを撒いて線路まわりを仕上げましょう。

併用軌道のある情景

江ノ島電鉄の龍口寺前交差点のS字カーブをイメージした情景です。A4サイズの中に収まるように、線路とストラクチャーを配置しています。急カーブですが車両はもちろん通過可能です。

商店の路地裏には何やら怪しい人影が……。覗き込まないと見えにくい部分にちょっとした遊び心を散りばめるのも情景製作の楽しみ。

併用軌道とバラスト軌道の境界部分も、路面電車が走る情景の見どころとしてつくっておきたい部分のひとつです。

S字カーブがこの情景のポイント。小さい面積ながら、複数のストラクチャーと高さのある電柱によって、立体感と奥行きを出せます。

How to make it

線路の設置の仕方　P.70

線路の位置決めと固定は製作工程の序盤に行う作業です。はじめにどのように線路を配置するかを決めてから、土台へ取り付けましょう。使用する土台の素材によって、設置方法が異なることも覚えておきましょう。

How to make it

併用軌道のつくり方　P.76

路面電車が走る軌道の中で、道路上に敷設された軌道のことを併用軌道といいます。市販のトラム用レールを活用し、軌道と隣接する道路はスチレンボードでつくります。軌道と道路の高さを揃えるようにすることがポイントです。

車体の小さな路面電車ならではの急カーブ区間。商店や住宅の合間をすり抜ける様子は、生活に溶け込んだ情景を演出します。

線路を設置する①
（道床付き線路）

🔹 線路を取り付ける際は、配置と配線の孔の位置を確認しておく。
🔹 土台の素材によって取り付け方が異なる。
🔹 バラストはボンド水で固着する。

道床付き線路を設置できた

使用するメイン道具

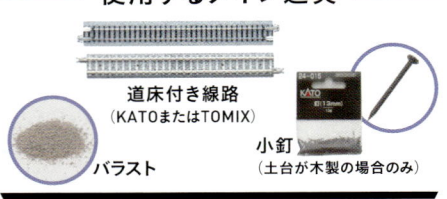

道床付き線路
（KATOまたはTOMIX）

バラスト

小釘
（土台が木製の場合のみ）

道床付き線路の固定は、土台の素材によって固定方法を選びましょう。木製のボードなどに線路を固定する場合は、小釘を用いて固定できます。接着剤のみで固定してもOKです。プラ製のディスプレイケースやスタイロフォームなどに固定する場合は、ゴム系接着剤を使用します。スタイロフォームへの固定は、発泡スチロール用の接着剤を使用するようにしましょう。

取り付け方法①土台が木製の場合

固定式レイアウトやモジュールレイアウトなどの木製土台に、線路を取り付ける際の方法。

線路を取り付ける位置を決める

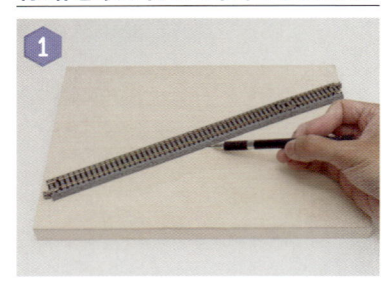

1

線路を取り付ける位置をシャーペンなどで土台に記します（これをケガくといいます）。

配線用の孔を開ける

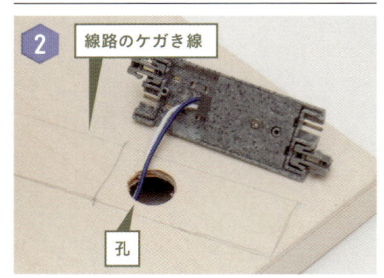

2 線路のケガき線

孔

フィーダーやポイントの配線（P.25参照）がある場合は、線路の取り付け前に配線用の孔を開けておきます。

線路に孔を開ける

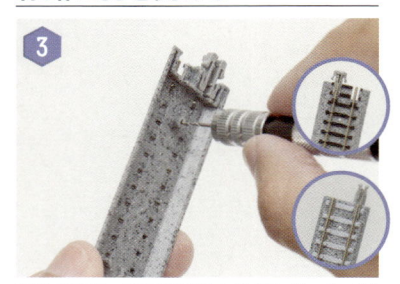

3

線路の裏側にある孔開け用のガイドに沿って、ドリルで孔を開けます。TOMIXのファイントラックは最初から孔が開いています。

釘を打って固定する

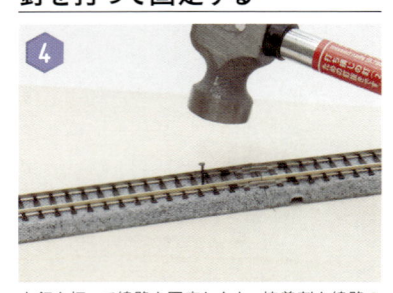

4

小釘を打って線路を固定します。接着剤を線路の裏に塗ることで、より頑丈に固定できます。

Point レールを傷つけないよう「あて木」を用いる

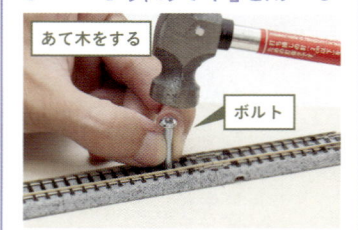

あて木をする

ボルト

ボルトなどをあて木にして、線路を傷つけないように釘を打ちましょう。

線路が固定できた

5 小釘を打ち込んだところ

右頁「バラストを撒く」へ

特にモジュールの端部分の線路は、剥がれないように小釘で固定しておくと安心です。

取り付け方法② 土台がスタイロフォーム、プラスチック製の場合

土台が木製以外の場合は、接着剤を活用して固定しましょう。

線路の取り付け位置を決める

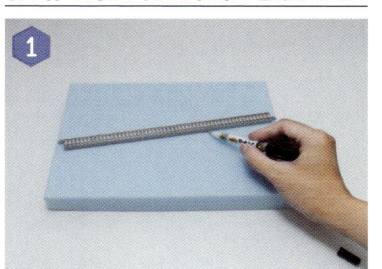

線路を取り付ける位置をケガいておきます。フィーダーやポイントなどの配線がある場合は、この段階で土台への孔開けを済ませておきましょう。

線路へ接着剤を塗って固定

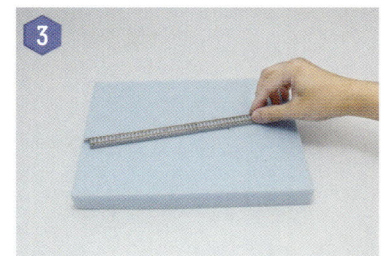

線路の裏に接着剤を塗ります。スタイロフォームへ接着する場合は、発泡スチロール用の接着剤を使用します。

土台へ接着します。コレクションケースなどのプラスチック製の土台へ固定する場合も同様です。

Point スタイロフォームをより頑丈に

表面にジェッソを塗布しておくことで頑丈になり、線路の陥没などを防げます。

Point 線路の固定に使える接着剤

プラスチック製の道床付き線路と異素材の土台を貼り付ける接着剤です。溶剤入りの接着剤はスタイロフォームを溶かしてしまうため、発泡スチロール用を使いましょう。また、木工用ボンドは水溶性です。バラスト工作の際のボンド水で溶けてしまうため、線路接着では避けます。

土台が木製・プラスチック製

ゴム系　　　　　スーパーXG

土台がスタイロフォーム製

発泡スチロール用

バラストを撒く

線路にバラストを撒く場合は、レールと枕木の上にバラストが載らないようにしましょう。ボンド水を染み込ませて固着させます。

ボンド水を塗布

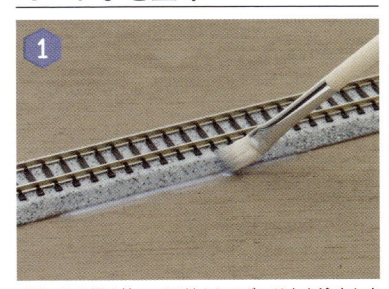

バラストを撒く前に、下地としてボンド水を塗布しましょう。特に道床の傾斜部分はボンド水を塗ることで、バラストが流れ落ちるのを防げます。

KEY Item ボンド水

つくり方はP.75参照

バラストの固着には、木工用ボンドなどで手軽につくれるボンド水が最適です。

バラストを撒き整える

バラストを撒きます。小さな範囲であれば指でつまんで撒布します。広範囲の場合はバラスト用にスプーンなどを用意しておくと便利です。

バラスト

バラストを撒き整える

筆を使ってバラストを整えます。枕木に載ったバラストを落とすようにしながら均一に仕上げます。

ボンド水を染み込ませる

ボンド水を滴下して固着させます。染み込んだ部分へ滴下して、徐々に広範囲へ染み込ませていきます。

気泡は取り除く

気泡が入った場合は、スポイトや爪楊枝で取り除きましょう。放置すると乾燥後に跡が残ります。

乾燥させる

バラストが崩れた部分は、再度撒いて固着します。最初から完璧を目指すのではなく、乾燥後に必要な修正を施して最終的に仕上げましょう。

線路を設置する②
（フレキシブル線路）

線路
難易度 ★★★
3days

- 🔵 フレキシブル線路は自由に曲げることができ、自由度の高いレイアウトをつくることができる。
- 🔵 モジュールレイアウトやエンドレスレイアウト、パイクのような固定式レイアウトに向いている。
- 🔵 道床はコルク道床を組み合わせてつくる。

フレキシブル線路を設置できた

フレキシブル線路 P.31

━ 使用するメイン道具 ━

フレキシブル線路

コルク道床

バラスト

小釘
（土台が木製の場合のみ）

フ レキシブル線路は曲げることで自由に線形をつくることができる線路です。ジオラマボードやレイアウトボードといった土台の上に固定することが前提になります。道床が無いため、必要に応じてコルク道床と組み合わせて設置することになります。また、フレキシブル線路の接続は専用のジョイナーやジョイント道床を使って行います。

◤ フレキシブル線路の取り付け

モジュールやエンドレスレイアウトにフレキシブル線路を活用する場合は取り付け位置をケガき、小釘とゴム系接着剤を併用し固定します。

線路の位置を決める

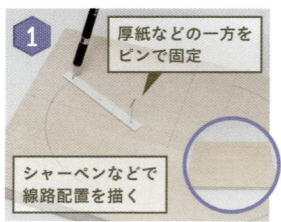

1

厚紙などの一方をピンで固定

シャーペンなどで線路配置を描く

線路の取り付け位置をケガきます。曲線などは治具（固定する道具）を使って、コンパスの要領で弧を描きます。

接着剤を塗布する

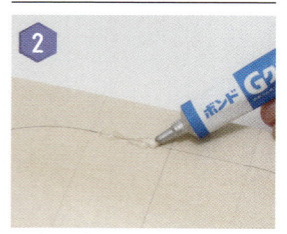

2

ケガいた線に沿ってゴム系接着剤を塗ります。

小釘を打って位置を決める

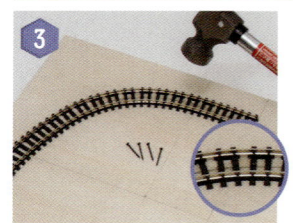

3

接着剤のみでは固定が難しいため、線路の位置を合わせて、小釘で固定します。

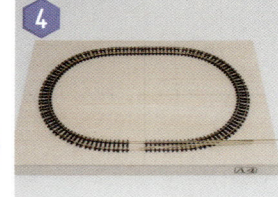

4

接着剤が乾燥して線路が固定されていればOKです。小釘は抜いてしまっても構いません。

◤ レールの接続

フレキシブル線路の長さを調節して、線路の端どうしをジョイナーで接続します。線路のレールやジョイナーのカットは必ず金属用のニッパーを使いましょう。

レールをカットする

1

金属用のニッパーでレールをカットし、長さを調整します。

やすりで整える

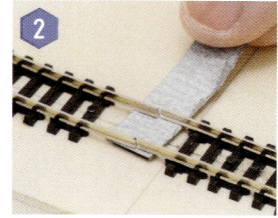

2

レールのカット面をサンドペーパーで整えます。

ジョイナーを取り付ける

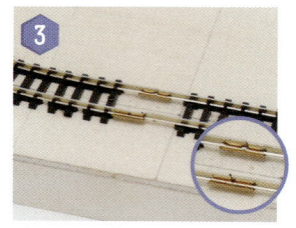

3

ジョイナーを差し込んでスライドするように固定します。必要に応じてはんだ付けします（P.190参照）。

枕木を設置する

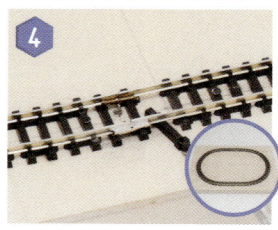

4

カットした枕木を線路の下に土台に合わせた接着剤で取り付けます。

コルク道床の使い方

コルク道床は中央からカットして貼り合わせることで、柔軟な曲線をつくることができます。2線分を隣り合わせて並べるとKATOの複線間隔と同じ33mm間隔になります。

コルク道床をカットする

1 コルク道床を中央の分割線に沿ってカットします。手でさくようにすると簡単に分割できます。

貼り合わせる

2 カットした道床を背中合わせにして、ゴム系接着剤で土台に接着します。傾斜がある方が道床の外側になります。

線路を接着する

3 ゴム系接着剤で線路を接着します。小釘を打ち込んで固定してもOK。

4 曲げながら固定することで、ゆったりしたカーブのような自由な線形をつくることができます。

Point 線路どうしの接続について

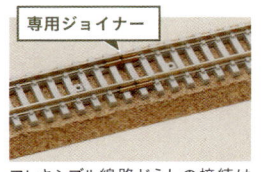

専用ジョイナー

フレキシブル線路どうしの接続は専用のジョイナーを使ってつなぎます。枕木の形状に合わせてジョイナーを取り付けます。

ジョイント道床

KATOのジョイント道床を使うことでモジュールどうしの接着部として使用したり、道床付き線路と接続することができたりします。

Close Up 表現したい風景によって道床は割愛しても構わない

道床とはおもに線路と枕木を支えるバラストの部分をいい、枕木の位置のズレを防止する役割があります。道床の高さは路線や情景によって異なるため、つくりたい情景をよく観察しましょう。

ローカル線や軽便鉄道のような情景では、平坦な地面に線路が敷かれている場合もあります。

バラストを撒く

線路にバラストを撒く場合は、レールと枕木の上にバラストが載らないようにしましょう。バラストはボンド水を染み込ませて固着させます。

バラストを撒く

1 線路にバラストを撒きます。道床の傾斜部分には、先にボンド水を塗布しておくと定着しやすいです。

筆で整える

2 筆を使ってバラストを整えます。枕木に載ったバラストを落とすようにしながら均一に仕上げます。

ボンド水で固着させる

3 ボンド水（P.75参照）を滴下して固着させます。バラストが崩れないよう少しずつ染み込ませます。

Point 線路を購入する前にレールのコードを確認する

フレキシブル線路にはレールの高さを表すコードがあります。コードは数字が小さいほどレールの高さが低くなり実感的にはなりますが、車両によっては通過できない場合があるので注意が必要です。KATOのフレキシブル線路はコード80に近い設計になっています。

PECO製 コード55　**KATO製 コード80**

右の線路の方がレールや枕木の高さが少し大きい

PECO製（コード55）とKATO製（コード80）の比較。いずれも標準的なコードですが、走行車両を選ばないのはレールの高さがあるコード80。

製品名	PECO フレキシブル線路 コード55	KATO フレキシブル線路 コード80
レールの高さ	約1.4mm	0.6mm高い 約2mm
枕木の高さ	約1.7mm	約2mm
枕木の幅	約16.5mm	約16mm

線路
地面・地形
草木・樹木
水・雪表現
建物
塗装
その他
線路を設置する②（フレキシブル線路）

バラストを撒くための テクニック

- 🔹 **線路まわりの地面を嵩上げ**してイメージの情景に近づける。
- 🔹 **両面テープを活用**すると広い面でも均一に撒ける。
- 🔹 バラストは製品によって**粒の大きさが異なる**。

線路周辺の仕上げ工作には色々な方法があります。バラストを撒くこともそのひとつです。道床付き線路のバラスト部分が地面より高すぎて、イメージしている情景に合わない場合は、スチレンボードなどで地面を嵩上げする方法があります。また、広い平面にバラストを均一に撒きたい場合には、両面テープを使う方法もあります。

地面を嵩上げする

スチレンボードなどで道床付き線路のまわりの地面を嵩上げする方法です。道床付き線路の道床部の厚みは、KATO約5mm、TOMIX約4mm。これより薄いものを選びます。

地面を嵩上げする

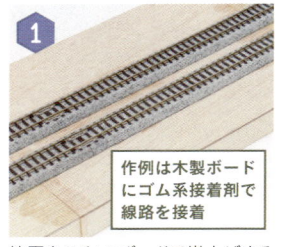

1 作例は木製ボードにゴム系接着剤で線路を接着

地面をスチレンボードで嵩上げする前に、先に道床付き線路を土台に固定します。

2 スチレンボード
KATO約5mm未満
TOMIX約4mm未満

カットしたスチレンボードを貼り付けます。発泡スチロール用接着剤で接着します。

貼り付け後

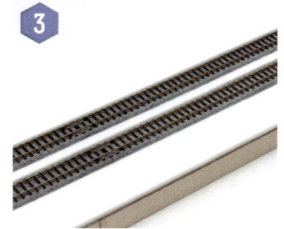

3

線路のまわりにスチレンボードを貼り付けた様子です。道床付き線路の悪目立ちを軽減する効果があります。

下地を塗る

4

バラストの隙間から下地が透けても違和感が無いように、下地を塗っておきます。

両面テープを使う

両面テープを下地に貼り付けてバラストを撒く方法です。広い平面に均一に撒きたい場合に活用できます。

両面テープを貼る

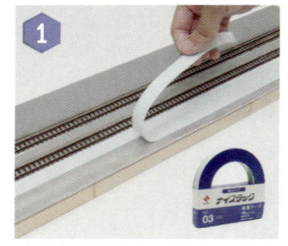

1

バラストを撒く部分に両面テープを貼り付け、もう片方の面も剥がしておきます。

2

両面テープを貼り終えたら、側溝や架線柱の土台などを、バラストを撒く前に固定しておきます。

バラストを撒く

3 撒き終えたら試走しておく（下記参照）

全体にバラストを撒布します。薄く伸ばすように、筆などを使ってバラストを広げていきましょう。

ボンド水で固着させる

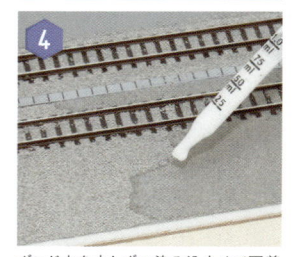

4

ボンド水を少しずつ染み込ませて固着させます。崩れた部分などは、乾燥後に修正するようにします。

Point 線路固定時は試走する

線路の固定時やバラストを撒く際は、線路上を車両が走行するかどうかをチェックしましょう。動力のない車両を手で動かして問題なく走行すればOKです。脱線したり車輪がバラストに接触したりする場合はすぐに調整しましょう。バラストはボンド水で固着したあとは取り除きづらくなるので、固着前に試走チェックをすませておくとよいです。

スムーズに走行する

車両を動かしてスムーズに走行すればOK。車輪がバラストに触れていないか確認。

NG バラストの盛りすぎ

バラストを盛りすぎたNG例。このまま固着してしまうと脱線してしまう。

線路に着色をする

線路のレール側面はサビ色に着色しておくと、側面のギラつきがおさえられて実感的になります。アクリル系の塗料（アクリル絵の具でも可）を筆塗りするだけの簡単な工作で、車両の足元がぐっと引き締まります。レール上面に塗料が付着した場合は、車両への給電の妨げになるため拭き取りましょう。着色したあとでバラストを撒くといっそう実感的になります。

レール側面にサビ色を塗る

ブラウン系の色を筆塗りします。薄く塗り重ねるように着色します。

塗装後です。レール側面のギラつきがおさえられました。塗るだけの簡単な工作です。

バラスト撒布後

レールに着色後、バラストを撒いた様子です。

KEY Item **製品によって粒の細かさが異なるバラスト**

市販のバラストは粒の大きさや色などさまざまな種類が発売されています。特に粒の大きさは大事になります。つくりたい情景やジオラマのイメージに合わせたものを選びましょう。複数を混ぜて使うのも表現のひとつの方法です。

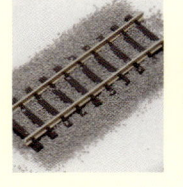
KATO
バラスト<ナノ>

ポポンデッタ
会津バラストS

モーリン
バラストN幹線用

TOMIX
シーナリーバラスト

ポポンデッタ
会津バラストM

細かい ←――――― 目の細かさ ―――――→ 粗い

Point **ボンド水のつくり方**

バラストやパウダー系のジオラマ素材の固着には、ボンド水を使います。市販の木工用ボンドと水を混ぜるだけで簡単につくることができます。さらに、中性洗剤を数滴入れることによって、素材へ浸透しやすくなります。

使用するメイン道具

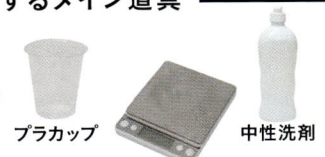

木工用ボンド　　プラカップ　　中性洗剤
スポイト　　計量器

濃度で変わる使用感	
【薄め】	【濃いめ】
ボンド	ボンド
1	1
水	水
2	1～0.5

バラストの塗布などに。スポイトで吸える程度の流動性のある薄さでつくります。

草むらなどの素材の固定などに。筆塗りで接着の下地をつくる場合は濃いめにつくります。

既製品で代用も可

KATO バラスト糊

バラストを崩すことなく染み込んで固着できます。スポイトで原液のまま使えます。

材料

①

市販の木工用ボンドと台所用の中性洗剤。

まぜる

② 撹拌棒

木工用ボンドを水に溶かします。ボンド水が染み込みやすくするために中性洗剤を数滴入れておきます。

NG例

③

中性洗剤を入れずにボンド水を滴下した様子。バラストがボンド水を弾いて、水滴が転がってしまうのがわかります。

容器に入れる

④

都度つくってもいいですが、使用量が多い場合はペットボトルなどにつくり置きしてもOK。中にビー玉を入れておくと撹拌しやすいです。

右端縦書き：線路／地面・地形／草木・樹木／水・雪表現／建物／塗装／その他／バラストを撒くためのテクニック

路面電車などの 併用軌道をつくる

- 🔹 路面電車の併用軌道は**KATO**と**TOMIX**から**トラム用線路が発売**されている。
- 🔹 情景に組み込む際は**トラム線路と道路面の高さを揃える**。
- 🔹 **TOMIX**の**路面パーツキットを活用**してつくる。

使用するメイン道具

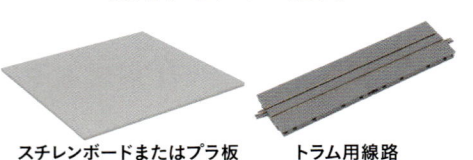

スチレンボードまたはプラ板　　トラム用線路

ラム用線路を使用してつくる道路と併用軌道、バラスト軌道の境界部分のある情景をつくってみましょう。トラム用線路はカーブ半径が小さいため、省スペースでもS字カーブのような変化のあるレイアウトをつくることができます。併用軌道と路面は高さを揃えるためにスチレンボードやプラ板などを用います。トラム用線路はKATOから複線用が、TOMIXからは単線用が発売されています。

併用軌道をつくる

道路と併用軌道のある情景です。作業が進めやすいように工程の順番を考えながらつくるとよいでしょう。以降に登場するマスキングのテクニックなども活用します。

線路を設置する

1

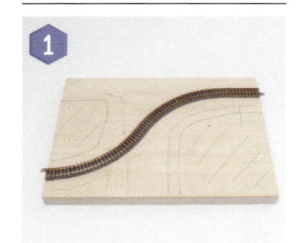

線路をゴム系接着剤で固定します。ストラクチャーを配置する場合は、先に位置を決めて土台におおまかに記しておきましょう。

併用軌道を塗装する

2

併用軌道部の色は警告色を使用した

併用軌道の取り付け右ページ

併用軌道部分を塗装します。全体に黄色のスプレーを吹きつけました。線路上面に載った塗料は、うすめ液を染み込ませた綿棒で拭き取ります。

路面を塗装する

3

舗装道路のつくり方P.149

路面にはスチレンボードを使用し、トラム線路と高さを揃えるようにします。ゴム系接着剤で貼り付け、表面はグレーのアクリル絵の具で着色します。

白線を入れる

4

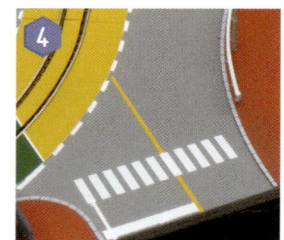

塗装が乾いたら、路面に白線を入れます。市販のインレタを活用したり、マスキングをして白色を着色します。詳しい方法はP.149を参照。

電柱などの小物を追加する

5

架線柱の立て方P.154

KATOのガードレールや電柱などの小物を追加します。路面に孔を開けて差し込むように取り付けましょう。必要に応じてゴム系接着剤で接着をします。

草木を植える

6

バラストを撒くP.71 73
草木の植え方P.117

線路へバラストを撒いて地面・路面ができれば、草木を植えて緑化をします。地面にできた隙間などは草で隠してしまうことで目立たなくなります。

ストラクチャーを設置する

7

建物を設置するP.164
人形などの配置P.165

ストラクチャーを設置します。グリーンマックスの商店を使用しました。さらに車や人を配置すると賑やかになり雰囲気を演出することができます。

線路

地面・地形

草木・樹木

水・雪表現

建物

塗装

その他

路面電車などの併用軌道をつくる

併用軌道とバラストの境界をつくる

TOMIXの路面パーツキットを活用して、バラスト軌道との境界部分をつくります。

線路を設置する

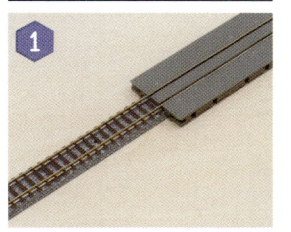

トラム用線路とファイントラックを接続します。この状態でもバラスト軌道との境界の表現ができます。

併用軌道の境界線を記す

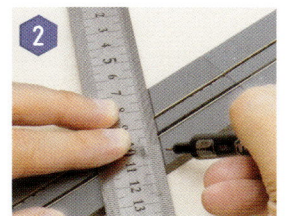

軌道境界部に変化をつけたい場合は、路面パーツキットを活用しましょう。境界線になる位置に線を引きます。

路面パーツをカットする

引いた線に沿って、路面パーツをカットします。

パーツを固定する

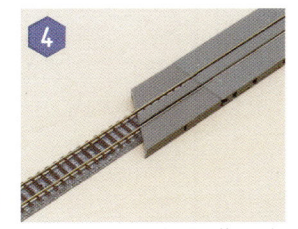

カットしたパーツをゴム系接着剤で接着。線路脇・軌道内のパーツ断面が、一直線に揃うように注意して固定します。

併用軌道の取り付け

併用軌道を設置する際は道路や隣接するストラクチャーの位置をトラム用線路の高さと揃える必要があります。TOMIXのトラム用線路の高さは約5mmです。

線路を固定する

線路の設置の仕方P.70

線路をゴム系接着剤などで土台に固定します。フィーダーの配線孔は先に土台に開けておきましょう。

線路以外を嵩上げして路面をつくる

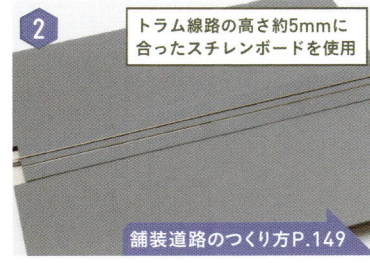

トラム線路の高さ約5mmに合ったスチレンボードを使用

舗装道路のつくり方P.149

軌道以外の路面部は軌道と高さを揃えるようにしてスチレンボードなどでつくります。

Point トラム専用フィーダーを使う

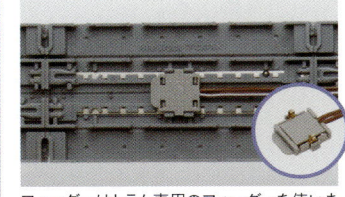

フィーダーはトラム専用のフィーダーを使います。線路の裏側に取り付けるようになっています。

Point バスコレ道路と並走も

TOMIXのワイドトラムレールはトミーテックのバスコレ走行システムの道路と同規格になっています。線路と並行に設置することで、トラムとの並走やトラムとバスとのすれ違いを楽しむような遊び方もできます。

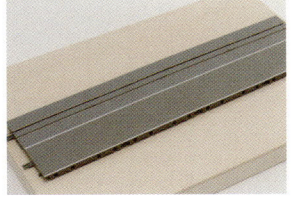

接続用のジョイントを用いてトラムレールとバスコレ走行用の道路をつなぐことができます。

KEY Item TOMIX 路面用パーツキット2

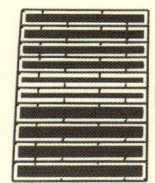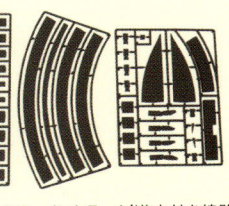

TOMIXの路面用パーツキットを、通常のファイントラック[道床付き線路]にかぶせるように固定することで併用軌道にすることができます。ミニカープレール・ポイントレール用のパーツも同梱されています。

Up grade パーツキットの活用術

路面用パーツキットには、ポイントレール用の路面化パーツも同封されています。パーツの取り付け位置や向きなどを、仮組みをしてよく確認したあとに、接着の作業を行うようにしましょう。

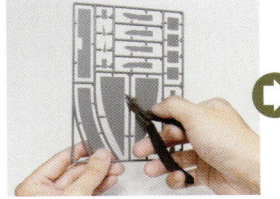

ランナーより必要なパーツを切り出します。曲線線路用のパーツはまずカーブ半径を確認しましょう。

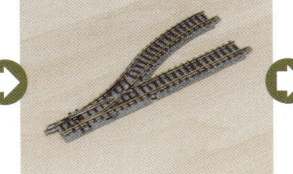

線路は土台へ固定しておきます。配線が必要な場合は、先に土台へ孔を開けておきます。

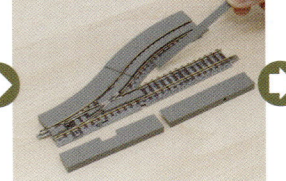

切り出したパーツを線路へ固定します。それぞれの位置を確認後、ゴム系接着剤などで固定します。

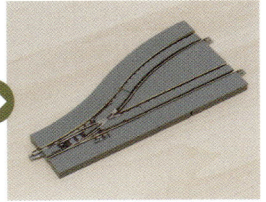

ポイントレールを路面化することができました。

地面・地形 編

トンネルと山のある情景

情景の基礎となる地形と地面のつくり方です。基本的には板状の素材を貼り重ねて削りだして地形の骨格をつくり、地表には粘土を貼り付けて起伏をつけます。一度つくった地形は完成後に変更することは難しいため、納得がいくまで時間をかけて製作しましょう。トンネルや勾配も設計の段階で設置場所を決めておきましょう。

トンネルと山のある情景

トンネルは情景に取り入れたい要素のひとつ。列車が通過する様子は、模型を走らせて遊ぶ中でも楽しいポイントです。山の製作に使うアイテムは入手しやすいものばかりですので、テクニックを参考に挑戦してみてください。

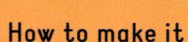
俯瞰

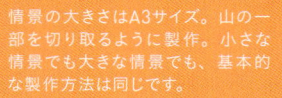

情景の大きさはA3サイズ。山の一部を切り取るように製作。小さな情景でも大きな情景でも、基本的な製作方法は同じです。

How to make it

山のつくり方 P.84

山のような体積の大きな地形はスタイロフォームのような厚みのある素材を重ねて切り出して成形する方法と、丸めた新聞紙を積んで形をつくる方法があります。大まかに形をつくったあと、地表を仕上げていきます。

How to make it

トンネルのつくり方 P.90

トンネルの設置場所は線路を敷設する段階で決めておきます。トンネルの入り口にあたるトンネルポータルはさまざまな種類が製品化されているため、走らせる車両やつくりたい情景に合わせて選択しましょう。

トンネルポータルの煙が当たる部分にはパステルですす汚れを表現。トンネル内は黒で塗って遮光しておくことで奥行きを演出できます。

地表・地形づくりの基本

- 🔸 **地形の大まかな形はスタイロフォームでつくり、表面の起伏は粘土素材でつくる。**
- 🔸 **土はパウダーを撒布してつくる。パウダーの種類によって季節の表現ができる。**
- 🔸 **トンネルや勾配はどの位置につくるかをあらかじめ決めておく。**

地面の製作は大まかな地形の骨格をつくる工程と、表面の起伏や土を表現する工程のふたつに分けることができます。地形の骨格はスタイロフォームを削ったり、丸めた新聞紙を積み重ねてつくります。あとから変更しづらい部分ですので時間をかけてつくりましょう。地面の起伏などは粘土で表現し、地表はパウダーなどの素材で土を表現します。地表は見える部分なのでていねいに仕上げましょう。

地形

スタイロフォーム & 紙粘土

積み重ねたスタイロフォームを削っておおまかな地形をつくり、表面の起伏は粘土を貼り付けて表現します。単調な形状でのっぺりした印象にならないように、小さな起伏をつけることで自然な仕上がりになります。スタイロフォームのような板状の素材と、粘土素材をうまく組み合わせて地形全体の形状をつくります。

P.82

山

プラスタークロス & プラスター

地形の表面にプラスターと呼ばれる石膏を塗ることで、土や岩肌の質感を簡単につくり出すことができます。ゴツゴツした質感を活かして岩山にしたり、上に撒布した土パウダーの合間から見える山肌を演出することもできます。また、石膏が固まることで地表に強度が出るというメリットもあります。

P.84

地面

ペースト & パウダー

地面・土はペーストとパウダーの2種類の素材を使ってつくることができます。ペーストはザラザラした粒子が含まれており、塗布して乾燥させると土のような仕上がりになります。パウダーは撒布したあとにボンド水などで固着して土を表現します。それぞれ質感が異なるので、適宜選択して使い分けましょう。

P.86

スタイロフォーム

スタイロフォームは簡単に切ったり削ったりすることができる素材です。おおまかに岩の形に切り出して、アクリル絵の具で着色するだけで岩肌をつくることができます。凹んだ部分に黒色を流し込み、凸部分には白色でドライブラシを施すと、より立体感が出て本物の岩のような質感になります。

P.88

岩

ロックモールド

水で溶いた石膏をロックモールド（岩の型）に流し込んで岩をつくります。固めた石膏ですので、質感と重厚感を出すことができます。KATOが販売しているロックモールドは複数種類があるので、つくりたい岩の形のものを選びましょう。硬化の時間が必要ですが、同じ形状の岩を複製したい場合などにも便利です。

P.89

トンネル

トンネルポータル＆厚紙など

トンネルは地形や山をつくる段階で、どの位置に設置するかを決めておきましょう。線路の位置も同様です。トンネルの入り口にあたるトンネルポータルは市販品を使用し、内部は厚紙やプラ板などで形をつくります。トンネル内部は外から見える部分だけをつくるようにし、内部は黒く塗っておきましょう。

P.90

勾配

フレキ勾配・サブテレイン

勾配の区間は市販の勾配製作用のスタイロフォームや、橋脚を用いて製作します。勾配製作用のスタイロフォームは線路の線形に合わせて設置することで簡単に勾配をつくることができ、モーリンからフレキ勾配、ウッドランドシーニックス社からはサブテレインという製品が発売されています。

P.92

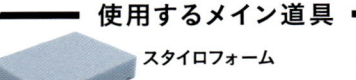

地面・地形
難易度 ★★☆
3days

地形をつくる
（スタイロフォーム&紙粘土）

- 地形の大まかな形状はスタイロフォームでつくる。
- 地表の起伏や凸凹は粘土でつくる。
- 地形に使う粘土には複数の種類があり、使いやすさや質感によって選択する。

この手順までのテクニックをこのページでは紹介しています

※下の工程で紹介したものとは違う作例になります。同じようにしてつくることができます

仕上げると

使用するメイン道具

スタイロフォーム

発泡スチロール用接着剤　　紙粘土　　木工用ボンド

地形の製作は情景づくりにおいて最初の工程になります。また、基礎になる大切な部分ですので、完成図をイメージしながらていねいに工作しましょう。つくり方はスタイロフォームなどの板状素材を重ね、切り出してつくる方法と、紙粘土などを盛り付けてつくる方法の2通りがあります。大まかな形状はスタイロフォーム、細かな地形の表情は紙粘土を利用してつくるなど、素材を使い分けましょう。

重ねてつくる

地形の基礎部分はスタイロフォームなどの厚みがある板状素材を貼り重ね、カッターなどで切り出して形をつくる方法が一般的です。地形の傾斜などは実物の形状をよく観察しましょう。

スタイロフォームをカットする

1　スタイロフォームをカットします。土台に収まるサイズにカットしておくと現物合わせができ、工作しやすいです。

2　あとで切ったり削り出したりして微調整ができるため、カットのサイズは大まかでも大丈夫です。

接着する

3　スタイロフォームを土台（P.54参照）に接着していきます。接着には発泡スチロール用の接着剤またはボンドを使用します。

貼り重ねる

4　線路やトンネルポータルも仮置き

土台

傾斜部分をつくる場合は山なりに貼り重ねます。重ねたスタイロフォームは爪楊枝などを差しておくことで、位置ズレを防ぐことができます。

削りだす

5　カッターで切り出して、山肌がなめらかになるように地形をつくります。地形の骨となる基礎はこれで完成です。

KEY Item

発泡スチロールカッター

直線の切り出しはカッターでできますが、曲線や斜めのカットをしたい場合には発泡スチロールカッターを使うと容易に行うことができます。ホームセンターなどで購入することが可能です。

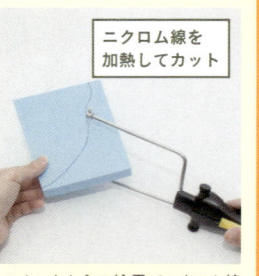

ニクロム線を加熱してカット

コンセントからの給電でニクロム線を加熱し、発泡スチロールを溶かしながらカットできます。

Point　土台はしっかりさせる

スタイロフォームを土台の上に接着

スタイロフォームのみで土台をつくると、土台を持ったときなどにしなって線路やストラクチャーが剥がれてしまうことがあるため注意しましょう。

KEY Item 基礎となる素材 3種類

地形の基礎として使われることが多い素材は右の3種類です。建築用素材のスタイロフォームがよく使われますが、廃材の発泡スチロールなどで代用することもできます。厚みによって使い分けるといいでしょう。

接着剤は専用のものを！

接着剤によっては溶けてしまうので、専用接着剤か木工用ボンドを使いましょう。

製品名	スタイロフォーム	スチレンボード	ポリスチレンフォーム
			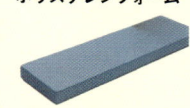
購入先	ホームセンターなど	画材店・ホームセンターなど	百均など
特徴	切る・削るなどの加工がしやすい。厚みがあるため重ねて大きな地形にも。	加工しやすく、1〜5mmの厚さが主流。建物や地面の嵩上げなどにも使えます。	百均商品として人気。扱い方はスタイロフォームと同じ。密度が高く凹みづらい。

盛ってつくる

地表の起伏や細かな凸凹などは紙粘土などの粘土素材でつくります。薄く伸ばすように貼り付けると自然な起伏になります。大きく盛りつけて地形のゴツゴツ感を表現することもできます。

粘土を貼り付ける

粘土を貼り付ける前に下地として木工用ボンドを塗布しておくと、粘土の乾燥後の剥がれを防止できます。

粘土を薄く伸ばして貼り付けていきます。手を濡らしておくと粘土が手に付きにくくなります。

地面の起伏をつくる

表面は凸凹をつけるように貼り付けると地面の起伏になります。粘土はあいた隙間を埋めたいときにも使えます。

乾燥させる

地面づくりP.86に続く

粘土は1〜2日ほどで乾燥。ひび割れなどは粘土で補修し、細かなひび割れは地面づくりでカバーできます。

Close Up 粘土の素材で変わる地形の表情

情景製作では粘土を使う場合、紙粘土が選ばれることが多いのですが、最近は百均などで安価に入手できる粘土の種類が増えてきました。

木粉が含まれた木粉粘土、石粉が含まれた石粉粘土などさまざまなものがラインナップされています。粘土でつくった地形部分は、あとの工程で土や草で覆われてしまうことが多くなるため、安価で入手しやすいものを使うとよいでしょう。

模型メーカーからも情景製作用の粘土がいろいろと発売されており、例えばコルクの欠片が含まれた粘土は、盛り付けるだけで岩肌のような凸凹のある地表をつくることができます。また、乾燥後に着色をすると簡単にゴツゴツとした実感的な地表をつくることができます。

いずれの粘土も開封後は、乾燥しないように気をつけます。特に保管は食品用のジッパー付保存袋にしまうようにしましょう。

種類	紙粘土	木粉粘土	石粉粘土	コルク入り粘土（アーテックのジオベースなど）
外装と地形サンプル				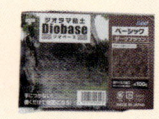
硬化時間	厚みなどにもよるが、どれも最低24時間は乾燥させたい			
特徴	入手しやすく工作の定番アイテム。質量があるため盛りつけすぎると重くなるので注意しましょう。	木粉を含んだ粘土。紙粘土より質量が少なく軽い。手に付きにくく扱いやすいが木粉独特の香りがあります。	石粉を含んだ粘土。乾燥後は硬く固まり削ることもできます。均一に伸ばせば路面のような表現にも。	コルクの欠片が練り込まれた粘土。岩肌や地面の凸凹を簡単に再現でき、粒の大きさと色の展開があります。
シチュエーション	強度があるため地形の隆起などに。	伸びがよいため地表の起伏に。	石の質感を生かしたい部分に。	岩肌や地表の凸凹を見せたい部分に。

山をつくる（①プラスタークロス②プラスター）

- 山づくりは「体積の大きな地形」をつくること。
- 芯（骨組み）になる部分と地表になる部分の素材を使い分ける。
- 地表には①プラスタークロスと②プラスターを使う。

この手順までの
テクニックをこのページ
では紹介しています

※下の工程で紹介したものとは違う作例になります。同じようにしてつくることができます

仕上げると

使用するメイン道具

プラスタークロス

プラスター

鉄道模型の情景に入れ込みたいシーナリーのひとつでもある、山をつくってみましょう。前頁で紹介したようにスタイロフォームなどを重ねてつくる手法もありますが、山のような体積の大きな地形では、使用する素材の量と作業工程が格段に増えてしまいます。地形の芯と表面の素材を分け、つくり方を工夫することで効率よく製作することができます。つくりたい地形の大きさに合わせて、前ページの方法と選択するのがオススメです。

山（地形）の枠をつくる

山のような地形は土台の縁にかかることが多いため、情景の枠となる化粧板を先につくっておくと工作しやすいでしょう。

側面となるボードをカットして組み立てる

情景の側面部分を切り出します。ベニヤ板は強度がありますが、加工しやすいスチレンボードなどでもOK。

化粧板

切り出したボードを組み立てます。エンドレスレイアウトでは山を角に設置することが多いですが同様です。

トンネルは先に設置しておく

トンネルのつくり方P.90

トンネルを設置する場合は、先に線路とトンネルポータルを設置しておきます。

丸めた新聞紙をつめる

新聞紙などを丸めて、土台と側面の縁にテープで固定します。山の形になるように新聞紙を詰め込みましょう。

Close Up 山の芯（骨組み）となる素材はさまざま

山の内部になる芯（骨組み）のつくり方は、新聞紙を使うだけでなくほかにもいろいろな方法があります。丸めた新聞紙だけではうまくつくれない場合は、いらなくなったペットボトルなどを併用する方法もあります。また、段ボールを切り出して、格子状にテープで固定して芯材にする方法などもあります。完成後に表面に見える部分ではないので、手軽な材料や簡単な方法を探してみましょう。

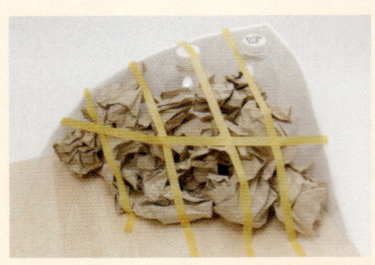

土台にペットボトルを接着し、そのまわりに新聞紙を埋めてテープで固定していくと造形がしやすくなります。

切り出したダンボールを格子状にテープで固定。強度が心配ですが地表をつくると頑丈になります。

山の地表をつくる①プラスタークロス

芯材の表面を覆うようにプラスタークロスを貼ることで山の地表に。石膏なので強度も増します。

プラスタークロスをカットする

プラスタークロスを必要なサイズにカットします。石膏の粉が落ちるので、新聞紙の上などで作業しましょう。

水に浸す

タッパーなどに水を用意しておき、切り出したプラスタークロスを、水にサッとくぐらせるように浸します。

貼り付ける

芯材を覆うように貼り付けます。プラスタークロスどうしの境界は、少し重なるように貼り付けるとよいでしょう。

筆でなじませる

重なり合った部分の凸凹は、濡れた筆で撫でることでなじませることができます。上に土や草が載るのでさほど凸凹は気にしなくて大丈夫です。

乾燥させる

最低でも半日以上は乾かす

全体が乾けば地表の完成です。余ったプラスタークロスは、密閉できる容器で保管しましょう。

着色する

次頁地面をつくるへ続く

乾燥後はアクリル絵の具などで着色することができます。地面製作の下地に茶色を塗っておくとよいでしょう。

Plus α 側面を塗ると仕上がりUP

地形の枠組みとなる側面は塗装すると仕上がりがよくなります。好みの色でよいですが黒色は情景が引き締まります。

山の地表をつくる②プラスター

TOMIXのプラスターは大きめの粒子が入っており、岩肌のような地表をつくれます。約3時間で硬化します。

プラスターと水を混ぜる

濃さは水分量で調整できる

容器にプラスターを入れ、水を加えて混ぜます。木工用ボンドを少量入れることで、ひび割れ防止になります。

塗布する

ペインティングナイフでプラスターを塗布していきます。地形の細かな隙間などは、埋めることが可能です。

傾斜部などをつくる場合は、濃いめに溶いたプラスターを使い古した筆で刷り込むように盛りつけます。

乾燥後は着色する

次頁地面をつくるへ続く

プラスターは乾燥すると着色ができます。水と混ぜる段階で、絵の具を入れて着色しておく方法もあります。

Point プラスターとプラスタークロスの使い分け

プラスタークロスとプラスターは、いずれも地表をつくることができる石膏素材です。つくりたい情景によって使い分けると表現の幅が広がります。それぞれは単体でも使えますし、組み合わせて使うことも可能です。プラスターはゴツゴツした岩肌のような地表をつくりたい場合に使うことができます。また、プラスタークロスの網目が気になるときに埋めて見えなくすることもできます。

プラスターを塗布することで網目が隠れる

プラスタークロスの網目が目立つ場合は、プラスターを上に塗布することで埋めることができます。

濃いめのプラスターを凸凹をつけるように塗布することで、岩肌の表現ができます。

地面・地形

難易度 ★ ☆ ☆
3days

地面（土の表現）をつくる
（①ペースト②パウダー）

- 土の地面を表現するためには①ペースト、②パウダーを使用するふたつの方法がある。
- 粒子が入ったペーストは、塗るだけで簡単に地面の表現ができる。
- パウダーは複数色を混ぜて使うと実感的になる。

使用するメイン道具

ペースト塗料
（情景テクスチャーペイントダークアース）

アクリル系
溶剤

土パウダー
（TOMIXカラーパウダー）

地形のつくり方は大きく分けて、ペーストを塗る方法とパウダーを撒く方法のふたつがあります。地面の形状や大きさなどによって使い分けるとよいでしょう。また、砂利などを多く含む地面をつくりたい場合はペーストを、腐食した葉っぱや草を含む地面をつくりたい場合はパウダーを使う、というようにつくりたい場所によって素材を変えると表情を分けることができます。

ペーストを使用してつくった地面

①-1 ペーストで地面をつくる

ペーストは塗るだけで簡単に地面をつくることができ、砂利などを含んだ地面の表現に向いています。またシーナリーの下地としても使えます。

ペーストをナイフに取り、地面になる部分に塗布する

1
TAMIYA 情景テクスチャーペイントで手軽に地面をつくれます。ペーストの中に細かな粒子が含まれ、塗るだけで砂や小石の凸凹を表現できます。

2
平面に塗る場合や広い面積に均一に塗りたい場合は、ペインティングナイフを使うと塗りやすいです。水性塗料ですので手に付いても洗い流せます。

3
全体に塗り広げます。塗り漏れや塗布が薄くなった部分は、乾燥後に塗り重ねることができます。また厚く塗ることで凸凹をつくることもできます。

塗布後にしっかり乾燥させる

4
塗装後はしっかり乾燥させます。隠ぺい力があるため、下地の塗装としても使うことができます。

Close Up　筆で塗る場合

起伏のある地形や狭い場所などは、筆を使って塗ることもできます。ただし、粒子を含むペーストは筆へのダメージが大きいため、使い古した筆を使うとよいでしょう。ペースト専用の筆をひとつ用意しておきましょう。

そのまま筆で塗ることもできますが、専用の溶剤TAMIYAのX-20Aを使うとよいでしょう。溶剤で薄めることでペーストが流動的になり、塗りやすくなります。

ペインティングナイフでは塗りづらい傾斜の部分などは筆を使って塗ります。厚塗りだと筆の跡がつきやすいため、薄く重ねて塗るのが綺麗に塗るコツです。

Point ▶ 地形のキズや凹みをリカバーする

ペースト状の塗料などの素材は、厚塗りすることによって、凸凹をつくることができます。この素材の特性を利用して、気になる地形のキズや孔のように目立った凹みを埋めて覆い隠すことができます。

NG 凹みがある

粘土でつくられた地形の一部です。粘土は乾燥することによって収縮し、地面に凹みができてしまうことがあります。

リカバリーできた

凹み部分を埋めるように情景テクスチャーペイントを塗ることで、地形の凹みをリカバーすることができました。

Plus⊕ 塗りたくない部分はマスキングをする

ストラクチャーを設置する場所など、ペーストを塗りたくない部分はあらかじめマスキングテープで覆っておきましょう。路面などとのはっきりした境界線をつくりたい場合も活用できます（P.178参照）。

マスキングテープはペーストが乾燥したあと、ゆっくり剥がします。

①-2 地面への着色方法

ペースト素材は、乾燥後にアクリル系塗料、ウェザリング用塗料やパステルで着色することができます。

アクリル系塗料、ウェザリング用塗料で着色する

1 ドライブラシP.181

筆塗りで厚塗りすると、ペースト素材の粒子の凸凹が埋まってしまうため、薄くドライブラシの要領で着色します。

2

単調な表現にならないように、部分的に情景テクスチャーペイントが透けて見えるように意識して着色します。

パステルで着色する

1

筆に取ったパステルを刷り込むことで着色ができます。色がつきすぎないよう少しずつ色を載せていきます。

2 近づけすぎるとパステルが飛んでしまう

つや消しトップコートをふんわり吹きつけてパステルを固着します。パステルが飛ばないように注意します。

② パウダーで地面をつくる

色のついたパウダーで土をつくる方法です。葉っぱなどが腐食したような土の表現に向いています。複数の色のパウダーを混ぜて使うこともできます。

ボンド水を塗布する

1 ボンド水P.75

パウダーを撒く部分にボンド水を塗布します。少し濃いめに溶いたボンド水だと余計な部分に流れにくくなります。

パウダーを撒く

2 10〜15cmの高さから撒く

土色のパウダーを撒きます。10〜15cmほどの高さからふわっと落とすようにすると、均一に撒くことができます。

さらにパウダーを重ねる

3

濃い色の上に薄い色を重ねていくことで、色調に変化をつけることができます。先に複数の色のパウダーを混ぜてから撒く方法もあります。

ボンド水で固着

4 スポイト

ボンド水をスポイトで染み込ませてパウダーを固着させます。ボンド水でパウダーが流れてしまった場合は、乾燥後に同様の手順で修正します。

KEY Item

オススメのペースト素材

塗るだけで簡単に地面をつくれるオススメのペースト素材を紹介します。細かい粒子は路面へ、荒い粒子は山肌など、つくる場所にあった素材を選択するとよいでしょう。

製品名	リキテックス モデリングペースト	TAMIYA 情景テクスチャーペイント	KATO 崖や道を造る
	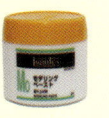		
目の粗さ	より細かい	細かい	粗い
特徴	大理石の粉末が練りこまれた盛り上げ材。厚く盛り付けると地面の凸凹を、薄く塗るとザラザラした表面をつくることができます。塗ったあとに着色が必要です。	セラミック粒子が入っており、砂の凸凹を塗るだけで地面をつくることができる塗料です。山や川などの自然の情景の下地塗装として使うこともできます。	大きめの粒子を含んだペースト素材。色は薄いグレー。乾燥後はアクリル絵の具などで着色可能。小粒・中粒・大粒のラインナップがあります。

線路
地面・地形
草木・樹木
水・雷表現
建物
塗装
その他

地面（土の表現）をつくる（①ペースト ②パウダー）

岩をつくる①（スタイロフォーム）

- スタイロフォームに凸凹をつけるだけで、簡単に岩の表現ができる。
- 岩肌や岩盤、断層など実物の岩の表面を意識するとより実感的になる。
- ドライブラシを活用することで岩の質感を表現できる。

使用するメイン道具

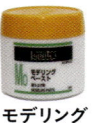 モデリングペースト

 スタイロフォーム

 アクリル絵の具（白、ブラック、グレー）

山間の岩肌や川・海沿いの岸壁などゴツゴツした岩の質感は、スタイロフォームを切り出すことで簡単に表現することができます。スタイロフォームは切り出したり削ったりと加工がしやすいのですが、表面に小さな孔が開いています。そのため、色を塗るにはモデリングペーストを塗布して表面処理をする必要があります。実物の岩肌の写真などを観察しながら、似せるように加工しましょう。

ゴツゴツした質感の岩をつくれる

スタイロフォームでつくる

地形製作でも使ったスタイロフォームは、表面に凸凹をつけて岩の表現をすることもできます。つくりたい岩の実物写真などを観察しながら加工しましょう。

カッターで切り込んでつくる

1 手を切らないよう軍手を使うと安心

岩の形状をイメージしながら切り込んで凸凹をつくります。なるべく奥行をつくるように意識するのがコツ。

2 表面の角を落としたり、細かい凸凹をつけたりして岩の表面をつくります。思うように切っていきましょう。

ちぎってつくる

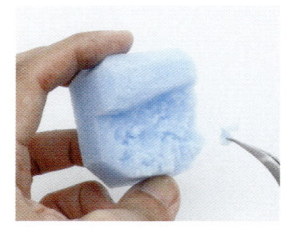

ピンセットなどでちぎって凸凹をつくります。手で割ることで自然にできる凸凹を活用する方法もあります。

ワイヤーブラシでつくる

横線をケガくように凸凹をつけて断層のような表現に。削りカスが出るので、袋の中などで加工しましょう。

岩の着色方法

スタイロフォームは、表面の孔を埋めるためとより岩の質感を出すために、モデリングペーストを塗布して表面処理をした上に着色していきます。黒を下地に塗り、明るい色を重ねて着色します。

モデリングペーストを塗る

1 スタイロフォームの表面の気泡状の孔を埋めるように、モデリングペーストを塗布し、よく乾かします。

下地に黒色を塗る

2 アクリル塗料またはアクリル絵の具塗料で塗る

次に、光の透けを抑えるために、下地として黒色を塗ります。この黒色が陰影になり岩肌に重厚感を与えます。

薄めた茶色を塗り重ねる

3 薄めた茶色を塗り重ねます。塗料は流れるくらい薄めて大丈夫。下地の黒色が透けて見えるように着色します。

エッジにドライブラシ

4 ドライブラシP.181

乾燥後、白や明るいグレーでドライブラシします。表面をなでるようにして凸部分にだけ色をのせます。

難易度 ★★★
1week

岩をつくる②
（ロックモールド）

- ロックモールドは石膏を流し込むことで岩がつくれる型のこと。
- ロックモールドには種類があるため、表現したい岩によって使い分ける。
- ロックモールドは洗えば繰り返し使える。

石膏でつくった存在感のある岩

使用するメイン道具

ロックモールド

石膏（プラスター）

岩の形をしたシリコン素材の型に石膏を流し込んで硬化させ岩をつくります。KATOが販売しているロックモールドは種類が多く、さまざまな形状があります。取り出した岩は割って必要な大きさにすることも可能です。石膏でできた岩は、木工用ボンドまたはゴム系接着剤で固定します。あとで土や草パウダーを固着する際に、ボンド水などが染み込む恐れがある場合は、ゴム系接着剤を使いましょう。

ロックモールドでつくる

ロックモールドに石膏を流すことで、綺麗な形状の岩をつくれます。モールドは洗えば何度も使えるため、同じ形の岩を量産することも可能です。

モールドを濡らす

1

石膏を流れやすくするため、あらかじめ霧吹きで水をかけてモールドを濡らしておきます。

石膏と水を混ぜて流し込む

2　手に付いたら水で洗い流す

使用する石膏の説明書をよく読み、石膏と水を混ぜます。木工用ボンドをスプーン1〜2杯くらい入れて混ぜることで、ひび割れ防止になります。

3

準備した石膏を型へと流し込みます。石膏は固まるのが早いため、素早く作業しましょう。

型から取り出す

4　取り出した石膏

さらに1日乾燥

24時間以上乾燥させ石膏が硬化したら型から取り出します。型から取り出し、全体に空気が触れるようにしたら、さらに1日ほど乾燥させます。

着色する

5

薄めたアクリル絵の具を塗り重ねて着色します。黒色系から茶色系塗料を塗り重ね、最後にドライブラシをして完成です。

Point　岩の取り付け方

製作した岩は木工用ボンドあるいはゴム系接着剤で地形に貼り付けて固定します。岩は地形の一部になることが多いため、地形をつくっている段階であらかじめ設置しておくようにしましょう。

草を植えたあとや情景が仕上がったあとに岩を入れるのは難しいため、設計の段階で設置場所を決めておきます。

このあとは地面をつくるP.86へ

岩と地形の隙間は粘土で埋めます。小さな凹みなどは、ペースト系の素材で埋めることも可能です。

線路
地面・地形
草木・樹木
水・雪表現
建物
塗装
その他

岩をつくる①（スタイロフォーム）／岩をつくる②（ロックモールド）

使用する道具　他｜容器、水、木工用ボンド、アクリル絵の具、使い捨てゴム手袋、ゴム系接着剤、粘土

トンネルをつくる

🔧 **トンネルポータル**の形状はさまざま。

🔧 外から見える範囲でよいので、トンネルの**内部の壁をつくっておく**。

🔧 **トンネル以外**の部分は**山をつくる工程と同じ**（**P.84参照**）。

外側から見える範囲はつくり込む

使用するメイン道具

厚紙

黒色塗料（ブラックジェッソ）

トンネルポータル

🚄 道の情景ジオラマには欠かすことができない、トンネルのつくり方を紹介します。トンネルの入り口となるトンネルポータルは、各社からいろいろな製品が発売されているため、つくりたい情景に合わせて選択しましょう。線路とトンネルの位置は、設置したあとは変更することがとても難しいため、事前のプランニングであらかじめ位置を決めておくことが重要です。

トンネルポータルの下準備

トンネルポータルの設置場所を確認し、擁壁と内壁をつくります。内壁は厚紙をカットしてつくります。内壁は外から見える範囲までつくれば十分です。

トンネルの仮置き

1 線路の設置P.70

トンネルを仮置きして、位置を確認したら、ペンでマークしておきます。線路は先に設置しておきましょう。

擁壁のカット

2

擁壁は必要に応じてカッターでカットしておきます。地形によって擁壁の形は異なるので、実物を観察しましょう。

内壁をつくって接着する

3

ポータルに合わせて、厚紙を丸めて内壁をつくります。丸められる薄いプラ板などを使ってもOKです。

4

ゴム系接着剤でポータルに接着します。山に出入口が2カ所ある場合は、同様にもうひとつ組み立てます。

塗装する

トンネルポータルと擁壁をアクリル系の塗料で塗装します。トンネルは汚れていることが多いため、塗装の失敗が目立ちにくい場所です。思い切り塗って汚しましょう。

トンネルポータルを塗装する

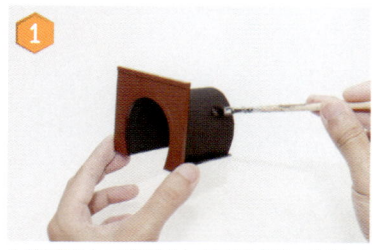

1

まずは遮光のため下地として内壁を黒色で塗装します。内壁は目立たないため黒色のままでもOKです。

2 ドライブラシP.181

ポータルを好みの色で着色します。ドライブラシの要領で薄く色を塗り重ねると重厚感が出ます。

Point トンネルの内部は黒色で塗っておく

トンネルの中が明るいと不自然なので、内壁以外も黒色で塗っておきましょう。

仕上げて設置する

レンガや石積みのトンネルポータルは、目地にウェザリングカラーの塗料を流し込んで着色して仕上げます。着色が済めば擁壁と合わせて土台に設置します。

トンネルポータルを仕上げて土台に接着

このあとは山をつくるP.84へ

1 スミ入れと同じ要領で流し込む

スミ入れP.180

レンガ積みのトンネルポータルは、目地に白色を流し込みます。全体に塗布後、表面を拭き取りましょう。

2 パステルの使い方P.180

SLが走る区間をつくる場合は、ポータル上部に黒色パステルを擦り込んで煤汚れを表現します。

3

できあがったポータルと擁壁を、ゴム系接着剤などで土台に接着して完成です。

Point 外から見える範囲でOK

トンネル内部のつくり込みは、見える範囲だけで十分です。

Close Up トンネル内のメンテナンスも考えておこう

トンネルは内部の線路のメンテナンスや、トンネル内で脱線した車両の復旧ができるような構造にしておきましょう。点検口は後付けするのは難しいため、地形をつくる段階で設置しましょう。

メンテナンス用窓を付けておく

山とトンネルが土台の端にある場合は側面から点検できるように窓を付けておきましょう。

フタを取り外せるようにしておく

山が情景の中央にある場合や、側面に点検口を付けられない場合は地形を取り外しできるようにしておきます。トンネル区間が長い場合などにも適した方法です。

短いトンネルであれば、メンテナンス棒などを差し込んで清掃するだけで構いません。

KEY Item

トンネルポータルの製品ラインナップ

トンネルポータルは各社より発売されており、形もさまざまです。単線と複線、電化と非電化また材質の違いなど、走らせる車両やつくりたい情景に似合うものを選びましょう。いずれの商品も入り口と出口のふたつ入っており、設置方法は同じです。

作例

グリーンマックス　単線トンネルポータル（電化）

電化区間を再現できるトンネルポータルです。グレーの成形色なのでそのまま使うこともできますが、塗装またはウェザリングを施すとより情景になじみます。入り口の高さは50mm。立体的な形状と落石防止の柵が表現されているのがポイントです。

グリーンマックス
単線トンネルポータル（非電化）

非電化区間に似合う石積みのトンネルポータル。入り口の高さは45mm。背の高い車両は接触に注意。

作例

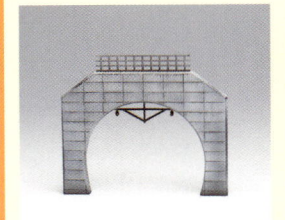

グリーンマックス
複線トンネルポータル（電化）

複線区間用のポータル。架線つり部分までの高さは50mm。コンクリートの目地表現がいい感じ。

作例

津川洋行
NA94
トンネルポータル複線　石積

大きめの石積みタイプのトンネルポータル。入り口は大きいので色々な種類の車両の通過に対応。

作例

トミーテック
ジオコレ 情景コレクション
シリーズ 情景小物027
トンネルポータルA

着色済みで直線用と曲線用のふたつの形状のポータルが付属します。カットして高さを変えることも。

トミーテック
ジオコレ 情景コレクション
シリーズ ジオラマ素材013-2
トンネル2

置くだけで山とトンネルになります。お座敷レイアウトに組み合わせて遊ぶこともできます。

線路
地面・地形
草木・樹木
水・雪表現
建物
塗装
その他
トンネルをつくる

地面・地形

難易度 ★ ★ ★

1week

勾配をつくる

- 🔸 **勾配製作用**に市販されている**スタイロフォーム**や**勾配橋脚**を活用する。
- 🔸 **勾配をつくる**と情景に**立体感**がでて**見栄えがする**。
- 🔸 **勾配をつくらず**に高低差を表現するテクニックもある。

使用するメイン道具

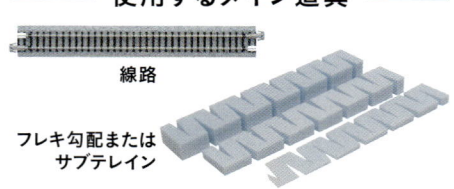

線路

フレキ勾配または
サブテレイン

車両が登ったり下ったりする勾配のある区間は、市販の勾配製作用につくられた傾斜がついたスタイロフォームを活用して製作することができます。モーリンから発売されているフレキ勾配、ウッドランド・シーニックスのサブテレインなどが代表的な製品になります。いずれも線路の形状に合わせて曲げながら、土台に設置することで簡単に勾配をつくることができます。

勾配をつくる

フレキ勾配やサブテレインなどの勾配製作用のスタイロフォームを活用して勾配をつくってみましょう。線路の線形に合わせて曲げながら貼り付けます。作例はモーリン製。つくり方はどの製品も同じです。

土台に接着

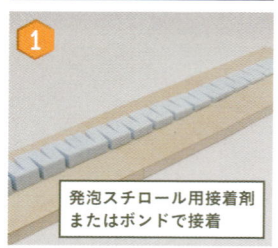

1

発泡スチロール用接着剤
またはボンドで接着

勾配用のスタイロフォームを線路の線形に合わせて土台に接着します。曲げながら接着することで、曲線にも対応可能です。

線路を固定する

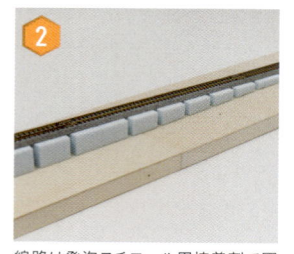

2

線路は発泡スチロール用接着剤で固定します。フレキシブル線路、道床付き線路いずれも方法は同じです。

地形をつくる①

3

別に用意したスタイロフォームを、勾配の側面に沿わせるように接着して、土手の傾斜部分の地形をつくります。

地形をつくる②

4

粘土で地形をつくるP.83

薄い隙間を埋める場合やなだらかな形状は粘土を用いてつくります。

Point ▶ 隙間を埋める

勾配用スタイロフォームの隙間は、端材のスタイロフォームや粘土などを使って埋めておきましょう。

地形をつくる③

5

勾配用スタイロフォームの本体をカッターなどでカットして、地形をつくることもできます。

地形をつくる④

6

擁壁をつくるP.98

側面に擁壁を貼り付けることで、より人工的な傾斜の地形（築堤）をつくることもできます。

まわりを仕上げて完成

7

地面をつくるP.86
草むらをつくるP.102

地面をつくり、草むらを製作して仕上げになります。

線路

地面・地形

草木・樹木

水・雪表現

建物

塗装

その他

勾配をつくる

 **KEY Item**

サブテレイン

左頁で紹介したモーリン製のものと同様、ウッドランド・シーニックス製のサブテレインも勾配をつくるための製品です。使用方法はモーリン製のフレキ勾配と同じですが、面積が広いため斜めにカットして築堤のような傾斜をつくることができます。プラスタークロスと併用することで、勾配のある地形がつくりやすくなるのです。

勾配には複数種類がある

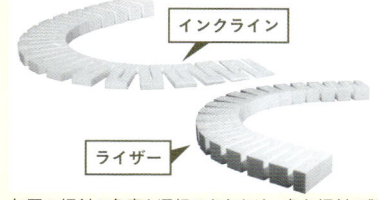

画像はサブテレイン

インクライン

ライザー

勾配の傾斜の角度も選択できますが、急な傾斜の製品を使用する場合は車両が通過できるかを確認しましょう。また、勾配になる区間をインクライン、立ち上がり後の水平区間をライザーと呼びます。

曲線も自由につくれる

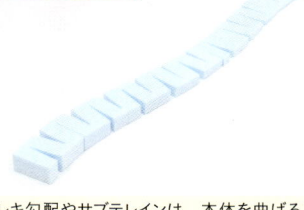

画像はフレキ勾配

フレキ勾配やサブテレインは、本体を曲げることで、自由な線形をつくれます。線路だけでなく、道路の傾斜の製作にも活用することができます。

Point 立体交差の高さは5cm以上

線路を立体交差させる場合は、下を通る車両が高架に接触しないように注意しましょう。立体交差の高さは5cm以上とし、余裕を持たせておくことでトラブルを防止できます。

 **KEY Item**

勾配脚

高架線路を用いて勾配をつくるための橋脚もあります。KATO、TOMIXの両社から発売されているので、お座敷運転の発展を考える場合に取り入れることができます。

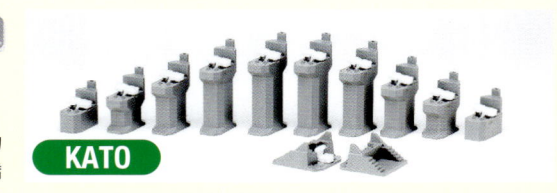
KATO

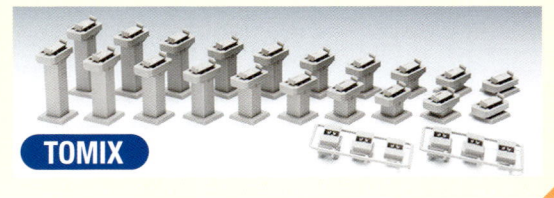
TOMIX

Close Up 勾配をつくらないで高低差をつくるテクニック

勾配をレイアウトに取り入れると、線路長が長くなってしまいます。また、勾配区間ではスピードの調整が必要になるため、線路の勾配を取り入れずに情景をつくる方法があります（フルフラットと呼びます）。スタイロフォームなどで土台を嵩上げし、地面の基準を上げ、地形を掘り下げてつくることで、川や崖などの高低差のある情景を表現します。

土台を掘り下げて高低差をつくった例

厚みをつくる

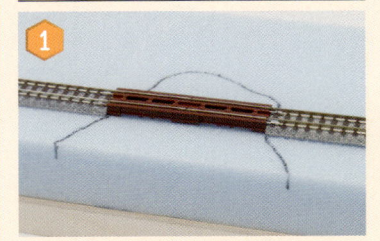
1

土台にスタイロフォームなどを貼り付けます。貼り付けた表面を地面の基準にして、土台に厚みをつくるのです。

削って川などを表現

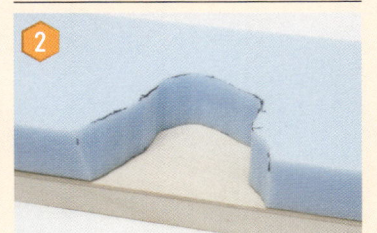
2

スタイロフォームを、カッターなどでカットまたは掘り下げることで、地面より低くなった部分を川などに見立てます。

高低差が表現できた

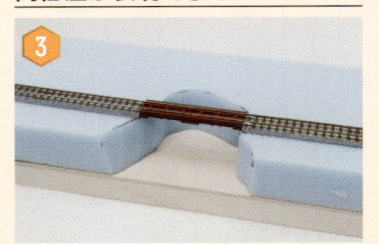
3

スタイロフォーム上に線路を設置することで、勾配をつくることなく線路の位置を高くでき、地形に高低差が表現できました。

四季の表情コレクション

- 形や色調の異なる素材を使い分けることで季節を表現することができる。
- 土の上に草、地面の上に雪、というように表面だけでなく下地からきちんとつくりあげていく。
- 土台、特に土台のまわりをしっかり仕上げると作品の見栄えがよくなる。

地面（春）

草パウダーは地面が見えるように撒くと、新芽のような草原表現に。プランツシート（フォーリッジ）は小さくちぎって貼り付けると、毛足の長い草むらをつくれます。明るい色の素材を使うより春〜初夏の情景に近づきます。

使用する素材 ／ 草パウダー＋プランツシート

地面（秋）

赤みのあるパウダーを使うと、枯葉が積み重なった秋の地面の表現ができます。TOMIX カラーパウダー（ブラウン）や、KATO ナノプランツ ブレンドカラー（茶）などがオススメ。混ぜて使うより落ち葉混じりの土の質感に。

使用する素材 ／ 土パウダー

草原

繊維状の草素材を静電気で立たせながら撒布できるグラスアプリケーターを使うことで、毛足の長い草むらがつくれます。パウダーだけだと単調になりがちな草表現に、立体感を加えることができます。

使用する素材 ／ 繊維状の草素材

地面（冬）

雪パウダーは下地が見えるように撒くと、降りはじめの雪または雪解けシーンを表現できます。線路まわりに撒くときは、線路から車両への通電と車両がきちんと通過するかを確認しましょう。地面をしっかりつくった上に撒くのがポイント。

使用する素材 ／ パウダー

積もった雪

建物の屋根上などの積雪は、TAMIYAの情景テクスチャーペイント（雪）を活用すると簡単に表現できます。盛り付けるように塗布することも可能です。アクリル溶剤で薄めて使うことができるのも特徴のひとつです。

使用する素材 ／ 情景テクスチャーペイント

舗装道路2

プラ板をベースに着色を施して製作した舗装道路。プラ板には、遮光のため下地として黒で塗っておくと重厚感を出すことができます。路面の着色はエアブラシでグレーを吹き付けます。白線はマスキングをして着色します。

使用する素材 ／ プラ板

舗装道路1

スチレンボードの表面の凸凹を活かしてアスファルトを表現。アクリル絵の具を筆で塗るだけで簡単につくれる方法です。プラ板と同様に下地に黒を塗った上にグレーを載せます。プラ板より強度が無いので、固い物が触れるなどで表面が凹まないように注意。

使用する素材 ／ スチレンボード

TAMIYAの情景テクスチャーペイントを用いた未舗装道路。粒子のざらつきは地面だけでなく砂利道にも使えます。乾燥後はアクリル絵の具などを上塗りして着色も可能。草パウダーを撒いて轍の表現をするとGOOD！

使用する素材 ／ 情景テクスチャーペイント

未舗装道路

線路
地面・地形
草木・樹木
水・雪表現
建物
塗装
その他
四季の表情コレクション

Point ▶ ## 側面の見栄えを整える

ジオラマやレイアウトボードの側面は、作品の仕上がりに影響を与える重要な部分です。作品が未完成に見えてしまわないように見栄えを整えましょう。

Before
After

土台側面が未塗装だと未完成のような印象を与えてしまうので、塗装して仕上げましょう。

土台の側面を着色する

水性のアクリル絵の具やペンキで塗装

黒やブラウンなどの暗めの色を塗ると情景が引き立ちます。ニスを塗って木目を生かすのも◎。

壁紙を貼る

百均などで入手できる壁紙を貼るのも、簡単で効果的です。側面へのこだわりが伝わります。

Before
After

情景の縁は素材のノリが悪く、側面との境界が目立つことがあります。完成前に仕上げましょう。

①下地が見える部分にボンドを塗布

情景と側面の境界に木工用ボンドを塗ります。垂れないようにボンド水ではなく原液を用います。

②パウダーをまぶす

土や草パウダーをふりかけます。最終仕上げとして施しておくと見栄えがよくなります。

地表コレクション

- 🔄 地表に貼り付ける**粘土素材**（コルク粘土など）で**山肌を表現**することができる。
- 🔄 石膏を流し込んで岩をつくることができる**ロックモールドを活用**する。
- 🔄 **木工パテ**を使って**コンクリートを表現**することができる。

岩肌の表現

鉄橋を外したところ

使用する素材／**コルク粘土**

鉄橋を架けたところ

アーテックのジオベースは、コルクの粒子が練り込まれたジオラマ粘土です。薄く伸ばして貼り付けるだけで岩肌のような凸凹をつくることができます。乾燥後は着色もできるので、ドライブラシで色を入れると質感がよくなります。

樹々の間から覗く岩の表現

ロックモールドを活用してつくった石膏の岩。岩肌として山に貼り付け、周辺を緑で覆うと地形の一部の表現として使うことができます。大きな岩は重量もあるため、木工用ボンドまたはゴム系接着剤でしっかりと固定します。

使用する素材／**ロックモールド**

海岸の表現

こちらもロックモールドでつくった岩。左の画像の岩と同じ形のロックモールドを使っているので岩の形は同じです。着色や岩の配置、見える範囲を変えることで、同じ形の岩でも違和感なく使うことができます。

使用する素材／**サンドペースト＋ロックモールド**

 KEY Item　ロックモールドでつくれる岩の形はさまざま

KATOが販売しているウッドランド・シーニックス製のロックモールドにはさまざまな形状があります。石膏の岩は割って使うこともでき、同じ形の岩ばかりだと単調になるため、複数のロックモールドを使うとよいでしょう。

作例

KATO
シリコンモールド＜岩盤＞
地表に見える岩盤をつくることができます。大きい塊がひとつつくれます。

作例

KATO
シリコンモールド＜ランダム＞
汎用性のある岩をつくれます。すべてのモールドに石膏を流す必要はなく、欲しい岩のみをつくれます。

作例

KATO
シリコンモールド＜岩礁＞
異なった形の小さい岩を複数つくることができます。こちらも汎用性が高く、持っておくと便利です。

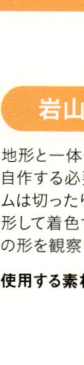

岩山の表現

地形と一体化した岩は、既製品でつくることが難しいため自作する必要があります。地形製作で使うスタイロフォームは切ったり削ったりする加工が簡単なため、岩の形に成形して着色するだけで岩肌の表現が可能です。実物の岩の形を観察して、形を近づけるのがポイントです。

使用する素材 ／ **スタイロフォーム**

海岸沿いの岩の表現

岩盤のような岩肌は百均で入手できるベークチップに着色するだけで簡単に表現できます。よい形のものを選び、スタイロフォームの岩と同じように着色します。接着は木工用ボンドまたはゴム系接着剤を使用します。

使用する素材 ／ **ベークチップ**

河原の岩や砂はジオラマ用の天然石素材を使います。大きな石から接着し、細かい砂利の表現や石と石の隙間を埋めるときは線路用のバラストを使用します。剥がれ落ちないように木工用ボンドまたはゴム系接着剤で、しっかりと固着するようにしましょう。

河原の表現

使用する素材 ／ **石＋バラスト**

線路

地面・地形

草木・樹木

水・雪表現

建物

塗装

その他

地表コレクション

Point ## 橋台のつくり方
（コンクリートの表現）

コンクリートでできた壁の質感は木工パテを使って簡単につくることができます。作例では、鉄橋の土台となる橋台のつくり方と合わせて紹介します。

①スチレンボードをカットして貼り合わせる

鉄橋の幅に合わせてスチレンボードをカッターでカットします。橋台の高さは地形に合わせます。

発泡スチロール用接着剤で貼り重ねて厚みを出し、鉄橋が載るための段差をつくります。

②木工パテを塗布する

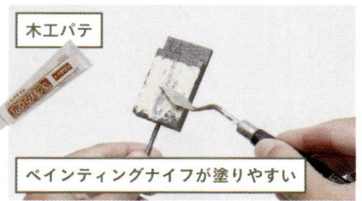

木工パテ

ペインティングナイフが塗りやすい

木工パテを薄く伸ばすように塗ります。凸凹やスジをつけながら塗るとよりよい質感に。

③乾燥させる

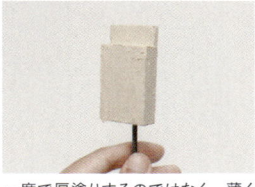

一度で厚塗りするのではなく、薄く重ねる方が塗りやすいです。固まるまで乾燥させます。

④着色する

グレーのアクリル絵の具で着色します。筆でトントンと凹みに刷り込むようにして色を載せます。

⑤汚し塗装

絵の具が完全に乾燥したら、ウェザリングカラーのブラックなどで全体を汚します。

⑥完成

乾けば完成です。凸凹や角の部分に、白でドライブラシ（P.181参照）を施せばより立体感が出ます。

擁壁をつくる

- 擁壁は板状のプラ素材として販売されており、石垣やコンクリートブロックなど多様なデザインがある。
- 段差のある地形の壁の部分に使用すると、人工的につくられたようにみせることができる。
- 塗装と汚し表現で質感がUPする。

線路とビル間に擁壁をつくった

使用するメイン道具

擁壁
（グリーンマックスまたは
津川洋行など）

ウェザリングカラー

擁壁や石垣などの人工壁は、グリーンマックスや津川洋行から発売されている板状の素材を利用して簡単に表現できます。プラスチック製の素材なので、カッターなどで必要な形に切り出して使うことが可能です。設置場所は地形をつくる段階であらかじめ決めておきましょう。製品をそのまま使ってもいいのですが、ひと手間かけて着色すると仕上がりがよくなり、質感がUPすることになります。

擁壁のつくり方

作例ではグリーンマックスの擁壁（石垣A）を設置してみます。プラ素材なので簡単にカットが可能です。塗装する場合は下地に黒を塗ると、より重厚感を出すことができます。

擁壁をカットする

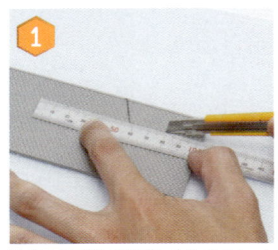

1

2
先につくっておいた地形に仮置き

擁壁を設置する地形に合わせてカットします。型紙に合わせて切ってもよいのですが、直線的な形状の場合はカッターで切って現物合わせでもOK。

仮置きして様子をみます。車両を置くことで、擁壁の高さがイメージしやすくなります。オーバースケールにならないように注意しましょう。

Plus α つなげる場合は目地を揃える

擁壁をつなげる場合は目地の形状を揃えて、つなぎ目が目立たないようにしましょう。断面を削り合わせてプラ用接着剤で接着します。

下地を黒で着色

3
裏側も塗る→

下地として黒を塗装することで、光透けを抑えて重厚感を出すことができます。缶スプレーを吹く、またはアクリル絵の具の筆塗りでOKです。

着色

4
ドライブラシP.181

アクリル絵の具のグレーや白色などをドライブラシの要領で重ねて着色しましょう。凹部分は下地の黒色が残るようにします。

土台へ接着

5

ゴム系接着剤で擁壁を土台に接着します。スタイロフォームへ貼り付ける場合は、発泡スチロール用接着剤を使いましょう。

地形との隙間を埋める

6
隙間

このあとは地面をつくるP.86へ

擁壁と地形との隙間がある場合は、粘土などで埋めておきます。わずかな隙間ならあとの工程時に土や草素材で埋めてもOKです。

Point 簡単テクニック！

スミ入れP.180

塗装が大変な場合は、目地に黒色でスミ入れをするだけでも、製品をそのまま使うよりは質感がぐっとアップします。

線路 / 地面・地形 / 草木・樹木 / 水・雪表現 / 建物 / 塗装 / その他 / 擁壁をつくる

 **KEY Item**

擁壁のラインナップと使いどころ

擁壁の素材は主にグリーンマックスと津川洋行から発売されています。どちらの製品も擁壁のディテールが表現されたプラスチック製の板状の素材です。まるまる一枚を貼り付けてもよいのですが、省スペースの場合は必要なサイズのみを切り出して使います。擁壁にも色々な種類があり、時代やシーンによって使われるものが異なります。つくりたい情景に似合う製品を選択して使うとよいでしょう。また、どの製品も成形色・未塗装となっているため、テクニックを参照に塗装しましょう。雨ざらしになった石壁特有の重みのある質感を表現することができます。

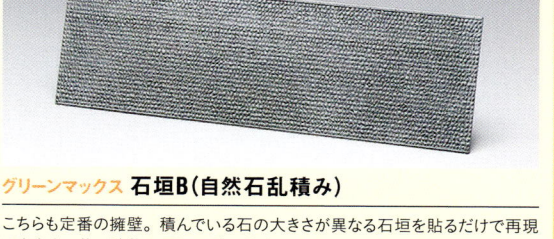
画像は塗装を施したもの

グリーンマックス 石垣B（自然石乱積み）

こちらも定番の擁壁。積んでいる石の大きさが異なる石垣を貼るだけで再現できます。昔の建物の周辺の壁や地方にある石垣としても使えます。自作ストラクチャーの素材としても重宝する製品です。

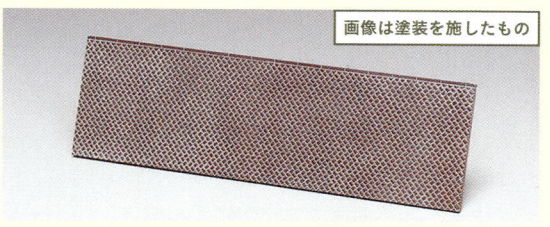
画像は塗装を施したもの

グリーンマックス 石垣A（みかげ石斜め積み）

みかげ石を斜め積みした擁壁。Nゲージの擁壁といえばこの商品というくらいの定番アイテム。線路や道路の脇などに使用されることが多いです。立体的なディテールはスミ入れとドライブラシでより引き立ちます。

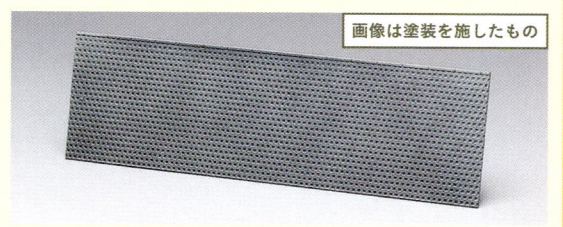
画像は塗装を施したもの

グリーンマックス 石垣C（コンクリートブロック）

四角いコンクリートブロックが積み上げられた擁壁を再現できます。崖壁面や河川の護岸工事などでよく見られる形態になります。汎用性が高いので、素材として持っておいて損はない擁壁です。

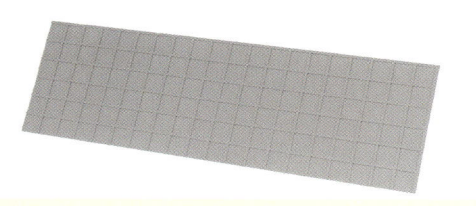

グリーンマックス のり面A（のり枠タイプ）

枠状の見た目が再現されており、道路や線路脇などの傾斜に貼り付けるだけで、のり面に対しての擁壁を簡単につくることができます。

グリーンマックス のり面B（アンカータイプ）

傾斜部分に貼り付けるだけでのり面をつくることができます。「アンカー」とは、のり面と壁面を強化するために地中の深部に打設されるもので、製品では表面のディテールとして再現されています。

津川洋行 石積150（グレー）/ NDP14/2枚入

角がある石を積み上げたような擁壁を表現することができます。スミ入れなどで汚し塗装を行うと、石の輪郭がくっきりします。壁だけでなく平面に貼り付けて、石畳としても活用できます。

津川洋行 玉石150（グレー）/ NDP16/2枚入

丸みのある石積みを再現できます。時間はかかりますが、石をひとつずつ塗り分けると効果的。擁壁としても使え、平らな地面に貼り付けて石畳の表現もできます。

津川洋行 ケンチ150（グレー）/ NDP18/2枚入

間知（ケンチ）ブロックを再現できます。垂直な壁ではなく、傾斜部分に使われることが多いです。細かい目地にはスミ入れを施したいところ。

津川洋行 ブロック擁壁150（グレー）/ NDP24/2枚入

積み上げ式の大型ブロックを表現できます。垂直の壁ではなく傾斜部分（のり面）に使われます。水はけ用の孔は下側になるように使います。

草木・樹木編

畑のある情景

畑のある情景

地形ができたら草や木を植えて、情景に緑を加えましょう。草むらといえど草の長さによってつくり方が異なります。パウダーやスポンジ、繊維状の素材を使い分けて表現します。同様に樹木も市販品のキットを使ってつくる方法や、ドライフラワーを活用したりとさまざまな方法があります。

畑のある情景

線路際の畑で農作物を育てている情景。小屋の前ではおじさんがひと休み中。畑の畝は昔からの情景製作でよく活用される、ダンボールの断面の形状を使用してつくったものです。

線路脇の畑。線路と畑の境界にはグリーンマックス製の柵を設置。線路に人が入れないようにしています。架線柱はなくても◯。

How to make it
少し背丈の高い草
のつくり方 P.103

情景はA5サイズ。小屋はグリーンマックスの木造詰所を農家に見立てて使っています。線路まわりには複数の素材で草むらを表現。

雑草にも色々な種類があるので、生い茂った茂みなどの表現には複数の草素材を組み合わせると、自然な仕上がりになります。静電気を用いて繊維状の素材を立たせながら撒布し、立体的な草むらをつくる方法もあります。

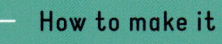

How to make it
畑のつくり方 P.106

昔から定番のダンボールを使った畑のつくり方です。簡単かつきちんと畑に見えるのがうれしい工作です。さらに畝の上に草素材を載せて、収穫前の野菜を表現するのもおもしろいです。

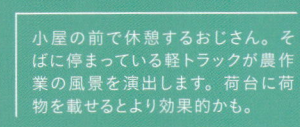

小屋の前で休憩するおじさん。そばに停まっている軽トラックが農作業の風景を演出します。荷台に荷物を載せるとより効果的かも。

草のつくり方❶
背丈の低い草をつくる（パウダー）

- 雑草や芝生のような背丈の低い草はパウダー系の素材を撒いてつくる。
- 繊維系の素材を静電気で立たせるように撒布することで立体的な草むらに。
- パウダーは色を混ぜて使うと効果的。

使用するメイン道具

- 繁茂・深雪ボトル（KATO）
- パウダー（KATO ナノプランツなど）
- 繊維状の素材（KATO日本の草はらなど）
- ボンド水

情 景製作の草むらづくりにはパウダーを使用します。ボンド水を地面に塗り、パウダーを撒布して固着させることで背の低い草むらを簡単に表現できます。パウダーの色や密度（撒く量）を調整して表現しましょう。KATOの繁茂ボトルを使って、静電気をまとわせた繊維状の素材（KATOの日本の草はらやモーリンのグラスセレクションなど）を立たせるように撒布すると、立体的な草むらをつくることができます。

パウダーで短めの草をつくる
草の表現は緑色のパウダーを撒くことで簡単につくることができます。

ボンド水を塗布する

1

ボンド水P.75

濃いめのボンド水を草を撒く部分に塗布。ボンド水の代わりにつや消し材入りのマットメディウムなども使えます。

パウダーを撒く

2

5cmくらいの高さから撒く

少し高い位置から振りかけると、ダマにならず均一に撒布できます。広い面積は茶こしを使うと便利です。

3

乾燥後に余分なパウダーを取り除きます。乾燥後に同じ手順でパウダーを重ねると草の量を調整できます。

Point 混色もできる

重ねて撒いた部分

異なる色のパウダーを重ねると表現の幅が広がります。パウダーを混色してから撒く方法も。

繁茂ボトルで短めの草をつくる
KATOの繁茂ボトルを使うと繊維状の素材を静電気の力で立たせながら撒布できます。より立体的な草むらをつくれます。

ボンド水を塗布する

1

草むらを撒く部分に、濃いめに溶いたボンド水または草はら糊を塗布します。

ボトルに素材を入れてよく振ってから振りかける

2

ボトルに素材を入れて振り、繊維状の素材に静電気をまとわせます。異なる色の素材を混ぜて入れてもよいです。

3

5cmくらいの高さから撒く

ボトルの中央を押して繊維を飛ばすようにして振りかけることで、繊維状の素材を立たせることができます。

Point 立体感を出す

緑パウダーで地面の下地をつくっておき、その上に繊維を撒布するとより立体感がでます。

草木・樹木
難易度 ★☆☆
3days

草のつくり方❷
少し背丈の高い草をつくる（プランツ）

- 生い茂った草むらは**スモールプランツ**を使って表現する。
- 大きさの**異なるプランツ**で草の**質感の違い**を再現。
- **繊維状のプランツシート**は、カットして貼り付けるだけで**つる草を表現**できる。

使用するメイン道具

スモールプランツ

プランツシート

ボンド水

背丈のある生い茂った草むらをつくる場合は、パウダーを使うよりも大きなプランツ系の素材を活用しましょう。スモールプランツはパウダーのように撒布して接着することもできますが、ボンド水に浸して盛りつけることで立体的な草むらをつくることができます。大きさの異なるプランツを上手に使い分けることによって、質感の違いを表現しましょう。各種プランツはKATOからおもに発売されています。

スモールプランツで草むらをつくる
スモールプランツはボンド水に浸して盛り付けることで、背丈のある草むらをつくることができます。

スモールプランツをボンド水と混ぜてから盛り付ける

1 濃いめのボンド水をスポイトでプランツに少しずつ加え、混ぜます。塊ができるくらいに調整しましょう。

2 草むらをつくりたい部分にプランツを盛ります。乾燥すると形状が維持された状態でしっかり固まります。

より大きな茂みをつくる

3 大きい茂みはミディアム・ラージプランツを接着します。異なる大きさのプランツで草の高さや密度を表現します。

Point 隙間埋めにも使える

ストラクチャーと地面の境界にできてしまった隙間を、草むらで自然に隠すことができます。

プランツシートで茂みをつくる
KATOのプランツシートは繊維素材にスポンジをまとったシート状の素材です。ほぐして使えば生い茂った草木をつくれます。

必要な大きさにカットしてほぐす

1 シート状のため、ハサミで使いやすくカットします。細かい粉が落ちるので、新聞紙の上などで作業しましょう。

2 薄く透けるくらいに引っ張るようにほぐします。塊で使うよりほぐしたシートを重ねると立体感が出ます。

貼り付ける

3 木工用ボンドを点付けした上に貼り付けます。先に設置したプランツなどを覆うようにすると茂みを表現できます。

Point 壁に貼り付けてツタを表現

壁面に貼り付けてツタの表現に。長く飛び出た毛足は貼り付けたあとにカットします。

線路
地面・地形
草木・樹木
水・雪表現
建物
塗装
その他
草のつくり方❶背丈の低い草をつくる（パウダー）／草のつくり方❷少し背丈の高い草をつくる（プランツ）

草のつくり方❸
背丈の高い草をつくる（芝生の達人）

- 🌱 毛足の長い草素材の撒布には**KATOの芝生の達人**を使う。
- 🌱 **静電気**の力で草素材を**立たせる**ことで**立体的**に。
- 🌱 **繊維素材**は**混色して使う**とより**自然な表現**になる。

使用するメイン道具

芝生の達人
（グラスアプリケーター）

繊維状の素材
（KATO達人芝など）

草はら糊
（KATO）

　長い繊維状の草素材を使って背丈の高い草むらをつくるには、グラスアプリケーターという道具を使用します。代表的な製品にKATOの芝生の達人3があります。草素材に静電気をまとわせることによって、草を立たせるように撒布することができます。立体的な草むらをつくることが可能です。草素材の長さや色を変えたり、パウダーを使うことによって仕上がりを変化できます。

長めの草むらをつくる

長めの繊維状の素材を静電気の力で立たせながら接着することで、背丈の高い草むらをつくることができます。

接着剤を塗布する

1

草を立たせる部分に草はら糊を塗布します。草はら糊は表面からではなく内側から乾燥するため、広範囲に塗布して草を撒布できます。

芝生の達人に素材を入れてふりかける

2

繊維状の素材を入れて蓋をしたら、芝生の達人のスイッチを入れ、軽く振って静電気をまとわせます。素材は混色して使うこともできます。

3

電極を土台に当てながら、草を立たせる部分に草をふりかけます。静電気の力によって、繊維状の素材が立った状態で接着されます。

掃除機で吸う

4

余分な繊維は掃除機で取り除きます。掃除機のフィルターをストッキングにすることで、余分な素材を再利用することができます。

パウダーで密度を上げる

5

接着剤が乾く前に、パウダーや繁茂ボトルで細かな素材を撒布することで密度があがり、変化をつけることができます。

Close Up 花畑のつくり方

背の高い草むら全体に、茶こしなどを使って花びらを撒布することで簡単に花畑をつくることもできます。緑系のパウダーを振りかけることで、単調ではない立体感を出すことも可能です。

ボンド水を吹きナノプランツを振りかける

百均などのスプレー容器に入れて吹きかける

5cmくらいの高さから振る

ボンド水（スプレー糊でも可）を草むらの上に吹きかけます。線路などは新聞紙で覆って吹きかけましょう。

花びらとなる色のついたパウダーを全体に振りかけます。茶こしなどを使うことで均一に撒布できます。

草と果実・花　素材カタログ

TOMIX
グラス

パウダー状の草素材。同社の土パウダーと混ぜて撒布すると、まばらな草むらを表現できます。撒布したあとにボンド水を染み込ませることで、よりしっかりと固着することができます。

KATO
スモールプランツ（旧品名:コースターフ）

ナノプランツよりも粒が大きいため、草の繁茂感を表現できます。ボンド水に浸すと盛り付けるように立体的な草むらをつくることも可能です。

KATO
フィールドグラス

長い繊維素材を必要な分だけカットして使います。イネやカヤ、ススキなどの表現に最適です。必要量を束にした状態のまま、木工用ボンドなどで接着します。接着後、ハサミで剪定して長さを調整しましょう。

KATO
ナノプランツ（旧品名:ターフ）

KATOのプランツ系素材の中で一番粒が細かいもの。土の上に撒布することで毛足の短い芝や草の表現ができます。色のバリエーションも多く、ドライフラワーと組み合わせて樹木の葉にすることもできて万能です。

KATO
日本の草はら

短い繊維素材で、「繁茂・深雪ボトル」に入れて静電気をまとわせながら草を立った状態で撒布ができます。接着には同社の「草はら糊」を撒きたい部分に塗ります。必要な場所に必要な分だけ草をはやせます。

KATO
達人芝

日本の草に適した色がラインナップされている繊維状の草素材。背丈のある草むらの繁茂感を再現でき、「日本の草はら」シリーズとも相性がよく組み合わせることで表現の幅が広がります。長さは4、6、9mmの3種類。

KATO
果実

丸い粒状の素材です。樹木の葉にボンド水やスプレー糊を吹きかけ、粒を振りかけることで果実を表現できます。赤と紺の2色入りです。

KATO
花

花を再現できるパウダー素材です。果実と同様に草むらにボンド水やスプレー糊を吹きかけ、パウダーをまぶすことで花をつくることができます。4色入りです。

KATO
千草

毛足の長い草むらが株状になっているもので、表現の難しい立体的な草の茂みを手軽に表現できます。株を小さく切ってから設置することも可能です。

KATO
千草と花づくし

色違いの千草と4色の花パウダーがセットになったものです。千草の表面に薄くボンドを塗布し、パウダーを振りかけると簡単に草花をつくれます。

線路
地面・地形
草木・樹木
水・雪表現
建物
塗装
その他

草のつくり方❸　背丈の高い草をつくる〈芝生の達人〉／草と果実・花素材カタログ

畑をつくる（段ボール）

- 畑の畝は**段ボールの形状を利用**してつくる。
- 土パウダーまたは情景テクスチャーペイントの**使い分けで畝の質感を変える**。
- **複数のプランツ**を使って**異なる植物を表現**。

使用するメイン道具

段ボール

土パウダー
（TOMIXブラウンなど）

段ボールを使った畑のつくり方は、昔からの定番の手法です。濡らした段ボールの表面を剥がし、中芯の凸凹の形状を利用して畑の畝をつくります。剥がすのが難しい場合は、片面段ボールで代用できます。畑の作物は緑系のパウダーやプランツなどを使って表現します。色や質感の違う複数の素材を組み合わせることによって、多様な作物の表現が可能です。

畑をつくる

表面を剥がした段ボールの中芯を使って畑の畝をつくります。パウダーと情景テクスチャーペイントを使い分けることで畑の畝の表情を変えることが可能です。

地形を用意する

1 地形のつくり方P.82

ここに畑をつくる

畑になる部分の地形をつくっておきます。畑の位置は一段掘り下げておくと工作しやすく、かつ自然になります。

畑の形に段ボールを切る

2

地形に正確に合わせなくてもOK

畑の形に段ボールを切り出します。地形に合わせた型紙をつくって切り抜いてもよいですが、輪郭が多少いびつになっても自然的でOK。

濡らして剥がす

3 こちらを使う

段ボールを全体が湿る程度に水で濡らしてから、片側を剥がします。剥がした内側の凸凹を畑の畝に見立てて使います。

乾燥後に端をつぶす

4

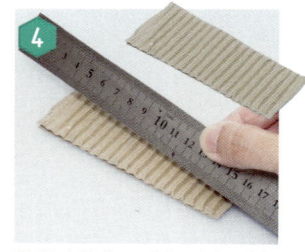

剥がした段ボールが乾いたら、定規などを使って端をつぶします。断面の空洞が見えないようにするための作業です。

下地を塗布して貼り付ける

5

土パウダーなどで表面をつくる場合は、まず茶色の絵の具で着色しておきます。乾燥したら地形の畑の部分に木工用ボンドで貼り付けます。

境界をかくす

6

パウダーを撒く場合はボンド水を先に塗布する

畑になる段ボールと地形の境界部分を、自然に見えるように茶系の情景テクスチャーペイントを筆塗り、またはパウダーで覆いかくします。

Point 素材によって質感が変わる畝

6と同じように畝も塗る

畝の表面は土パウダーまたは情景テスクチャーペイントで表現します。それぞれ質感が異なるのでつくりたいイメージによって使い分けましょう。

草素材を接着

7

草用のパウダーやプランツなどの素材を木工用ボンドで接着します。どの素材がどの作物に似ているかを考えながらつくると、面白いかもしれません。

草木・樹木

難易度 ★★★
1week

田んぼをつくる（プラ板）

- 透明プラ板を使って田んぼの水鏡をつくる。
- 車両が水面に反射する様子をつくる。
- 貼るだけで田んぼをつくれる素材も活用する。

使用するメイン道具

透明プラ板

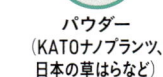

パウダー
（KATOナノプランツ、
日本の草はらなど）

水 が張られた田んぼは水鏡となり、車両が反射する情景になります。水素材を使ってつくることもできます（P.122参照）が、透明のプラ板を使えば貼りつけるだけで簡単に水田をつくることが可能です。プラ板と地面の境界部分は、土や草のパウダーを撒いて覆い隠すようにすることで自然な仕上がりになります。情景テクスチャーペイントを塗って覆い隠す方法でもOKです。

田んぼをつくる

水が張った状態の田んぼは、透明のプラ板を貼り付けることで簡単につくることができます。水鏡で車両が反射する様子の再現も可能です。

地形を準備して田んぼに着色

1

地形のつくり方P.82

田んぼになる部分の地形をつくっておきます。田んぼの位置は一段掘り下げておくと工作しやすく、かつ自然に見えるようになります。

2

田んぼの底を水性塗料で着色します。水底になる部分なので濃いめの色調で水深を表現します。

田んぼの形にプラ板をカットする

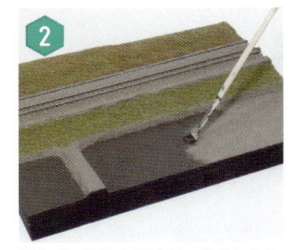

3

水面になる透明プラ板を、地形に合うようにカットします。地形に合わせた型紙をあらかじめ用意しておきましょう。

4

地形に合わせた型紙に沿うように、プラ板をていねいにハサミなどでカットします。

透明プラ板を接着

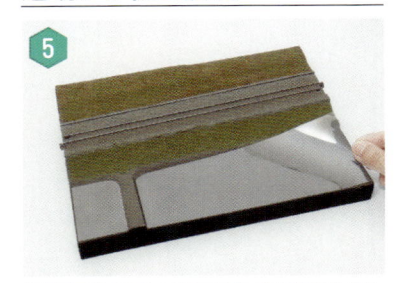

5

透明プラ板のフチに少量のゴム系接着剤を塗り、地形に固定します。田んぼの中央などの目立つ箇所に接着剤が付かないように気をつけましょう。

境界に草を撒く

6

濃いめのボンド水を塗布した上からパウダーを撒く

プラ板と地面の境界は、草パウダーを撒いて覆い隠します。土パウダーや情景テクスチャーペイントで覆ってもOKです。

Point 透明プラ板を貼って再現できる水の表現

レジンなどの水表現素材で鏡面をつくることもできますが、透明プラ板は貼るだけなので簡単です。

草木・樹木

境目コレクション

- 異なる素材どうしの境界線は、草むらをつくることでうまくなじませることができる。
- スモールプランツやプランツシートなど大きめの草素材は、隙間を隠すために使うことができる。
- 大きさの異なるプランツ系を状況に合わせてうまく使い分ける。

境目を隠す（全般）

異なる素材どうしの境界線は綺麗になじませることが難しいため、草むらで覆い隠すのがオススメです。パウダーのような背の低い草むらや、スモールプランツで茂みをつくることで境界をカモフラージュすることができるのです。

使用する素材

TOMIX／パウダー
KATO／ナノプランツ
KATO／スモールプランツ

バラストと土との境目

バラストと土の境界線は輪郭が不明瞭です。実物ではそれが自然なので問題はないのですが、模型となると輪郭を出しておくほうが綺麗に見える場合があります。KATOの側溝を使うと、より境界をはっきりさせることができます。

使用する素材

KATO／側溝

バラストと岩肌との境目

地面と岩肌や隆起した地形の境界にも草むらをつくっておくと、境界をなじませることができます。トンネルポータルの付け根なども、草むらを盛ることで隙間を埋められます。

使用する素材

KATO／ナノプランツ
KATO／スモールプランツ
KATO／プランツシート

擁壁と地面の境目

擁壁や建物などのストラクチャーと地面の境目にできた隙間などは、背丈のある草むらで隠しておきましょう。スモールプランツやちぎったプランツシートを貼り付けると簡単です。

使用する素材

KATO ／スモールプランツ
KATO ／プランツシート

線路
地面・地形
草木・樹木
水・雪表現
建物
塗装
その他

境目コレクション

俯瞰

大

小

プランツの大きさを徐々に変える

線路の側に細かい素材を撒布すると、車両を置いたときにスケール感を統一することができます。細かい素材だけを全体に使うと使用量が増えるため、線路から離れるにつれて目の粗い素材に変えていきます。

横から

草地の境目

プランツの大きさを徐々に変えるとき、異なる大きさのプランツが隣り合わせになる部分には、小さくちぎって薄く伸ばしたプランツシートを覆うように貼り付けましょう。境目がカモフラージュされて自然な表現になります。

使用する素材

KATO ／プランツシート

樹木をつくる①
（KATOの樹木キット）

- **KATO**の**樹木キット**を使うことで**簡単に広葉樹と針葉樹をつくる**ことができる。
- **幹は放射線状に曲げる**ことで立体的な樹木に。
- **枝にプランツを貼りつけて**葉っぱを表現。

━━ 使用するメイン道具 ━━

プランツ

ゴム系接着剤 　KATOの樹木キット

情 景製作の樹木づくりの定番アイテムはKATOの樹木キットです。幹をねじって形をつくり、枝に葉っぱとなるプランツを接着します。ねじり足りないと樹木の立体感が出ません。枝とプランツはゴム系接着剤で、プランツどうしは木工用ボンドで接着します。樹木には広葉樹と針葉樹があり、大きさもさまざまです。貼り付けるプランツを変えることで、樹木の質感や季節感を変えることもできます。

▚ キットで樹木をつくる

樹木キットは幹を曲げて形をつくり、葉っぱとなるプランツを貼りつけるだけで簡単に樹木をつくることができます。

幹と土台をカット

1

キットの幹につながっている土台をニッパーで切り離します。カットした跡が目立つ場合はやすりなどで処理しておきましょう。

ねじって形をつくる

2

幹をねじって樹木の形にします。枝の根本から先端にかけてねじります。

Point 円形になるようにねじる

ねじりが足りないと板状の樹木になってしまいます。真上から見たときに円形になるように曲げると立体感が出ます。

ゴム系接着剤を塗る

3

幹にゴム系接着剤を塗布します。枝の表と裏に均一に塗ります。爪楊枝などの先端に接着剤をとると塗布しやすいです。

プランツを貼り付ける

4

あらかじめプランツを小さくほぐしておく

プランツを貼り付けます。プランツはそのまま使うのではなく、小さくほぐしておくことで接着しやすくなります。

プランツどうしは木工用ボンドで接着

5

6 完成

プランツを木工用ボンドで貼り重ねて立体感を出します。大きな隙間にプランツを埋めるように接着していくとボリュームが出ます。

乾燥させて完成です。細かいプランツが落ちる場合は、ボンド水（P.75参照）を霧吹きして固着させます。

Plus α 幹を塗装してより実感的に

幹は着色するとキットのプラっぽさを抑えることができます。まとめて缶スプレーを吹くだけでも表情が変わります。

草木・樹木
難易度 ★★★
3days

樹木をつくる②
（オランダフラワー／ドライフラワー）

- オランダフラワーは形が綺麗なものはそのまま使用してもよい。
- 葉っぱはパウダーをまぶして接着し表現。
- パウダーを変えることでさまざまな種類の樹木をつくることができる。

使用するメイン道具

パウダー
（KATOナノプランツ
グラスグリーン）

天然素材
樹木

オランダフラワーとはドライフラワーの一種で、情景製作の樹木によく使われる素材です。自然の植物なので大きさや形はさまざまです。形が綺麗なものはそのまま樹木として植えることもできますが、葉先の部分をカットして樹木キットの幹に貼り付けていく方法もあります。パウダーをまとわせることで、桜や紅葉のシーンなどいろいろな表情の樹木がつくれます。

🖊 オランダフラワーで樹木をつくる

オランダフラワーは樹木キットの幹と組み合わせることで、より繊細な木を再現することができます。

樹木をほぐして必要な大きさに切り出す

1 天然素材樹木を必要な大きさに切り出します。天然素材樹木はオランダフラワーを黒色に着色したもので、KATOから発売されています

2 大きな葉や種などはピンセットなどで取り除きます。

幹にゴム系接着剤を塗る

3 幹にゴム系接着剤を塗布します。爪楊枝の先端に接着剤をとり、枝の先端あたりに塗ります。

樹木を貼り付ける

4 先ほど切り出した天然素材樹木を貼り付けます。幹の枝先と天然素材樹木の枝分かれの形状を、合わせるようにすると接着しやすいです。

スプレー糊を吹き付けてパウダーをまぶす

5 スプレー糊を吹き付けます。幹には糊が付かないように、手で覆うように持っておくとよいです。手袋を着用しましょう。

完成

6 パウダーを上からまぶし、乾燥させて完成です。細かいパウダーが落ちる場合は、ボンド水（P.75参照）を霧吹きして固着させます。

Point ▶ パウダーを変えることで
いろいろな樹木ができる

枝に接着するパウダーの色を変えることで、さまざまな樹木をつくることができます。桜や紅葉のシーンの表現や、樹木ごとに異なる素材を使って質感に変化をつけることも。

KATO
日本の紅葉
こきひ

KATO
日本のさくらの
花びら

樹木をつくる③
（芯材・針金）

- ケーブルの芯材や針金などを使って樹木をつくる。
- 幹には木工パテを塗布。表面に凸凹をつけるようにして樹皮を表現。
- 好きな形状や大きさでつくることができる。

既製品にはない
存在感のある樹木になる

使用するメイン道具

木工パテ

アクリル絵の具　　　幹となる素材

ケーブルの芯材や針金はねじって成形することで、樹木の幹と枝を表現することができます。既製品にはない自分の好きな大きさや形の樹木をつくることが可能です。ケーブルの芯材は根元からしっかりとねじっていきます。ねじる、よじるの繰り返しです。幹には木工パテを塗ります。枝先には、前頁①②で紹介したようにドライフラワーやプランツを貼り付けて、好みの樹木をつくりましょう。

ワイヤーを使って樹木をつくる

ケーブルの芯材や針金をねじって樹木をつくる方法です。好きな大きさ、好きな形状の樹木をつくることができます。

芯を取り出す

1

ケーブルを使う場合は、カッターやニッパーを使って表皮を剥いで、中の芯を取り出します。太めの針金を使う方法もあります。

曲げてよじる

2

こちらが根元になる

取り出した芯を、つくりたい樹木の背の高さの倍の長さにカットし、半分に折り曲げます。

3

折り曲げた部分の根元からしっかりとねじっていきます。先端は二股に分けておきます。

さらによじってねじる

4

さらによじって枝をつくります。二股に分けてねじるの繰り返しですが、つくりたい木のイメージに近づけるとよいでしょう。

枝先の長さを整える

5

枝先をカットして長さを整えます。金属用のニッパーを使いましょう。

幹に木工パテを塗る

6

芯材の隙間を埋めるように木工パテを全体に塗ります。筆先でなでるように樹皮の凸凹をつくっておくと、実感的になります。

着色

7

パテが乾いたら着色します。ブラウン系のアクリル絵の具を塗ります。

完成

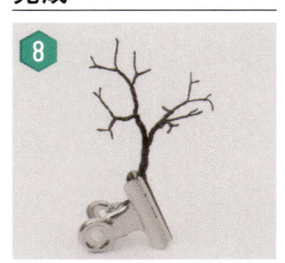

8

塗装が乾燥したら完成です。この上にプランツや天然素材樹木を貼り重ねて樹木をつくります。このまま枝葉が落ちた木として使うのもあり。

樹木　既製品カタログ

樹木キット

KATO
広葉樹キット（小）
20～80mm 12本入
異なる背丈の広葉樹が入った樹木キット。背丈の低いものがアソートされています。

KATO
針葉樹キット（小）
60～100mm 12本入
異なる背丈の針葉樹が入った樹木キット。背丈の低いものがアソートされています。

KATO
ジオラマ入門キット
樹木を作る 編
大きさの異なる広葉樹と針葉樹の18本セット。プランツと接着剤も付属しています。

完成品

TOMIX
雑木・大（4本セット）
緑色の葉をもつ雑木。高さ9cm。台座付きのため置くだけで使用可能。

トミーテック
ザ・樹木104 サクラ（3本入り）
組み立て式のキット。ピンク色のフォーリッジを貼り付けます。3本入り。

トミーテック
ザ・樹木105 竹（12本x3）
組み立て式のキット。緑色のフォーリッジを貼り付けます。3セット入り。

KATO
柿の木 40mm（3本入）
完成品の樹木。柿の実が綺麗。両面テープや接着剤で簡単に設置できます。

KATO
銀杏 65mm（3本入）
完成品の樹木。ボリュームがあり、街路樹などにも似合います。

KATO
松の木 50mm（3本入）
完成品の樹木。枝ぶりと葉の付き方が特徴的。日本の風景にぴったりです。

Close Up 再現したい風景があれば観察が大事

樹木には比較的温暖な地域に生える広葉樹と、寒冷地や標高の高い地域に生える針葉樹があります。それぞれ見た目が違うので、情景をつくるときはモチーフにする場所の樹木をよく観察しましょう。

広葉樹

広葉樹は温暖な地域に生え、冬に葉を落とすものを落葉樹、常に葉があるものを常緑樹と呼びます。

広葉樹

広葉樹は冬になると葉の色が黄や赤に色づきます。葉の色を変えることで季節感を演出できます。

針葉樹

寒い地域に生える針葉樹は年中緑色の葉を持っていることが多いです。雪をまとわせ冬の表現などにも。

草木・樹木

難易度 ★★★
1week

森をつくる（フォーリッジ）

- 森の表現はフォーリッジ（ギガプランツ・テラプランツ）という緑のスポンジ素材を使ってつくる。
- 手前から奥にかけてプランツの大きさを変える。
- 1本1本の木をイメージしてつくる。

使用するメイン道具

フォーリッジ（テラプランツ）

木工用ボンド

P.84の工程でつくった山肌に森をつくった

森や山のような広範囲の樹木の製作は、フォーリッジ（大きめのプランツ）を貼り付けて表現すると簡単です。地形の表面に木工用ボンドを塗り、ほぐしたプランツを貼り付けます。その際、隙間から地面が見えないようにしましょう。起伏ができるように貼り付けると単調さがなくなり自然に見えます。細かいプランツが落ちる場合は、ボンド水（P.75参照）などを霧吹きすることでより強固に固着するとよいでしょう。

フォーリッジで森をつくる

大きな森や山の表面になる部分の樹木は、地形にフォーリッジを貼り付けると簡単に表現することができます。

フォーリッジを小さくほぐす

1

フォーリッジ（ギガ・テラプランツ）は大きな塊になっているため、貼り付けやすい大きさにほぐしておきます。以下ほぐした塊をプランツと呼びます。

地形に貼り付ける

2

木工用ボンドを塗布した地形にほぐしてできたプランツを貼り付けます。山をつくる場合は、隙間ができて地面が見える箇所がないようにします。

さらに貼り重ねる

3

木工用ボンドでプランツをさらに貼り重ねていく

1層目の固着が終わったら、立体感が出るようにプランツを貼り重ねます。木工用ボンドが乾けば完成です。

Point 着色で変化をつけることも

エアブラシ塗装P.177

プランツは着色することで変化をつけることができます。実物の山の樹木がどのような色なのかを観察しましょう。

Point 風景の手前から奥へと素材を使い分ける

プランツは、手前から奥にかけて、大きな塊からだんだん小さな塊にしていくことで遠近感を出すことができます。樹木1本1本の存在を意識するようにプランツを貼り付けると、自然な仕上がりになります。

トンネル入り口周辺には大きなプランツの塊を貼り付けて立体感を。

Plus⊕ 地形に起伏をつけておくと立体感アップ

プランツを一面に貼り付けただけでは、地形の起伏が少なくのっぺりした形状になってしまいます。あらかじめスタイロフォームを使って地形に起伏をつくっておくことで、樹木の立体感を出すことができるようになります。

樹木の立体感の下地としてスタイロフォームで凸凹した地形をつくっておく。

フォーリッジ 製品カタログ

目が細かい系

KATO
ミディアムプランツ

スモールプランツよりも粒の大きなスポンジ素材。そのまま地面に貼り付けて草むらにしたり、樹木の幹へ接着することもできます。

KATO
プランツシート（旧品名：フォーリッジ）

繊維状のネットに細かいスポンジの粒を絡ませたシート状の素材。必要量をちぎって貼り付けることで、雑草やつる草の表現が簡単にできます。

TOMIX
フォーリッジ

貼り付けることで草むらや山の表面をつくることができるスポンジ状の素材。KATOのプランツとは異なる色味なので、好みの色のものを選びましょう。

ちぎって使う系

KATO
ラージプランツ

スポンジを粗い粒状にした素材。地表や樹木の葉っぱの茂みなどに使います。樹木の幹に接着することで簡単に樹木をつくることができます。色も豊富です。

KATO
ギガプランツ

ラージプランツよりも粒が粗く、カラーバリエーションは少ないです。より大きな茂みを再現する場合に使用します。ほぐして小さくしてから使うことも可能です。

KATO
テラプランツ（旧品名：フォーリッジクラスター）

大きなスポンジ素材が塊で入っており、必要なサイズにちぎってから使用します。小さくほぐすとギガ、ラージ、ミディアムプランツとしても使えます。

Close Up

実感的に見せるためのフォーリッジの使い方

実物の草木や樹木は複数の色で構成されていますが、模型で表現するときは全体の色調を意識した方が綺麗に仕上がります。また、山全体に樹木を植えるのが大変な場合は、幹が見える範囲には植樹し、幹が見えない範囲はフォーリッジを使うと効率よく製作できます。

━━ 使い方のポイント ━━

▶ 細かな色味の表現は省略し、単一色の素材で仕上げる。

▶ プランツシートは薄く伸ばして、下地が見えるように貼る。

▶ プランツの大小を組み合わせて立体感をつくる。

複数の色味を使う場合

なるべく似通った色の素材どうしを隣接して使うことで、統一感が出るように心がけます。

こんなシチュエーションに

☑ 草むらと樹木の隣接部分など

☑ 山の表面など

森の境界のつくり方

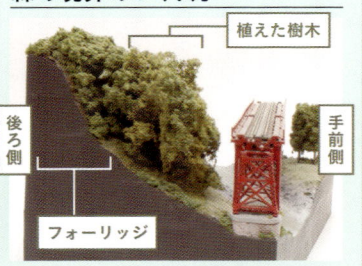

地形全体に植樹するのは現実的ではないので、手前の見える部分のみ木を植え、後ろの方は地形にフォーリッジを貼って表現します。

こんなシチュエーションに

☑ 山や森といった茂みの表現など

☑ 広い面積に森をつくりたい場合など

樹木コレクション

- 🎵 樹木のつくり方と葉っぱの素材はさまざま。いろいろな素材を見て好みのものを選ぼう。
- 🎵 樹木は葉っぱの色づきなどで季節感を演出することができる重要な存在。
- 🎵 地面へ樹木を植えるときは、土台を使う方法と地面へ直接埋め込む方法のふた通りがある。

桜

春の季節を表現できる桜の木はKATO製品で簡単につくることができます。広葉樹の幹に天然素材樹木を貼り付け、枝先にさくら色のナノプランツを振りかけます。アイテム一式が揃う桜キットも発売されています。

使用する素材 ／ KATO 広葉樹幹 + 天然素材樹木黒染め + ナノプランツ 日本のさくらの花

紅葉

葉っぱとなる素材の色を変えるだけで、秋の紅葉も簡単に再現できます。複数の色の樹木を植えると山が鮮やかになり効果的です。赤・黄・緑のパウダーを混色で使うことで、葉の色づきの変化を表現できます。

使用する素材 ／ ワイヤー(針金)でつくった樹木 + 天然素材樹木黒染め + KATOナノプランツ こきひ・こんじき

雪景色

雪景色の樹木では広葉樹は葉を落とし、針葉樹は緑の葉を持ったままとなります。キットでつくった針葉樹にボンド水を吹きかけ、雪パウダーをまぶすだけで簡単に雪が積もった様子に衣替えできます。

使用する素材 ／ KATO 針葉樹キット + 雪パウダー

天然素材を活用した樹木 1

作例①

作例②

作例はどちらも天然素材を使ったものです。同じつくり方でも同じ形になることがないのは天然素材ならでは。

枯れ枝とオランダフラワーを組み合わせてつくる樹木です。いずれもプラスチックの量産品とは異なり自然の素材なので、唯一無二の樹木になりかつ木の質感を表現できるのがポイントです。KATOの枯れ木を使用していますが、庭先などで拾った枝などを活用するのも手段のひとつです。KATOから発売されている「木の葉」はパウダーと同じように使えるプラスチック製の素材。天然素材樹木と組み合わせると木漏れ日を表現できます。

使用する素材 ／ KATO 枯れ木、木の葉 + さかつう オランダフラワー

つくり方

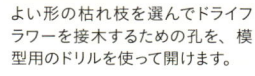

よい形の枯れ枝を選んでドライフラワーを接木するための孔を、模型用のドリルを使って開けます。

ドライフラワーを差し込み、木工用ボンドで接着。葉っぱはパウダー素材をまぶします。

天然素材を活用した樹木 2

KATOから発売されている「天然素材樹木 葉っぱ付き」は、天然素材樹木の枝先にプランツがすでに接着されているものです。小さくカットしてそのまま植えるだけで、小ぶりな樹木として使えます。その他、樹木の枝や草むらに貼り付けて、生い茂った表現として使うこともできます。

使用する素材 ／ KATO 天然素材樹木 葉っぱ付き

Point 樹木の植え方

キットの樹木は、土台を先に地面に取り付けておき、幹を植え込みます。地形に起伏や傾斜があって土台が設置できない場合などは、直接地面に孔を開けて植え込みます。

①土台ありの場合

樹木キットの土台はあらかじめ地面に接着しておきます。草パウダーをまぶしておくのも◯。

土台に樹木を差し込みます。接着する場合は木工用ボンドまたはゴム系接着剤を使用します。

簡単に設置完了です。土台は共通なのでほかの樹木と取り替えることもできます。

②土台なしの場合

樹木を植えたい場所にドリルで孔を開けます。孔が大きくならないように注意しましょう。

樹木を差し込んで様子を見てから、木工用ボンドを付けて差し込み、接着します。

設置完了です。キットの樹木も土台を使わずに直接植え込んでもOKです。

水・雪表現 編

川 と 鉄 橋 の あ る 情 景

鉄道情景の製作には欠かせない海や川などの水表現の方法です。水の表現でおもに使われるのは筆などで塗布して使うメディウム系の素材と、二液を混合して硬化させるレジン素材です。それぞれに特徴があり、つくりたい水の面積や深さなどの条件に合った素材を選択しましょう。

川と鉄橋のある情景

A3サイズに収めた川とカーブ鉄橋がある情景。だんだんと紅葉して色づく樹木と、気動車が駆け抜ける非電化区間をイメージしています。透明感のある水と岩にぶつかってできる白波が、山間の川のおもむきを演出しています。

土台の半分に川を表現。鉄橋はKATOの曲線デッキガーダー橋を使用。2車両を載せることができるので、撮影台としても活用できます。

俯瞰

How to make it
鉄橋 の架け方 P.130

鉄橋を設置する場合は地形に高低差が必要になります。設計段階と地形製作のときに鉄橋の位置を決めておくと、スムーズに作業が進みます。市販の鉄橋は種類も豊富なので、つくりたい情景をイメージして選びましょう。

お立ち台を走るキハ85系。紅葉の景色に映えるよう鉄橋はグリーンを選択。岩肌や土はつくり込まずパウダーを撒いただけ。橋脚の付け根は雑草で目隠し。

How to make it
渓流 のつくり方 P.126

川底と川沿いに石素材を配置して、バラストと同じ要領でボンド水で固着します。大きな石は直接接着剤で固定し、水となるメディウムを塗布して水流をつくります。どの方向へ水が流れているかを意識するようにしましょう。

大小さまざまな石と石どうしの隙間と川底には、線路用のバラストを使用。水面の小波に光が当たってキラキラする瞬間が綺麗です。

海と海岸線を走る情景

海と海岸線を走る情景

海岸すれすれの海沿いを走る風景をイメージした情景。防潮堤の側面は津川洋行の擁壁を使用。細かい石素材とバラストを使って海岸のゴツゴツした様子を表現しています。海は土台を青く着色し、水素材を塗布しているだけですが、海の広大さの演出となっています。

海岸に打ち寄せる波によってできた波しぶき。防潮堤の高低差は、地形をつくる段階で決めてから製作しています。

水・雪表現

俯瞰

土台はA3サイズ。ゆったりしたカーブの構成はP.118の鉄橋の情景と同じ。自分なりにしっくりくる線路配置を見つけるのが楽しい。

How to make it

水面 のつくり方 P.122

海や湖は土台自体に水の色を塗装し、その上にメディウム素材を塗り重ねて水面のみを表現すると簡単につくることができます。メディウム素材は凸凹を付けた状態で固まるので、水の流れや波を表現できます。水しぶきを付け足すとより迫力ある演出ができます。

How to make it

海岸 のつくり方 P.127

海岸や砂浜は地面製作でも使ったペースト状素材を用いて表現できます。浅瀬から沖にかけて水の色をグラデーションになるように着色するのがポイントです。岩などを設置するとよりおもむきのある海岸の情景になります。

トンネルを出てきたサフィール踊り子。海沿いでありながら山を背にする情景。先人はよくここに防潮堤をつくったと思える場面です。

水面をつくる
（グロスポリマーメディウムまたはジェルメディウム）

🌀 水の色は土台への着色で表現。水深は着色のグラデーションで表現する。
🌀 グロスポリマーメディウムまたはジェルメディウムを塗布して水面をつくる。
🌀 ライトモデリングペーストを塗布して白波をつくり水流を演出する。

広い面に水面を表現

使用するメイン道具

 グロスポリマー
メディウム

 ジェル
メディウム

 大波小波／
さざ波（KATO）

 ライトモデリング
ペースト

川や海のような水のある情景は情景製作でつくりたい要素のひとつです。特に池や湖、海のように広い面積の水表現は、土台へ水になる色を着色することで簡単に製作できます。水の着色にはアクリル絵の具を使いましょう。アクリル絵の具は耐水性があり、乾燥後に塗り重ねることができます。水色の着色後、透明のグロスポリマーメディウムを重ねて塗って水面の波をつくります。

💧 水の色を着色する

川や池、海などの水になる部分は、土台への着色で表現すると簡単です。陸地から沖への水深の変化はグラデーションをかけて表現します。

地形を準備する

1
地形の部分は草を撒くところまで完成させる

地形のつくり方P.82

地形をつくっておきます。土やパウダーなどは落ちないようにしっかり固着させておきましょう。

下地にジェッソを塗布する

2

土台の表面を整えるためジェッソを刷毛などで塗布します。スタイロフォームを土台に使う場合は、表面の目地を埋めて丈夫にする効果もあります。

3

ジェッソを全体に塗布したら乾燥させます。下地を白色にしておくことで、水の色の発色がよくなります。

水になる色を着色する

4

筆塗りでもよいがスポンジを使って塗ると筆の跡が付かない

水になる色で着色します。作例では深い池をイメージしているため、全体に濃い緑色のアクリル絵の具を使って着色しました。

完全に乾かせば完成

5

塗り重ねて乾燥させます。完全に乾かせば完成です。

Close Up 深さはグラデーションで表現

浅瀬から沖にかけて深さが変わっていく様子を表現したい場合は、筆塗り後にスポンジなどでグラデーションがかかるように色の境界をなじませます。深くなるにつれ濃い色にします。

グロスポリマーメディウムで水面をつくる

グロスポリマーメディウムを塗布することで、水が張ったような表現ができます。表面に凸凹を付けて波をつくれます。

グロスポリマーメディウムを塗布する

グロスポリマーメディウムは、乾燥すると透明になります。凸凹を付けた状態で固めることもできます。少し硬めのジェルメディウムを使ってもOK。

全体に塗り広げます。流動性があるため流し込むように広げてもOK。気泡が入らないように注意しましょう。

表面に凸凹をつけて波をつくる

乾燥が進むと硬化して立体的な形状をつくることができます。筆でトントン叩くようにして小さな凸凹をつけると、波のできあがりです。

乾燥させて完成

乾燥後にメディウムを重ねることもできます。水面の凸凹に光が反射すると波のように見えます。

KEY Item

透明なメディウム素材 KATO 大波小波/さざ波

KATOから発売されている「大波小波」、「さざ波」は、透明の樹脂素材でグロスポリマーメディウムと同様に水面の波表現ができます。大波小波はさざ波に比べて硬めになっています。元から透明なため、塗っている最中に波の仕上がりを確認しやすいです。筆の跡が付かないようにトントンと叩くように塗ると自然な仕上がりになります。乾燥後は凸凹が付いた状態で硬化します。

透明な樹脂のジェル。ヘラなどでこするように塗り付けることもできます。

水しぶきの表現

水しぶきや白波は白系の素材を盛り付けて表現します。波頭を白く塗るだけでもOKです。

ライトモデリングペーストを塗布する

白波を立たせたいところに、波の形状を意識しながら筆を使って盛り付けます。ライトモデリングペーストは白い状態のままで乾燥します。

Close Up　水しぶきを表現するとよい部分とは

白波は波打ち際や川の水流の中で気泡を含んで白く見える部分。岩肌にぶつかる波しぶきや流れの落差でおきる水しぶきなどです。白波をつくることで、水流の激しさや躍動感を演出することができます。

岩にぶつかる波しぶき

波打ち際にある岩肌にぶつかっておきる白波。波の迫力が表現できると楽しい。

水流の落差による波しぶき

水流が早くなる部分は白波が立ちやすいです。白波があることで水流の速さが想像できます。

KEY Item　水しぶきの表現に使える製品の組み合わせ

白波の表現に使える素材は色々あります。情景テクスチャーペイント<雪 ホワイト>や、雪用のパウダーとジェルメディウムを混ぜてつくったペーストでも代用が可能です。

大波小波と雪パウダー

大波小波と雪パウダーを約1:1の割合で混ぜます。綺麗なお皿で混ぜましょう。

水しぶきが立つ場所に盛り付けます。立体的な表現も可能です。

メディウムの波にドライブラシ

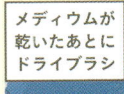

メディウムが乾いたあとにドライブラシ

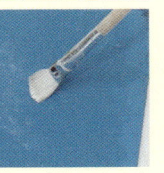

メディウムや大波小波、さざ波でつくった波の凸部分にドライブラシで白を入れます。

水・雪表現

難易度 ★★★
1week

深さのある水をつくる
（レジン）

💧 水深のある水表現は二液性レジンを活用する。レジンは付属の説明書をよく読んでから扱う。
💧 レジンは手に付着しないように注意する。
💧 硬化したレジンの表面は鏡面に。水流や波をつくりたい場合は前頁のテクニックを参照。

使用するメイン道具

レジン
（KATOディープウォーター）

グロスポリマーメディウム
またはジェルメディウム

波音カラー
（KATO）

深さのある水表現には二液性レジンを用います。レジンを使うと透明感のある水を簡単につくることができます。川や海の地形をつくったあと、レジンを流し込みましょう。レジンが隙間から溢れないように、アクリル塗料などでコーティングして下地はしっかりつくっておきます。KATOのディープウォーターは硬化後の透明性が非常に高く、深さのある水と情景に奥行き感を表現することができます。

🔲 Step1 レジンを流し込む下準備

レジンで水深をつくるための下準備です。レジンがこぼれないように、また手に付着しないように注意しましょう。

地形を準備する

1

地形のつくり方P.82

レジンを流すため水深を表現できるような地形を準備しておきます。川底などはアクリル絵の具で着色し、乾かしておきます。

縁にマスキングをする

2

グルーガンP.62

断面からレジンが溢れないように壁をつくります。プラ板などをグルーガンでしっかり固定します。

Point 隙間をメディウムで埋めておく

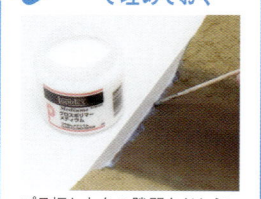

プラ板と土台の隙間などからレジンが漏れないようにメディウムを筆塗りして埋めておきます。乾燥後にレジンを流します。

⚠ レジンは取り扱いに注意が必要

レジンは皮膚に付着するとアレルギーを発症する恐れがあります。商品の注意書きをしっかり読んだ上、手袋を着用し、換気にも十分注意して作業しましょう。

☐ 直接触れない
☐ 換気を十分にする

養生する

3

必要に応じてストラクチャーなどにレジンが付着しないように、古紙や新聞紙などで養生しておきます。

Point レジンは湯煎して温めて使用する

レジンは粘性があり、そのままだと混ざりづらいため、湯煎で加温してから使用するようにします。説明書を参考に注意しながら湯煎をしましょう。KATOディープウォーターは湯煎用の袋も付属しています。ボトルを入れて封をしてから、お湯に浸して温めるようにします。

レジンが冷えて白く濁っている場合も湯煎で温めると透明に戻ります。そのまま使うと白濁したまま硬化します。

温めるときの注意点

✓ 使用するレジンの説明書を参照する
✓ レジンに水が混ざらないように
✓ 直接火にかけない

Step2 レジンを流し込む

レジンはA液とB液の二液を混合することで硬化します。しっかり攪拌してから地形へ流し込みましょう。KATOの波音カラーを数滴入れて着色することもできます。

二液のレジンを混ぜる

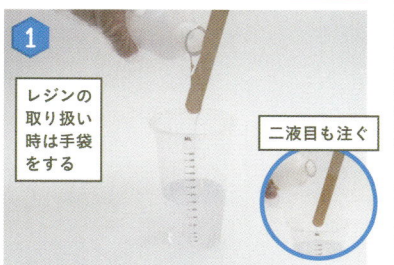

1

レジンの取り扱い時は手袋をする

二液目も注ぐ

説明書通りに分量を測って、付属のプラカップに二液を入れて混ぜます。攪拌棒に液を伝わらせてスムーズに流し込みましょう。

しっかり攪拌する

2

レジンを攪拌します。コップの縁についたレジンもしっかり混ぜましょう。攪拌されてないと硬化せずにベタベタした状態になってしまうからです。

波音カラーで着色

3

混ぜて色を見ながら少量ずつ加える

水の色は波音カラーを使って着色できます。入れすぎると修正できないため、少しずつ色を見ながら加えていき調整しましょう。

地形へ注ぐ

4

一度に注げる深さは13mmまで

レジンを地形に注ぎます。一度に注いで硬化できるのは約13mmまでです。さらに深さを出したい場合は硬化後に重ねて注ぎましょう。

5

下段Pointも参照

レジンを端まで行きわたらせます。細かい所へは竹串などを使って引き込むようにしてレジンを流しましょう。硬化までは24〜48時間かかります。

Point 硬化中は埃などに注意する

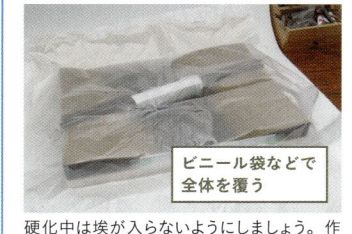

ビニール袋などで全体を覆う

硬化中は埃が入らないようにしましょう。作業と硬化中は水平な場所で行います。

Step3 仕上げ

レジンが完全に硬化したら、養生を取り除き仕上げの工程です。硬化後のレジンの表面はツルツルした鏡面になります。

養生を取り除き、縁を整える

1

壁や養生を取り外します。硬化時間は室温などによって変わります。軟らかかったりベタつく場合は、さらに時間をおき硬化を待ちましょう。

2

水鏡を楽しむ場合はカットすれば完成

表面張力で盛り上がった部分は、平らになるようにカッターなどでカットします。

水面をつくる

3

前頁と同様にグロスポリマーメディウムまたはジェルメディウムを塗布して立体的な水面をつくります。

4

メディウムは乾燥が進むと、徐々に硬化していきます。筆で凸凹をつけて水流をつくります。水鏡を楽しみたい場合は水面の工程は割愛してOK。

Point 気泡は取り除いておく

レジンの表面にできた気泡は、レジンが固まる前にライターの火をそっと近づけると、簡単に消すことができます。あるいは、もっと簡単にやる方法もあります。手近にある爪楊枝や竹串を使って、気泡を突っついて取り除きましょう。

ライターの火を近づけると気泡を消すことができます。長時間当てるのではなく一瞬でOKです。

Plus⁺α レジンの断面を処理する

養生を取り外したあとのレジンの断面が荒れている場合は、サンドペーパーでやすりをかけて整えます。レジンの断面が見えるように、土台の側面は着色しておくと仕上がりがよくなります。（P.95参照）

線路

地面・地形

草木・樹木

水・雪表現

建物

塗装

その他

深さのある水をつくる（レジン）

渓流をつくる

- 大きさの異なる石や砂を使用する。バラストも活用できる。
- グロスポリマーメディウムを塗り重ねて水深を表現する。
- 白波をつくって水流を表現する。

使用するメイン道具

渓流をつくりたい地形

 石素材

 バラスト　ボンド水

地 形づくりと水表現のテクニックを組み合わせて、渓流の情景をつくります。河原になる石はKATOやモーリンから発売されている、大小さまざまな石素材を活用します。大きめの石から順番に固定し、隙間にはバラストを埋めて固着しましょう。水表現はレジンを活用してもよいのですが、グロスポリマーメディウムを塗り重ねることで深さを演出することができます。

複数のテクニックを合わせて渓流をつくる

大きさの異なる石や砂素材で河原をつくり、川は水流を意識しながらつくりましょう。

地形を準備する

1
地形と地表をつくるP.82 85
鉄橋を架けるP.130

地形と地表をつくります。地形はスタイロフォームを切り出して形状をつくり、地表はプラスターを塗布してつくります。

大きい石を接着する

2

河原には石を敷き詰めます。先に大きめの石をゴム系接着剤などで固定しておくとよいでしょう。

細かい砂を撒く

3
ボンド水P.75

大きい石の隙間を埋めるように細かい砂を撒き、ボンド水で固着します。バラストも河原の砂として使うことができます（バラストを撒くP.74参照）。

4

ボンド水はヒタヒタに染み込ませて、しっかりと砂を固着させましょう。乾燥後に次の工程に進みます。

水を表現する

5

川の水はグロスポリマーメディウムで表現します。筆を使って薄く塗布し、乾燥後に塗り重ねると厚みを出すことができます。

6

表面に凸凹を付けて水面を表現します。渓流などの場合は水の流れを意識しましょう。

白波をつくる

7
白波のつくり方P.123

ライトモデリングペーストで水しぶきが立つ部分に白波をつくります。水流の速さを意識しながら塗布していきます。

完成

8
樹木の植え方P.117

水素材が硬化したあとに、樹木を植えます。釣り人などを配置して臨場感を出してもよいでしょう。

 海岸を
つくりたい地形

 スタイロフォーム

 ペースト系素材

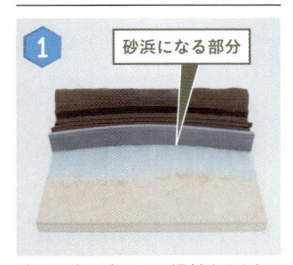

水・雪表現

難易度 ★★★ 2week

海岸をつくる

- 🔧 地形をつくる際に海や砂浜になる部分のイメージを固めておく。
- 🔧 テクニックを複合的に合わせてつくる。
- 🔧 地形づくりの順番を把握してつくる。

使用するメイン道具

砂浜

海

砂 浜沿いを列車が走る情景をつくってみましょう。防潮堤沿いを走る線路の土台はスタイロフォームを重ねて高低差をつくります。砂浜は地面用のペースト素材を使用。明るいタン調の色（くすんだ黄赤）で着色することで砂浜を再現します。海はエメラルドグリーンに着色した地面の上に、透明のジェルメディウムを塗布して波をつくります。モデリングペーストを使うことで白波をたてることが可能です。

海岸をつくる

列車が走る高低差のある地形と、手前に広がる海を複数のテクニックを合わせてつくる方法です。

地形をつくる

1 砂浜になる部分

砂浜は海へ向かって傾斜するようにスタイロフォームをカットして土台に貼り付けます。（地形をつくるP.82参照）

岩を取り付ける

2 岩をつくるP.89

ロックモールドでつくった岩を地形に貼り付けます。岩と地形の隙間は粘土で埋めます。凸凹をつけて岩肌と地面の境界をつくりましょう。

砂浜をつくる

3

ペースト系素材をペインティングナイフで塗布して砂浜をつくります。KATOが販売している「崖や道を造る」（P.87参照）は、目が細かく砂浜製作に適しています。

砂浜を着色する

4 エアブラシ塗装P.177

岩の着色はP.88参照

ペーストが乾燥したら砂浜をラッカー系の塗料で着色。海へ向かって濃い色へグラデーションをかけることで、濡れた砂を表現します。

海の色を着色する

5 エアブラシで着色

エメラルドグリーン色（ラッカー系塗料）を沖へかけて濃くなるように海を着色します。海の色はつくりたいイメージを持つことが大事です。

メディウムで水面をつくる

6 乾燥すると透明になる

グロスポリマーメディウムを全体に薄く塗り広げます。乾燥後、ジェルメディウムを塗り重ねて凸凹をつけ波をつくります（水面をつくるP.123参照）。

白波をたてる

7 ドライブラシP.181

白波はライトモデリングペーストで表現します。⑥でつくった波頭に白色をドライブラシで着色する方法でより実感的になります。

緑化して完成

8 緑化のやり方P.102〜104

メディウムなどの乾燥待ちの間に、草などの素材が混入するのを防ぐため、緑化作業は、海岸をつくったあと、最後の仕上げに行います。

使用する道具 他｜岩、ペインティングナイフ、塗料、エアブラシ、筆、グロスポリマーメディウム、ジェルメディウム、ライトモデリングペースト

滝をつくる（ジェルメディウム）

水・雪表現
難易度 ★★★
1week

- 高低差のある地形に水が流れる様子をつくる。
- 滝の製作にはグロスポリマーメディウムよりも硬めのジェルメディウムを使用する。
- 滝つぼのしぶきをつくると実感的になる。

俯瞰

使用するメイン道具

高低差のある地形

下敷き

ジェルメディウム

ライトモデリングペースト

高低差のある地形を流れる水（滝）は、ジェルメディウムを使うことで簡単につくることができます。ジェルメディウムはシート状に塗り広げて乾燥させることで、滝の芯材として使えます。塗り広げる際は厚塗りするのではなく、薄く伸ばすようにしましょう。一度で厚くつくらずに乾燥後に塗り重ねることで、分厚く丈夫な滝になります。KATOの大波小波を使っても、同様の手順で滝をつくることが可能です。

ジェルメディウムで滝をつくる

水面や波の製作でも使用したジェルメディウムは、薄く伸ばして乾燥させることで滝の表現に使うことができます。

高低差のある地形を用意する

1

滝をつくるには、まず水が流れ落ちる高低差のある地形を用意します。地形のつくり方はP.82を参照してください。

2

岩肌の表現P.88
バラストの撒き方P.71

重ねたスタイロフォームを切り出して岩肌を表現します。地形への着色や線路へのバラスト撒きなどは済ませて、地形として完成させておきます。

ジェルメディウムを薄く塗布し乾燥したら剥がす

3

下敷きなど表面がツルツルした素材の上に、ジェルメディウムを筆で薄く伸ばします。厚塗りすると白濁してしまうため、薄く塗布しましょう。

4

乾燥したら塗り重ねるを3〜4回ほど繰り返したら、乾いてシート状になったメディウムを剥がします。ちぎれないように注意しましょう。

カットしてサイズを合わせる

5

シートを現物合わせしハサミなどでカット

滝になる部分に合わせてカットし、サイズを調整します。ジェルメディウムどうしが貼り付くと剥がせなくなるので、折れて重ならないように注意しましょう。

ジェルメディウムで接着し、さらに水流を肉づけする

6

滝になる位置にジェルメディウムを塗布して、つくったシートを接着します。シートはたるまないように注意して貼り付けます。

7

滝つぼ

シートの上に筆でジェルメディウムを塗布して、水流を描き込むように肉づけしていきます。滝つぼの水面にも凸凹をつけておきましょう。

滝つぼの水しぶきをつくる

8

ライトモデリングペーストを筆で塗布して白波をつくります。水しぶきがおこりそうな部分に塗ると、迫力が出て実感的になります。

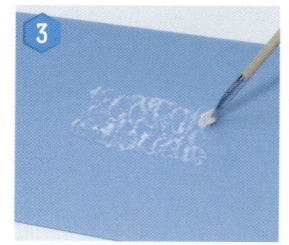

水・雪表現

水面コレクション

- 💧 水となる素材は**各社より販売されており**、水の深さや面積によって選択する。
- 💧 貼るだけで水面を表現できる素材も販売されている。
- 💧 KATOの「大波小波」「さざ波」、リキテックスの「ジェルメディウム」は塗るだけで水面をつくれる。

川と鉄橋 1

深さのある川の水はKATOのディープウォーターを使います。水深は約1cmですので一度に注いで硬化できる量です。土台の淵に沿ってマスキングテープで壁をつくり、レジンを注ぎ、硬化後に断面をサンドーペーパーで仕上げています。

使用する素材 ／ KATO ディープウォーター + 大波小波

川と鉄橋 2

3複線鉄橋がかかる河川はより深さを表現するために水への着色を濃くしています。水の素材はKATOのディープウォーター。水面にはKATOの「大波小波」を塗布し波の凸凹を表現しています。橋脚に付いた水の跡やウェザリングも欠かせないポイントです。

使用する素材 ／ KATO ディープウォーター + 大波小波

海と灯台

「なみいたくん」は土台に貼るだけで水面を簡単に表現できる透明の板状の素材です。下地に水の色を塗り、その上に少量の木工用ボンドで固定します。カットして使うこともでき、小さい情景に適した素材です。

**使用する素材 ／
岡本企画 なみいたくん**

海（大スペース）

レジンを薄く流してつくった海の情景。水面にはリキテックス「ジェルメディウム」を使用。KATOの「大波小波」と同じように使えますが、ジェルメディウムははじめ白色、乾燥後透明になります。価格が安く容量が多いので広範囲への塗布のとき選びたい素材です。

使用する素材 ／ KATO ディープウォーター + リキテックス ジェルメディウム

川と鉄橋 3

水深の浅い水表現はKATOの「大波小波」で簡単につくることができます。筆塗りでトントンと凸凹を付けながら水の流れを表現します。乾燥するにつれて波の形がつくりやすくなります。

使用する素材 ／ KATO 大波小波

海となる部分に青を塗り、その上に「大波小波」を塗布するだけで小さなスペースの水表現が簡単にできます。1〜2日経って完全に乾燥すれば、さらに上塗りして立体感を出すことも可能です。

海（小スペース）

使用する素材 ／ KATO 大波小波

鉄橋を架ける

- 地面に直接鉄橋を架ける場合は橋台をつくる。橋脚を使う場合は水平になるように意識する。
- 鉄橋は車両のお立ち台なので、車両が映えるアングルになるように配置に気をつける。
- 鉄橋の位置は地形をつくる段階で決めておく。設置は周辺の情景をつくったあとに行う。

使用するメイン道具

鉄橋

橋脚

鉄橋は線路が河川や道路を越える部分に架けられます。鉄橋は地形に直接架ける場合と、高架区間に連続して設置する場合の2パターンがあります。情景をつくる場合は、鉄橋と橋脚の位置をあらかじめ決めてから製作を進めましょう。鉄道の橋にはいろいろな種類があり、コンクリートや石でできた橋なども存在します。つくりたいシーンに合わせて、使い分けるようにしましょう。

鉄橋の設置① 橋脚なしの場合

鉄橋の配置を決めてからまわりの地形をつくります。周辺の情景製作がしやすいように、手順を考えて鉄橋を設置しましょう。

ピンバイスで線路に小釘用の孔を開ける

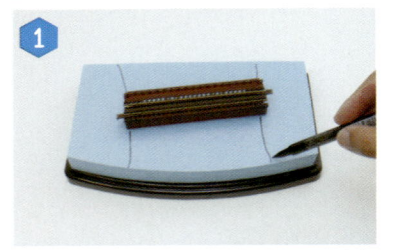

1

鉄橋の配置は、地形をつくる段階で決めておきます。仮置きして鉄橋の位置を土台にマークします。

2

鉄橋を仮置きし水平を確認

地面をカッターなどでカットして、掘り下げます。鉄橋の水平が出ているかを確認しておきましょう。

線路と鉄橋を固定

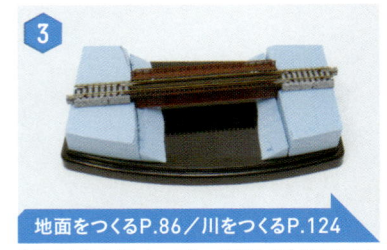

3

地面をつくるP.86／川をつくるP.124

作業のしやすさによっては、地面や川などを先に仕上げてから鉄橋を固定しても構いません。

鉄橋の設置② 橋脚ありの場合

鉄橋を連続して設置する場合、橋脚は先に位置を決めて固定しておきましょう。高架線路を設置する場合も同様です。

鉄橋と橋脚をつなげておく

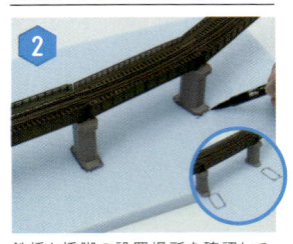

1

塗装するP.174

鉄橋と橋脚を用意します。橋脚を塗装する場合は、先に塗装を済ませておきましょう。

橋脚の位置を記す

2

鉄橋と橋脚の設置場所を確認して、土台に橋脚の位置をペンでマークしておきます。

橋脚を固定

3

接着剤の種類P.83

橋脚を土台の素材に合わせた接着剤で固定します。橋脚は傾かないように、垂直に設置しましょう。

鉄橋を固定

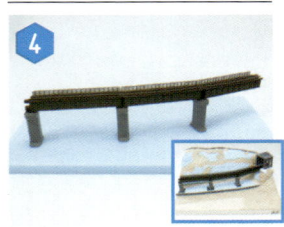

4

鉄橋を取り付けます。まわりの情景製作がしやすいよう、鉄橋は取り外しできるようにしておくとよいです。

P.82地形をつくるに続く

KEY Item

KATO
橋脚No.5

TOMIX
れんが橋脚セット

橋脚は各メーカーから、さまざまな形状のものが発売されています。つくるシーンによって、使い分けるとよいでしょう。

Point 鉄橋の設置場所

高架区間の中では、道路を跨ぐ部分に鉄橋が架けられます。川などを越える場合は、地形から直接鉄橋が設置されます。

道路を越える場合

実物では、先に敷かれた道路を跨ぐ部分には鉄橋が設置されます。市街地の情景で再現すると効果的です。

河川を越える場合

鉄橋といえば川に架かる情景が思い浮かびます。地面から地続きで、連続して設置されることも多いです。

Close Up 橋台をつくる

橋台は地形の上に鉄橋を架ける場合に、土台となる部分です。橋台が無くても、車両は問題なく走行できますが、つくっておくと情景を引き立てるポイントになります。橋台の市販品は種類が少ないため、プラ板やスチレンボードなどで自作するか、橋脚を代用して表現できます。

橋台は地形側の鉄橋の土台となる部分。地形により形状が異なるので実物を観察すると面白いです。

橋脚を地形へ埋め込むように設置して、橋台を表現することができます。縁の下の力持ち的存在です。

情景に合わせて橋台を自作しましょう。橋台は簡単につくることができます。（P.97参照）

鉄橋 カタログ

作例

津川洋行
トンネルポータル
単線用石積タイプ

石積みのトンネルポータルは下側をカットして石橋として使う方法があります。レンガ積みのポータルを使うのもあり。

作例

TOMIX
上路式単線トラス鉄橋

S280と同じ全長のトラス鉄橋です。桁下の空間が広い場所に設置されます。低い橋脚と組み合わせて使われることもあります。

TOMIX
コンクリート
アーチ橋S70（F）

S70と同じ全長のアーチ橋。連続して設置することでめがね橋をつくることもできます。手すりと待避所のパーツが付属。

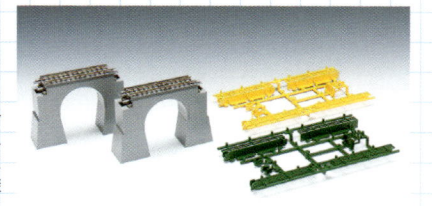

TOMIX
ポニートラス鉄橋
（F）（赤）

S140と同じ全長のトラス鉄橋。左右のトラスがつながっておらず、小規模の橋梁に使われます。連続して設置されることも。

KATO
カーブ鉄橋セット
R448-60°（緑）
カーブ鉄橋セット
R481-60°（非電化・朱）

飯田線の渡らずの橋や伯備線の鉄橋シーンを再現できるセットです。円錐型の橋脚が付属します。

TOMIX
複線曲弦
大トラス鉄橋（F）（緑）

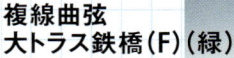
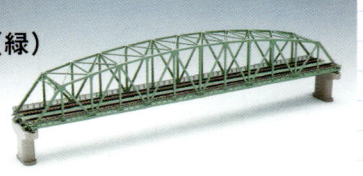

全長560mmで通常のトラス鉄橋の倍の長さです。雄大な曲弦大トラスをレイアウトに取り入れることができます。

線路
地面・地形
草木・樹木
水・雪表現
建物
塗装
その他

鉄橋を架ける／鉄橋カタログ

雪景色の情景

雪景色の情景

北海道を走る車両が似合う、雪が積もったカーブ区間をイメージした情景です。山間部ということで、車両が樹木の隙間から見えるよう間隔を広めに植樹し、雪パウダーを降らせました。地形全体へはペースト状の雪素材を塗り広げて製作しています。

雪の合間を列車が走る。針葉樹はKATOの樹木キットとダークグリーンのプランツ。列車の様子を伺いにきた鹿はトミーテック製です。

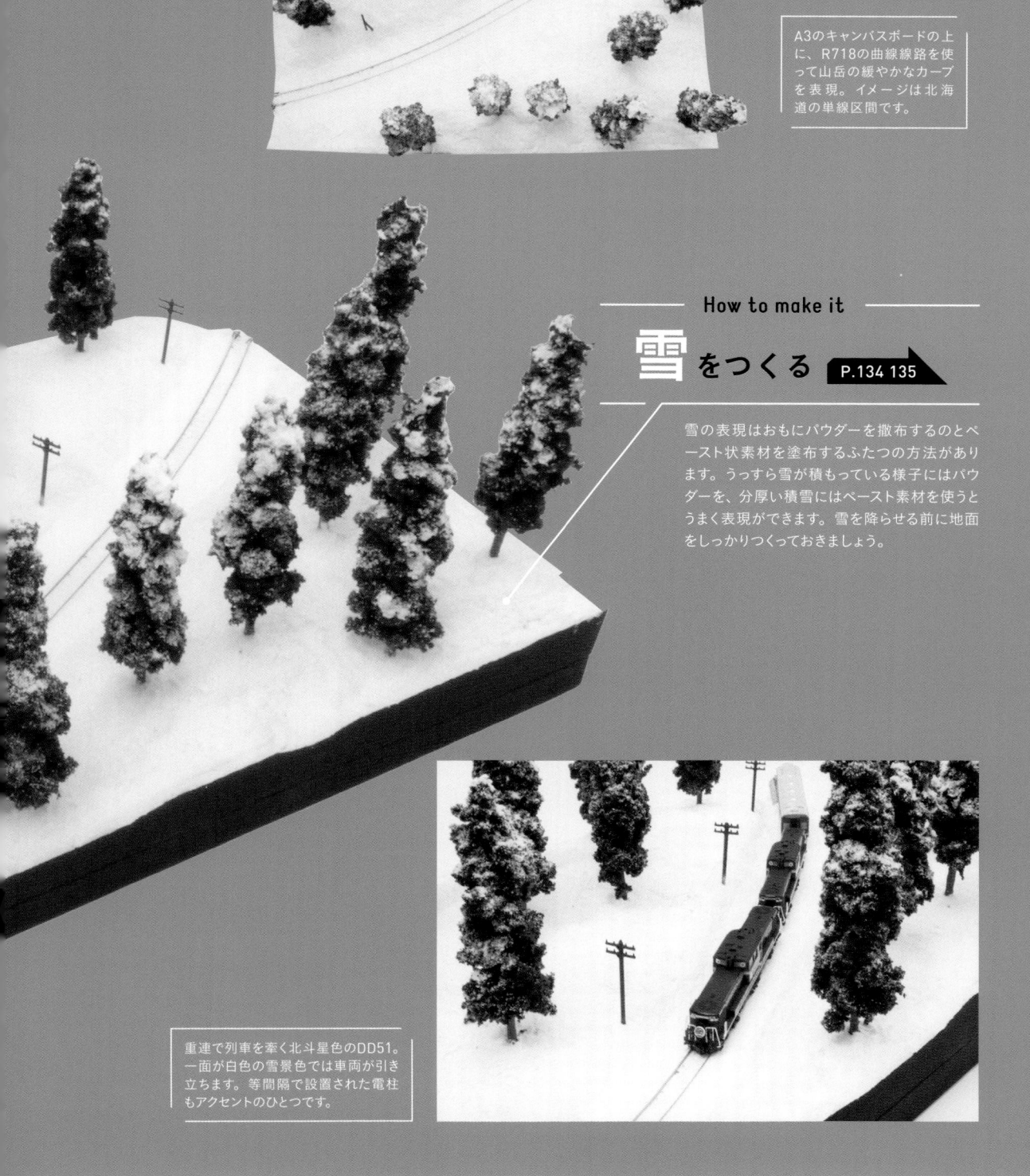

俯瞰

A3のキャンバスボードの上に、R718の曲線線路を使って山岳の緩やかなカーブを表現。イメージは北海道の単線区間です。

How to make it

雪をつくる

P.134 135

雪の表現はおもにパウダーを撒布するのとペースト状素材を塗布するふたつの方法があります。うっすら雪が積もっている様子にはパウダーを、分厚い積雪にはペースト素材を使うとうまく表現ができます。雪を降らせる前に地面をしっかりつくっておきましょう。

重連で列車を牽く北斗星色のDD51。一面が白色の雪景色では車両が引き立ちます。等間隔で設置された電柱もアクセントのひとつです。

雪をつくる①（パウダー）

- 雪の表現はパウダーを使うと簡単にできる。
- 先に地面を仕上げておくことが大切。
- パウダーは重ねて振りかけると効果的。

車両には雪を積もらせず雪解け風の情景をイメージ

使用するメイン道具

雪パウダー（KATO粉雪）

ボンド水またはマットメディウム

雪 景色は白色のパウダー系素材を地面に撒布することで、簡単に表現することが可能です。基本的に雪の表現は、情景ジオラマが完成したあとに行います。一面を雪で覆いたい場合でも、しっかり地面をつくっておくことで自然な仕上がりになります。パウダーは一度に大量に撒くのではなく、薄く撒いて乾燥させたあと、さらに重ねていくという方法だと失敗しづらいです。

パウダーで雪を表現する

白いパウダーを撒布して雪を降らせます。地形やストラクチャーなどが完成したあとの仕上げ工作になります。

地形を用意しておく

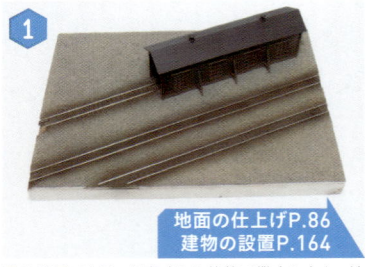

1

地面の仕上げP.86
建物の設置P.164

雪は情景ジオラマが完成した状態で撒布します。地面を仕上げ、ストラクチャーは設置しておきましょう。

ボンド水またはマットメディウムを塗布

2

雪を降らせたい部分に筆でボンド水を塗布します。乾燥後のツヤを抑えたい場合は、マットメディウムを使うと自然に仕上がるでしょう。

パウダーを振りかける

3

ボンド水が乾かないうちにパウダーを振りかけます。

乾燥後、さらに振りかける

4

広範囲に撒くなら茶こしが便利

雪の厚みをつけたい場合は乾燥後、さらにボンド水を塗布して雪を振りかけます。一度に厚みを出すのではなく、パウダーを重ねて厚みを出すのです。

5

乾燥すれば完成です。余分なパウダーは掃除機などで吸い取りましょう。

Close Up 地面を先に仕上げておく

一面を雪で覆う場合でも下地となる地面はつくっておきましょう。薄い積雪を表現する際は地面が透けて見えるので効果的です。

雪をつくる②（情景テクスチャーペイント）

水・雪表現
難易度 ★ ★ ★
1week

- 塗るだけで雪を表現できるTAMIYAの情景テクスチャーペイントを活用する。
- 地面だけでなくストラクチャーにも塗布できる。
- 情景テクスチャーペイントは溶剤で薄めると塗りやすくなる。

使用するメイン道具

情景テクスチャーペイント（TAMIYA）
溶剤X-20A（TAMIYA）
重曹
洗濯糊

情景テスクチャーペイントは塗るだけで雪表現ができるペースト状の素材です。盛り付けるように塗ると、厚く積もった雪を表現できます。薄く積もった雪の表現で薄く塗る場合は、下地の地面をしっかりつくっておきましょう。また、一面の銀世界を表現する場合は、下地に白色を塗布しておくと色塗りのムラが起きづらくなります。地面以外の屋根や樹木の積雪の表現にも使えます。

情景テクスチャーペイントで雪をつくる

薄く塗ると地面が透けて見える薄い積雪を表現。厚く盛り付けるように塗布することもできます。

下地を塗布する

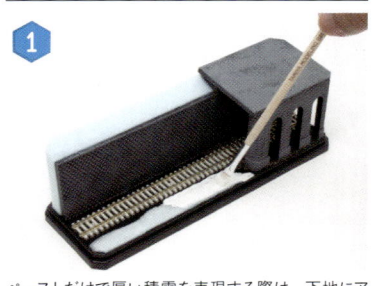

1

ペーストだけで厚い積雪を表現する際は、下地にアクリル系塗料の白色を筆で塗っておきます。薄い積雪の場合はP.134同様地面をつくっておきましょう。

ペーストを塗る

2

情景テクスチャーペイントは厚塗りするとそのまま固まる

情景テクスチャーペイントを筆やペインティングナイフで塗布します。厚みをつくりながら盛り付けましょう。

Point 薄めて塗ることもできる

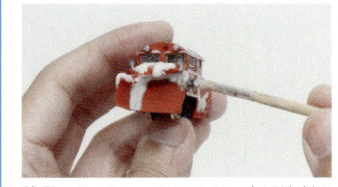

情景テクスチャーペイントは、専用溶剤のX20-Aで薄めることができます。細かな部分への筆塗りの際などは、薄めて使うと塗りやすくなることがわかるでしょう。

地面以外にも塗る

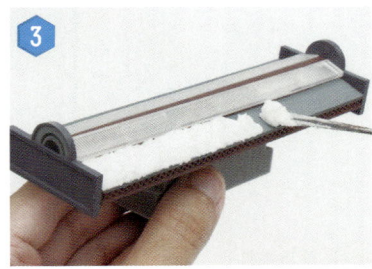

3

ストラクチャーの屋根や樹木などに積もった雪の表現にも使うことができます。雪を積もらせたい部分に②と同じように塗布していきます。

KEY Item 重曹＋洗濯糊で簡単「雪ペースト」！

広範囲の積雪を表現する際は、手づくりのペーストでコストを抑えましょう。重曹と洗濯糊を1：1で混ぜ、白絵の具で着色すると簡単に雪ペーストをつくれます。いずれも百均で揃えることが可能です。

コスパよく大量に雪を積もらせることができる

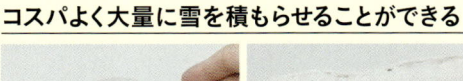

広い面積に大量の雪を積もらせる場合は、重曹でつくった雪ペーストを活用するとコスパよく雪景色をつくることが可能です。

線路
地面・地形
草木・樹木
水・雪表現
建物
塗装
その他

雪をつくる①（パウダー）／雪をつくる②（情景テクスチャーペイント）

スノーシェードをつくる

- 積雪地域にみられるスノーシェードのある情景をつくる。
- 市販のストラクチャーを活用する。
- 雪素材は複数を組み合わせて使うことができる。

スノーシェードは、雪崩などの影響で線路に雪が積もらないように設置された屋根のような設備。

使用するメイン道具

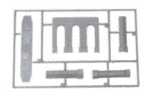
水平橋脚（グリーンマックス）

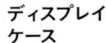
スチレンボード

ディスプレイケース

雪が積もる地域では、線路への積雪や雪崩を避けるためにスノーシェードが設置されています。既製品のストラクチャーとしてはあまり数が多くないのですが、グリーンマックスの橋脚を活用してつくることができます。スノーシェードの屋根はスチレンボードを使いましょう。作例では百均などで販売されているディスプレイケースに収まるように、小さな情景をつくりました。

スノーシェードのある雪景色をつくる

グリーンマックスの橋脚を活用してスノーシェードを表現してみましょう。

パーツを切り出す

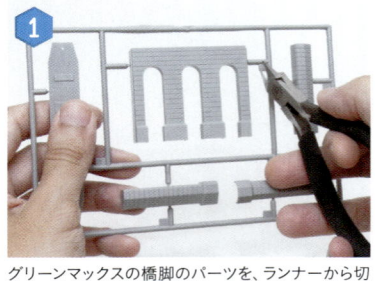

1

グリーンマックスの橋脚のパーツを、ランナーから切り出します。バリが気になるときは、やすりがけをしましょう（P.158参照）。

組み立てて塗装する

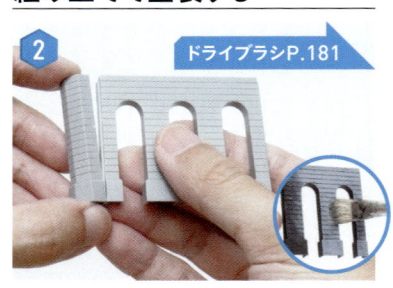

2 ドライブラシP.181

組み立てたあとに塗装をします。下地にアクリル系塗料の黒色を筆塗りし、表面にドライブラシの要領でアクリル系塗料のグレーを重ねていきます。

土台へ固定する

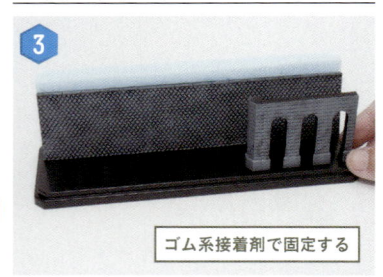

3

ゴム系接着剤で固定する

組み立てた橋脚と線路を土台へ接着します。同じように擁壁も塗装して固定しましょう（擁壁をつくる P.98参照）。

地形を整える

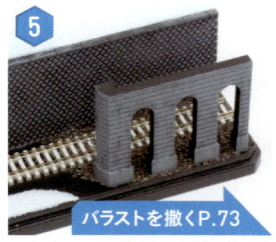

4

スタイロフォームでつくった地形をカッターで整えます。積雪の厚みもスタイロフォームをゴム系接着剤で貼り付けて表現することができます。

バラストを撒く

5 バラストを撒くP.73

スノーシェードで覆われる部分は、雪が積もらないのでバラストを撒いておきます。

スノーシェードの屋根をつくり雪を積もらせる

6 塗装の仕方P.172

グレーで着色したスチレンボードで、屋根をつくります。プラ板などを使ってつくり込んでもよいでしょう。接着はゴム系接着剤で行います。

7 雪の積もらせ方P.135

情景テクスチャーペイントを塗布して雪を積もらせます。樹木などには白絵の具を筆で塗るだけで、雪を表現することができます。

水・雪表現
難易度 ★★★
1week

氷柱をつくる

- KATOの氷柱（つらら）を利用してつくる。
- まわりの雪素材となじませることで極寒を表現。
- 氷の表現にも活用できる。

氷柱を表現

使用するメイン道具

氷柱（つらら）
（KATO）

KATOの氷柱（つらら）は、乾燥・硬化すると透明になるジェル状の素材です。屋根や軒下に取りつけることで、簡単に極寒地域で見られる氷柱（つらら）のある情景をつくることができるとても便利なアイテムといえるでしょう。ボトルから出したばかりでは白色ですが、硬化が進んでくると透明に変化します。極寒エリアの情景製作にいろいろな形で活用できます。

氷柱をつくる
KATOの氷柱（つらら）はボトルから押し出した形状で硬化する透明のジェル素材です。硬化後に付け足すことで長い氷柱をつくることもできます。

氷柱を押し出して付ける

1

ボトルから押し出して氷柱をつくります。太くしておくとしっかり固着できます。押し出しながら真下に伸ばすのが取り付け時のポイントです。

硬化後につけ足して長さ調整

2

氷柱は約10分ほどで乾燥し、硬化後は透明になります。硬化後に先端につけ足すようにしていくと、長い氷柱をつくることもできます。

完成

3

硬化後は靭性があるため割れたり折れたりはしづらいですが、長い氷柱をつくる場合は、手などが触れないように破損に注意しましょう。

Point 氷柱が生まれる雪景色

氷柱が自然に見えるように、まわりの雪景色とうまくなじませるようにしましょう。情景の中の積雪量を増やすと、より極寒の雰囲気にあふれた情景をつくることができ、自然と氷柱がなじむ雰囲気が生まれます。

一面に積もった雪と葉っぱが落ちた広葉樹も、雪景色の情景ジオラマを表現する際のポイントです。

Close Up 凍った水たまりもつくることができる

KATOの氷柱（つらら）は使い方によって、さまざまな冬の情景をつくり出すことが可能です。例えば筆などで氷柱（つらら）を薄く地面に塗り広げることで、凍った水たまりのような表現もできるのです。

凍った水たまりの表現

筆先で薄く伸ばすように塗布。光の反射でキラキラする瞬間がいいのです。

雪素材コレクション

- 白色の雪の素材もいろいろな種類のものが発売されている。ディテールによって使い分けるとよい。
- しっかり積もらせる場合はペースト系の素材、うっすら積もらせる場合はパウダー素材を選ぶ。
- それぞれの素材はテストピース（小スペースの練習台）などをつくって試してから本番で使うとよい。

KATO
千古の雪（スノーペースト）

ペースト状の素材で雪を積もらせたい場所に塗りつけるだけで、簡単に硬めの雪を表現できます。道端やガードレールなどに積もって固まった雪、また車両に盛り付けると車体にこびりついた雪なども簡単に再現することができます。ラメ入りのため氷のきらめきの表現も可能です。

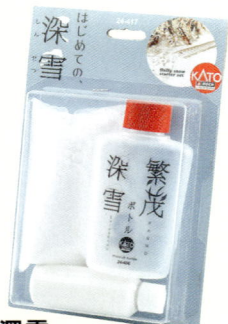

KATO
はじめての、深雪

ラメ入りの雪素材とボトル、糊がアソートされた深雪を表現するための入門セットです。このセットがあればキラキラと輝くふんわりとした雪の表現が可能です。

KATO
深雪糊

乾くと白色になる雪素材を固着するための糊です。草はら糊と同様に、塗布した糊の内側から乾燥するので、広範囲に塗り広げても乾燥しづらく、雪素材を塗布面へ均一に撒布して、固着させることができます。

KATO
深雪

ふわっとした深雪の質感を表現できる短い繊維状の雪素材です。繁茂・深雪ボトルを使用して静電気をまとわせて撒布すると、ふんわりした仕上がりになります。ラメ入りなので氷のきらめきも表現できます。深雪糊を塗布した上に撒布します。

KATO
粉雪

ナノプランツと同等のパウダー状の雪素材です。さらさらしていてふりかけやすく、細かい凸凹に沿うように降り積もった雪の表現に適しています。ラメは入っておらずマットな仕上がりになります。削ったパステルなどで着色をして樹木の葉にすることも可能です。

KATO
雪の結晶

チューブから簡単に塗布することができ、凍てついた池や水たまりなどの凍結を再現できるペースト状の素材です。筆などで薄く塗り広げることもできます。乾燥すると水晶のように輝きます。

KATO
氷柱（つらら）

建物の屋根や軒先などへ直接塗布できる容器に入った透明ジェル状の素材です。乾燥後は透明になり、簡単につららを再現することができます。約10分ごとに時間をおいて付け足していくことで、長いつららに仕立てることも可能です。

住宅の屋根の上や庭に塗り広げるだけで雪化粧をすることができます。雪が厚く積もりやすい部分は塗り重ねて積雪の表現も可能です。

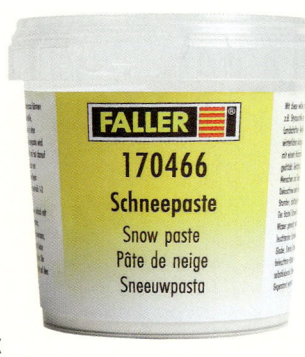

TOMIX
ファーラー スノーペースト

非常に細かく軽いペースト素材。木や屋根の上に塗ることで雪景色を再現できます。雪が多く積もる場所には多く盛り付けると自然な感じになります。筆での塗布やペインティングナイフなどで伸ばすのもOK。滑らかな質感で厚塗りすると隠蔽力があります。キラキラしたラメを含んでいるのが特徴です。

スノーペーストは多めに塗布して厚さのある積雪の表現が可能。ストラクチャーの上にも直接塗ることができます。

スノーパウダーに付属の接着剤は、カップで希釈して筆塗りします。その上にパウダーを撒いて固着させます。

TOMIX
ファーラー スノーパウダーセット

雪のシーンを表現できるパウダー状の素材。付属の接着剤を塗り広げてその上にパウダーを撒布します。粒子の中にキラキラしたラメを含んでおり、光の反射で氷のような質感も演出できます。スノーペーストの上にパウダーを撒布することで、両者の質感を組み合わせて表現することもできます。

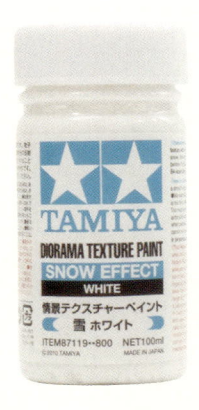

TAMIYA
情景テクスチャーペイント（雪 ホワイト）

塗るだけで雪の情景をつくることができる水性塗料です。細かい粒子の大理石が配合されており、降り積もった雪の質感を再現することができます。ペースト素材ですので、筆やペインティングナイフで広げるように均一に塗ると自然に仕上がります。

線路

地面・地形

草木・樹木

水・雪表現

建物

塗装

その他

雪素材コレクション

建物編
ストラクチャー

都会駅のある情景

鉄道模型では駅や車庫、家やビルなどの建物のことをストラクチャーと呼びます。架線柱のように設置のためのルールがあるものもあります。テクニックの頁で確認しておきましょう。また、道路のつくり方もこのセクションで解説します。

都会駅のある情景

通勤電車や特急など複数の列車が停車する、駅の情景をイメージしたディスプレイ用ジオラマ。駅の一部を切り取るようにホーム末端部分をA3ボードに収めています。基本的に既製品のアイテムを寄せ集めて製作しました。

人気の観光列車を撮影する人たち。先頭車両が停車する位置に見かけることが多いですが、撮り鉄はこの場所からの撮影はしないかも!?

Nゲージサイズでも、駅を再現するとなるとかなりの面積が必要になります。細部を省略したり、部分的につくっても構いません。

俯瞰

How to make it

駅の設置の仕方 P.146

駅をどこに設置するかは、線路の配置を考えるときに決めておきましょう。プラットホームは線路の固定と同じタイミングで設置しておくと、バラストが撒きやすくなります。

市内を環状する通勤電車と南紀へ向かう特急が停車する、都市近郊の巨大駅。ホームを跨ぐように設置された跨線橋が特徴的です。

ホームには列車を待つ人を配置。色々なアングルから眺められるようにしておくと見所が増えます。

How to make it

人形の置き方 P.165

人形は各模型メーカーから発売されています。細部まで着色されているので、人を置きたい場所に接着するだけでOKです。ひとりひとりがどのような行動をしているかを想像して配置すると、情景に賑わいや生活感を加えることができます。

ホームには駅員さんとカメラを持った青年が。ディスプレイジオラマでも、線路に給電してライトを点灯できるようにすると楽しいです。

ローカル駅のある情景

駅は蒸気機関車が走っている時代をイメージ。旧型客車とローカル駅舎が似合います。

ローカル駅のある情景

KATOのローカル地上駅舎とグリーンマックスのバス営業所を取り入れた情景です。どちらもプラキットのストラクチャーです。組み立てて塗装をする必要がありますが、好きな色にすることができるというメリットもあります。

How to make it

バス営業所 のつくり方　▶ P.158

グリーンマックスから発売されているバス営業所は、プラスチック製の組み立てキットです。プラモデルと同じ要領でランナーからパーツを切り出し、接着剤を使って組み立てます。塗装が必要なので好みの色で仕上げましょう。

ローカル駅舎越しに見るバス営業所。情景はあらゆるアングルから見えるように、建物の配置をよく考えましょう。

ローカル駅舎周辺にはグリーンマックスの小屋を設置。異なるメーカーの建物を並べるときは高さが揃うように設置します。

俯瞰

駅前で学生が待ち合わせをしているシーンです。駅舎の入り口には電話ボックスとポストを設置。複数の小物があると情景が賑やかになります。

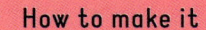

How to make it
建物の設置
の仕方 P.164

建物は土台部分の厚みがメーカーによって異なるため、並べると高さが不揃いになる場合があります。そのときは嵩上げなどをして、高さを揃えてから設置するようにしましょう。

How to make it
人形の置き方 P.165

駅前の朝なら通勤のために駅に向かって歩く人が多くなり、夕方なら駅から家に帰る人が多くなります。このように人形はただ置くのではなく、人物ひとりひとりの生活を考えながら配置していくと自然な感じになります。

駅のホームのベンチに座って電車を待つ学生。市販の人形は服など細かく塗装されているものが多く、見ているだけで楽しくなります。

車両基地のある情景

車両基地のある情景

新幹線が並んだ車両基地をイメージしたディスプレイ用ジオラマです。7線あるうちの6線は線路を敷いただけなので走行はできませんが、好きな車両を並べたり、写真を撮ったりといろいろと楽しめるジオラマです。

新幹線がずらっと並んだ車両基地。車庫から顔を出しているのは、見かけると幸せになれるといわれた線路や架線の検査用新幹線です。

車止め線路の向こうには、架線の末端部に設置される終端架線柱。線路とストラクチャーは必ずしも同一メーカーでなくてもよいです。

俯瞰

A3サイズの車両基地の情景。奥に
グリーンマックスの電車庫、中央に
車両への昇降台を設置。架線柱は
4線を跨ぐワイドなタイプです。

How to make it

電車庫

のつくり方　P.160

車両の検査や整備などを行う
車庫は、車両基地に設置した
いストラクチャーのひとつ。車
庫の形状も地域や時代によっ
てさまざま。機関車・気動車
・電車など車両の種類によって
必要な設備も異なります。車
庫周辺には何があるかにも注
目するとよいでしょう。

車両を載せてみた様子です。
車両が走らないディスプレイ
用ジオラマですが、新幹線
を並べると圧巻です。

How to make it

架線柱

の立て方　P.154

架線柱は電車に電気を供給する架線を張るため
のもので、通常は線路脇に建てられます。時代や
路線によってさまざまな種類があるので、車両に
似合ったものを選びましょう。また、架線柱には
立て方のルールもあるので、解説頁で確認してお
きましょう。

駅を設置する

- 駅を設置するときは、つくりたい駅を先にイメージしてから線路配置を考える。
- 市販のストラクチャーからつくりたいイメージに似た駅舎を選ぶ。
- どこかの駅を再現する場合は、全部を似せなくても特徴的な部分をピックアップするとよい。

使用するメイン道具

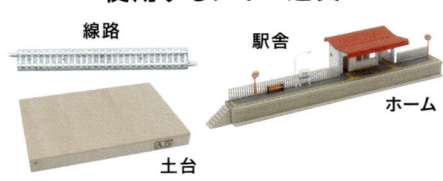

線路　駅舎　ホーム　土台

駅は各メーカーから完成品やキットを含めて、さまざまな商品が発売されています。市販品をそのまま使ってもよいのですが、走らせる車両と似合った駅に仕上げたいものです。実際にある駅を完璧に再現することは難しいですが、一部を塗り替えたりするだけで雰囲気を似せたりすることもできます。長い編成が停まる駅はホームがとても長いのですが、模型では短縮してもよいでしょう。

駅の配置図（単線）

ローカル線などに見られる駅の配置図です。ホーム両端には信号機が設置されています。線路を挟んだ地区に行くための踏切も。小さい情景の題材としても向いているでしょう。

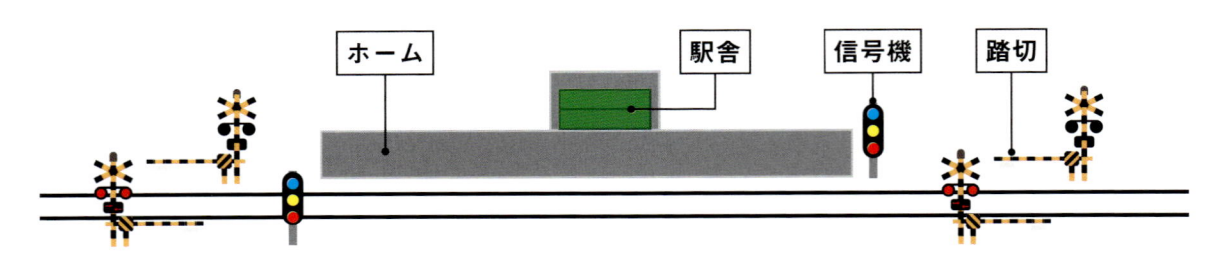

ホーム　駅舎　信号機　踏切

スターターセットのオーバルレイアウト※に付け加える駅としてぴったりです。単線なので行き違いはできませんが、発停車と折り返し運転のような遊びができます。小さい駅を選ぶと情景がつくりやすいです。ディスプレイジオラマや小さいモジュールの題材としても○。

駅の配置図（島式ホーム）

郊外などでよく見られる駅の配置図です。待避線と島式ホームは、Nゲージのお座敷運転でも遊びやすいレイアウトです。

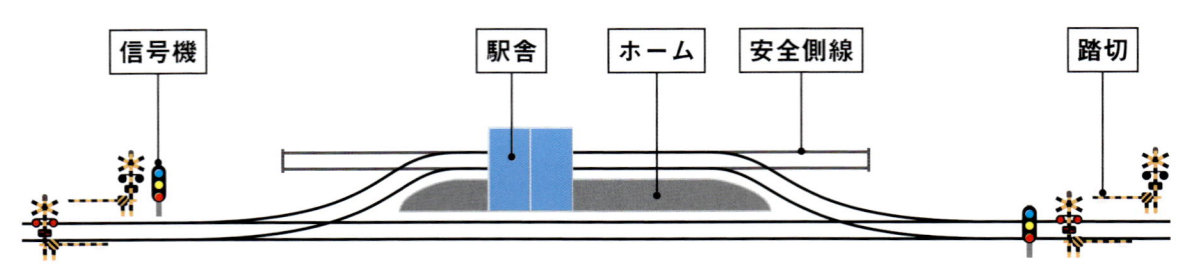

信号機　駅舎　ホーム　安全側線　踏切

島式ホームは待避線のあるオーバルレイアウトに付け加えて遊べます。ポイント線路と車両が収まる有効長を取ると、Nゲージとはいえ全長が長くなってしまうので、固定式やモジュールレイアウトに向いています。安全側線を加えると、より実物の配線に近くなります。

※オーバルレイアウトとは楕円形のレイアウトのこと

駅をつくるためのポイント

既製品の駅をそのまま設置するだけでもよいのですが、走らせたい車両に合わせてモチーフとなる駅をイメージしておくと情景をつくりやすくなります。

ポイント① 駅のイメージを固める

実物

模型

つくりたい駅のイメージを固めます。単線か複線か、ローカル駅なのか都会駅なのかなど、走らせる車両に合わせた駅をイメージしておきましょう。気動車がすれ違う小さい駅、新幹線と在来線の乗り換え駅など、つくりたい駅でいちばん見せたい部分や特徴となる部分も決めておきましょう。

ポイント② 線路の配線を考える

駅構内の線路配線を考えます。実物の鉄道は完全に直線ということはなく、緩やかな曲線になっていることも多いため、情景としてつくる場合はどの部分を切り取るのがよいかも考えましょう。

ポイント③ 線路や土台サイズに応じてデフォルメ

実際の駅の全長を模型にスケールダウンすると、とても大きなレイアウトになってしまいます。部分的に短縮したり、使用するレイアウトボードに収まる線路の配置や配線の省略なども考えてからつくりましょう。

ポイント④ 既製品ストラクチャーの活用

画像はTOMIXのきかんしゃトーマスDXセット付属の駅

作例はKATOのローカル地上駅舎

駅舎の形や構造は駅によって異なります。さまざまな製品が各メーカーより発売されているので、つくりたい駅のイメージに似ているものを選ぶとよいでしょう。屋根などを塗り替えるだけでも、実物の雰囲気に似せることができます。

駅を設置する

ジオラマやレイアウトに駅を設置するときの手順です。駅舎とホーム、線路の位置は設計の段階であらかじめ決めておきましょう。

駅と線路の位置を決める

1

ペンなどで位置をケガく孔を開ける場合はドリルを使う

駅と線路を用意し、設置場所が決まったら土台に位置を記しておきます。照明やフィーダーの孔が必要な場合は、この段階で開けておきます。

駅と線路を固定する

2

駅舎やホームの固定にはゴム系接着剤を使用します。あとの工程でボンド水を使うため、溶けないように木工用ボンドでの接着は避けましょう。

Point ▶ 車両とホームが接触しないかを確認

製品によっては道床付き線路と隣り合わせで設置すると、車両とホームが接触する場合があります。実際に走らせたい車両を置いて確認しましょう。

KATOのリレーラーに付属するユニジョイナーはずしは、建築限界がわかる形状になっています。触れていなければ大体の車両が通過できます。

バラストを撒く

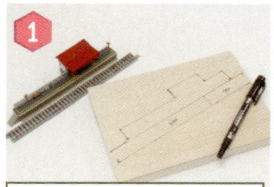

3

バラストを撒くP.71

線路周辺にバラストを撒きます。ホームと線路の境界や隙間部分は、バラストで埋めておきましょう。

ボンド水で固着

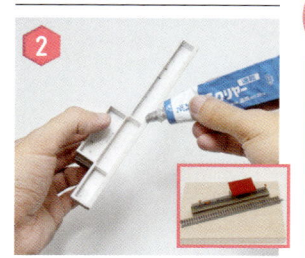

4

ボンド水（P.75参照）を滴下してバラストを固着します。バラストが固まることで、駅やホームもより強固に固定することができます。

まわりを仕上げる

5

土や草木などの追加 P.86 102 110

土や草木などを追加して線路と駅周辺を仕上げます。それぞれのつくり方は各テクニックで解説しています。

完成

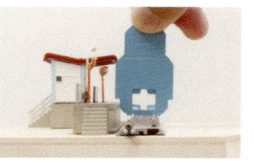

6

車両の走行テストが終われば完成です。駅の大きさに関わらず、設置の手順は同様になります。

道路のつくり方❶
未舗装道路をつくる

🔸 **未舗装道路**はスチレンボードに情景テクスチャーペイントを塗って乾いたあとやすりがけしてつくる。
🔸 草パウダーを使って轍（車の通った跡）を表現すると実感的になる。
🔸 道路のスケールは大きくなりがちなので注意が必要（Point参照）。

使用するメイン道具

スチレンボードまたはプラ板
サンドペーパー
情景テクスチャーペイント

舗装がされていない砂利道は、P.86の地面や土の表現でも使ったペースト素材を代用してつくることができます。その中でもTAMIYAの情景テクスチャーペイントは、塗布するだけで簡単に砂利道をつくれるすぐれものです。乾燥後に表面をやすりがけすることで、路面の凸凹の大きさを調整します。草パウダーを併用して轍の表現をすると、より田舎の情景に近づけることができます。

未舗装道路をつくる

地面や土の製作でも使った情景テクスチャーペイントを用いて砂利道をつくります。乾いたあと表面をやすりがけすることで細かい砂の質感を表現します。

スチレンボードをカット

1 1mm厚のスチレンボードをつくりたい道路の形にカット

スチレンボードをカッターでカットして道路の形にします。1mm厚のものが使いやすいですが、もっと厚みがあっても大丈夫。プラ板での代用も◎。

Point　車や人形をメジャー代わりに

道路の幅は意外と大きくつくってしまいがちです。車や人形を仮置きして、サイズ感を確認しながらつくるようにしましょう。

地形に貼り付ける

2 貼り付けた道路
発泡スチロール用接着剤で土台に接着

切り出したスチレンボードを貼り付けます。道路周辺にボンド水を使う予定があるため、発泡スチロール用接着剤で接着しましょう。

情景テクスチャーペイントを塗る

3

貼り付けたスチレンボードに、ペインティングナイフで情景テクスチャーペイントを塗布します。

やすりがけする

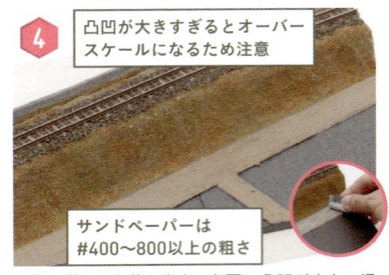

4 凸凹が大きすぎるとオーバースケールになるため注意
サンドペーパーは #400～800以上の粗さ

塗装が乾くのを待ちます。表面の凸凹が大きい場合は、乾燥後にサンドペーパーでやすりがけすることで表面をならすことができます。

着色する

5
筆塗りP.174

アクリル絵の具を筆塗りして道路を着色します。多少ムラがあるくらいの方が自然に仕上がります。

草を撒く

6
草の撒き方P.102

ボンド水を薄く塗り、その上に草パウダーを撒いて轍をつくります。道路周辺を緑化して、道路と地面の境目を覆うことで完成です。

建物
難易度 ★★★
1week

道路のつくり方❷

舗装道路をつくる

- 舗装道路はプラ板を道路の形に切り出してグレーに着色してつくる。
- 道路は面積が大きくジオラマの中でも目立つため、着色は濃くならないように気をつける。
- 白線や横断歩道はレタリングシート（インレタ）を活用すると簡単にできる。

白線の実寸間隔目安
一般道路　白線5m　間隔5m　→Nゲージ換算／白線約33.3mm　間隔約33.3mm
高速道路　白線8m　間隔12m　→Nゲージ換算／白線約53.3mm　間隔約80mm

使用するメイン道具
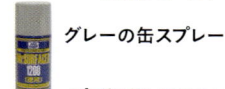
グレーの缶スプレー
プラ板またはスチレンボード
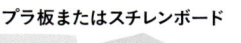

インレタ

ア スファルトで舗装された道路を簡単につくる方法です。路面の形に切り出したプラ板もしくはスチレンボードを着色し、レタリングシートを使って白線や道路表示を転写します。道路は情景の中でも面積をしめる割合が多いので、着色の際は明るくなるように、暗くなりすぎないように注意します。ウェザリング用の塗料でウォッシング塗装をすると、自然な仕上がりになります。

舗装道路をつくる
アスファルトで舗装された道路のつくり方です。白線や横断歩道などの路面標示は、レタリングシートを活用することで簡単に表現できます。

道路のベースをカットする
1
道路の形に合わせてカッターでプラ板をカットします。スチレンボードでも代用できます。質感や扱いやすさで選びましょう。

グレーを塗装する
2
換気のよいところで古新聞などの上で行う

表面をグレーで着色します。広範囲を塗る場合は缶スプレーが便利です。グレーの缶スプレーは百均などでも入手できます。

レタリングシートを貼り付ける
3
爪楊枝を使ってもよい
カットした白線
バニッシャーでていねいにこすったあと裏紙を剥がす

白線や道路表示はレタリングシートをカッターでカットしてから転写します。切り出したシートは、ズレないように気をつけて表面をこすります。

裏紙を載せて再度こする

4
転写した白線
シートの裏紙

貼り付けたあと、シートの裏紙を載せて再度軽くこすって定着させます。失敗してやり直す場合は、セロハンテープを使って剥がしましょう。

ウォッシング（汚し塗装）

5
ウォッシングの仕方P.180

ウェザリングカラーのブラックを全体に塗布します。乾く前にティッシュなどで、軽くトントン叩くように拭き取ります。

土台に貼り付ける
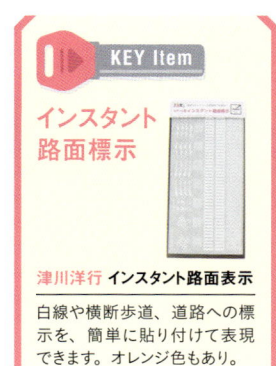
6
草や土パウダーを撒くP.87 102

道路を土台に貼り付けます。地面との境界部分は草や土パウダーなどを撒きます。ボンド水を使うため、道路はゴム系接着剤で固定しましょう。

KEY Item
インスタント路面標示

津川洋行　インスタント路面標示

白線や横断歩道、道路への標示を、簡単に貼り付けて表現できます。オレンジ色もあり。

道路演出コレクション

- 都会や市街地の道路まわりに使える小物が、各メーカーから発売されている。
- 日常の風景をよく観察すると、模型で表現するときのヒントとなる。
- 細かいところや表現が難しそうなところは、省略しても問題ない。

道路周辺の情景に使えるアイテムは各メーカーから発売されています。人が多く行き交う都会、住宅街、また田舎では道路まわりの表現も異なってきます。表現したい場所や日常の風景を細かく観察すると、模型で表現するときのヒントになります。ただし、すべてを再現する必要はなく、目立つ部分だけの表現でも問題ありません。画像の情景でも、実物では必ずある排水用の溝などを省略しています。改めて街中を見てみると新しい発見があるかもしれません。

❶ 自販機
街中に必ずといっていいほど設置されている自動販売機。画像は東京ジオラマファクトリーから発売されているペーパーキット。LEDでの点灯も可能。

❷ 地下鉄入り口
都会の情景に使いたいアイテム。大通り沿いにあることが多い。画像はトミーテックのジオコレ。階段とエスカレーターを取り付けることもできます。

都会の街並み

❸ 道路標識
製品ではシールにより方面及び方向板と高速道路案内板の選択が可能。看板の裏側にスミ入れ（P.180参照）すると効果的。

❹ 信号機
信号機は車用と歩行者用の2種類があり、アイテムとしてはKATOから発売されています。未塗装なので点灯部分に赤や青の色を入れるとよいでしょう。

❺ 防護柵（ガードレール・道路フェンス）
歩行者と車の接触を防ぐためのもので、道路脇または歩道の端に設置されています。画像はKATOから発売されているガードレールを使用しています。

❻ 街灯
歩道・車道を照らす街路灯です。点灯はしませんが、あるだけで実際の街並みに近づきます。街路灯と電柱がセットでKATOから発売されています。

Point　つくりたい表現に合わせて道路脇を処理する

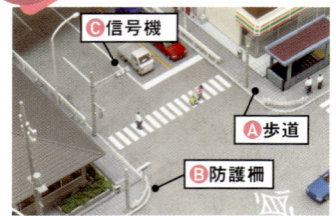

C 信号機　A 歩道　B 防護柵

使用する道具

A　津川洋行　歩道
B　KATO　ガードレール
C　KATO　信号機

大通り沿いなどでは歩道と道路が防護柵（ガードレール）で仕切られています。横断歩道の信号の設置場所は、実物を観察すると仕上がりがよくなります。

E 防護柵　D 草むら

使用する道具

D　KATO　スモールプランツ/プランツシートなど
E　KATO　ガードレール

少し山間にある道路のように歩道がない場合、道路と地面の境界部分は草むらにしておくと、境界をうまく隠してなじませることができます。

フォークリフト

物流の荷役には欠かせないフォークリフト。画像はKATO製品。実物同様に先端のリフトを好きな高さで固定でき、コンテナや荷物を載せることができます。

コンテナヤード

コンテナ

荷物を入れて輸送するためのコンテナです。長さが異なるさまざまなものがあり、コンテナヤードで貨車に積み降ろしされます。KATOやTOMIXなど各メーカーから発売されています。貨車に載せる場合は互換性がないため同一メーカーで揃えましょう。

トップリフター

おもにコンテナの積み降ろしに使われる車両で、スプレッダーと呼ばれる機構で横幅の長いコンテナでも上から吊り上げて運ぶことができます。画像はKATO製品で、実物同様にコンテナを吊りあげることができます。

KATO
貨物駅プレート

ユニトラックとつなげるだけで、貨車へコンテナの積み降ろしを行う貨物ヤードを簡単に再現できるアイテムです。コキやコンテナを並べたい。

◤ 貨物駅プレートのディテールアップ

アスファルトへ引く白線は、マスキングテープと白色のアクリル系の塗料で表現することができます。

白線を描く

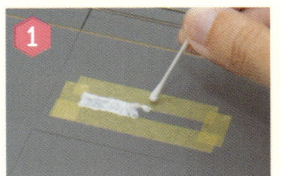

① 白線を引きたい場所をテープで囲い、塗料を少量付けた綿棒でトントンと叩くように塗り重ねて着色します。

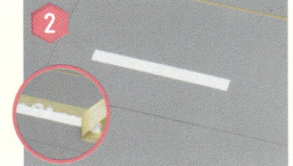

② 色が載ればマスキングを剥がします。綿棒を使うことで、白線がかすれたような表現ができます。

ウェザリングを施す

③ 白線が乾燥後、全体に黒色のウェザリングカラーを塗り広げます。真っ黒にならないように薄めて使います。

④ 乾く前に塗料がわずかに残る程度に全体を拭き取ります。乾燥すれば完成です。

建物
難易度 ★★★
1week

踏切をつくる

- 踏切には第1〜4種の種類がある。路線や時代に合わせてつくり分けると効果的。
- 線路の線形や情景に合わせて踏切を設置する場合は、プラ板などで路面を製作する。
- 市販のリレーラー線路を活用するとより簡単に踏切を設置することができる。

情景製作において踏切を設置する場合は、警報器や遮断機のような小物は各社から発売されている製品を活用し、線路と交差する路面部分は線路や地形に合わせて自作します。路面は切り出したプラ板でつくりますが、車輪と接触しないかを確認するため試走を必ず行いましょう。踏切の形状は路線や時代によって異なりますので、資料などを参考に再現してみるのも楽しい作業になります。

使用するメイン道具

プラ板

踏切（警報機と遮断機）

踏切の種類

踏切には種類があり、第1種から第4種に分類されています。地域や時代によって踏切の仕様も異なるため、つくりたい情景にどの踏切が設置されているのかに注目すると面白いでしょう。

第1種踏切

警報器と遮断機があり、電車が近づくと警報音が鳴って遮断機が降りるタイプの踏切です。郊外や都市部などでよく見かける踏切です。

第2種踏切

現存していないため模型で再現

遮断機を操作する保安係が配置されている踏切です。保安係がいる時間のみ第2種踏切となり、時間外は1・3・4種へ分類されます。現在は全廃されています。

第3種踏切

警報器のみ設置されており、遮断機が無いのが特徴です。全国的に数は少ないのですが、ローカル線で見かけることができます。

第4種踏切

踏切があることを示す標識だけが設置されており、列車の接近を知らせる警報器や遮断機が設置されていない踏切です。

踏切 製品カタログ

グリーンマックス 踏切セット

単線または複線線路に対応する踏切を再現できるプラキット。警報器と遮断機に加えて警手詰所と安全報知器などの細かいアイテムも付属。

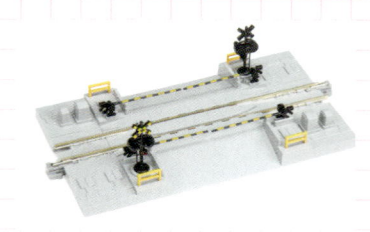

KATO 踏切線路#2124mm

脱線を復旧するためのリレーラー線路（P.29参照）に遮断機と警報器が付いたもの。つなげるだけでお座敷運転に取り入れて遊べるのが嬉しい。

TOMIX TCS自動踏切II

レイアウトに組み込んだセンサー線路を車両が通過すると警報音が鳴り、遮断機が降ります。車両が通過すると鳴り止み、遮断機が上がります。

情景に合わせて踏切をつくる

線路の線形に合わせてプラ板をカットして踏切を設置する方法です。カーブ区間や斜めに道路が交差する区間の再現なども可能です。

警報器と遮断機を用意する

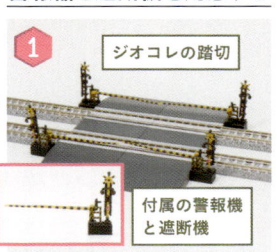

1 ジオコレの踏切

付属の警報機と遮断機

作例ではジオコレの踏切を使用。塗装済みの警報器と遮断機、路面のパーツがセットになっています。警報器と遮断機を活用して路面は自作します。

線路を固定する

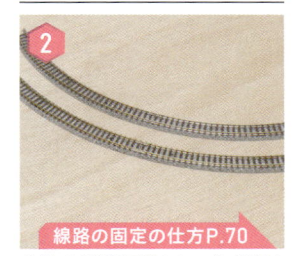

2

線路の固定の仕方P.70

作例では複線区間のカーブに踏切を設置するのですが、まず土台に線路を固定します。

線路の位置をトレースしてプラ板を切り出す

3

紙を固定しながら鉛筆でレールの上をこする

道路幅に切った紙を線路の上に被せ、鉛筆でこすってレールの位置を紙にトレースします。レールの輪郭がはっきりわかるように写しましょう。

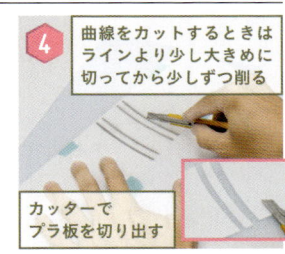

4 曲線をカットするときはラインより少し大きめに切ってから少しずつ削る

カッターでプラ板を切り出す

転写した紙をマスキングテープなどでプラ板に固定して、なぞった線に沿って切り出します。スティック糊などで貼って固定してもよいです。

調整する

5

切り出したプラ板の形をサンドペーパーなどでヤスリがけし整えます。線路に当てがいながら現物合わせで少しずつ調整しましょう。

Point 試走しながらつくる

線路の内側に設置するプラ板は、仮置きして車両の通過に問題が無いか確認しましょう。車両と接触するようならカットして調整します。

塗装する

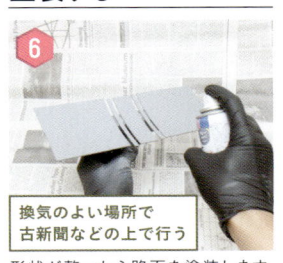

6

換気のよい場所で古新聞などの上で行う

形状が整ったら路面を塗装します。両面テープなどで持ち手に固定して、缶スプレーでまとめて塗装すると色調のばらつきを抑えることが可能。

接着して固定する

7

道路に白線を入れるP.149

塗装が乾いたら、土台と線路にゴム系接着剤で固定します。道路の白線やその他の塗り分けをする場合は、先に済ませておきましょう。

試走する

8

走行できるか必ず試走する

路面を設置したあとも車両の走行に問題が無いかを確かめておきます。接着が剥がれて路面が浮いてくる場合もあるので確認しましょう。

警報器と遮断機を設置する

9

土台に合わせた接着剤P.71

警報器と遮断機を設置します。固定は土台に合わせた接着剤を使用します。あとの工程でボンド水を使う場合はゴム系接着剤を選びましょう。

遮断機と接触しないか確認

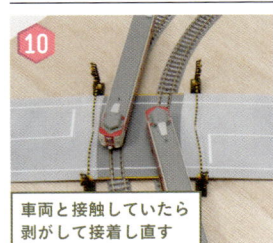

10

車両と接触していたら剥がして接着し直す

警報器や遮断機が車両と接触しないかを確認しましょう。カーブ区間などは特に注意が必要です。少しゆとりをもって設置しましょう。

完成

11

草や土パウダーを撒くP.87 102

走行に支障がなければ完成です。周辺にバラストや土、草などを撒いて仕上げましょう。

リレーラー線路を活用する

KATOの踏切線路はリレーラー線路と組み合わせると、簡単に踏切をつくることができます。直線区間への踏切の設置にとても便利です。

KATOの踏切線路を活用する

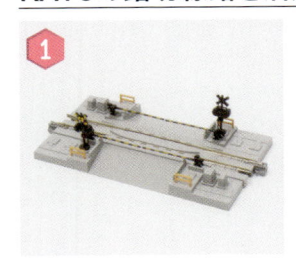

1

KATOの踏切線路はリレーラー線路の両端のスロープ部分が踏切を模した形状になっており、精密な警報器と遮断機も付属しています。

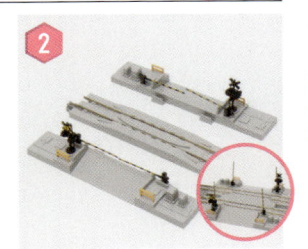

2

線路の構造はリレーラー線路と同じです。遮断機は上げた状態で固定しておくことも可能です。

複線以上へ拡張可能

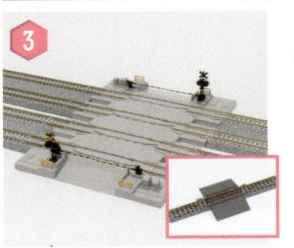

3

踏切線路を並べて設置することで、複線以上の踏切も簡単につくれます。TOMIXのリレーラーレール（P.29参照）でも同じような使い方ができます。

塗り替えてアレンジ

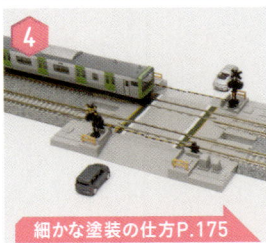

4

細かな塗装の仕方P.175

路面を塗り分けたり細かな色入れをすることで、情景に合った踏切をつくることができます。お座敷レイアウトに組み込んでも楽しく遊べます。

線路
地面・地形
草木・樹木
水・雪表現
建物
塗装
その他
踏切をつくる／踏切製品カタログ

架線柱を立てる

- 架線柱は既製品の種類も豊富でシーンに合わせて選ぶことができる。
- 架線柱には立て方のルールがあり、再現すると実感的になる。
- 塗装をすることで架線柱の質感を簡単に変えることができる。

電車の走る電化区間の情景をつくるために必要なアイテムが架線柱です。木製からコンクリート製、また単線用から複線用とさまざまなタイプの架線柱が存在します。基本的には線路とメーカーを揃えて既製品を使用しますが、状況に応じて異種メーカーのものを混在させて設置しても構いません。取り付けのルールも確認しましょう。

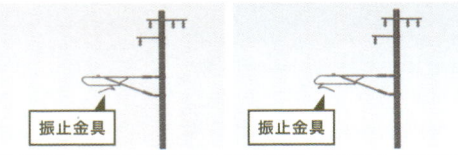

架線柱は、架線を支持する棒（振止金具）の向きによって2種類のタイプに分類することができます。

架線柱の種類

架線柱にはいろいろな形状が存在します。各社からさまざまなタイプが発売されているので、情景によって使い分けるようにしましょう。

①オーソドックスな形状

一般的な形状の架線柱で、KATOとTOMIXの両メーカーから発売されています。架線支持の振止金具の向きが2種類あるため、右頁の設置ルールに基づいて取り付けましょう。

②終端架線柱

架線の終端部分となる部分に設置されています。終点やヤードの末端などに車止め線路と合わせて設置します。情景に入れる際は、他社の線路と併用して使っても構いません。

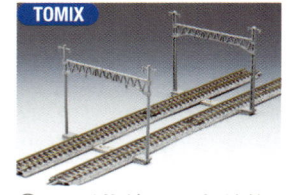

③ラーメン架線柱

鉄骨トラスの形状の架線柱。単線と複線用が発売されています。専用の橋脚台を使って、デッキガーダー鉄橋と組み合わせることもできます。
※ラーメン架線柱とは、鋼鉄製の素材をかご状に組み合わせた構造の架線柱のこと

④複線架線柱・パイプ型

支柱がパイプでできた複線用の架線柱です。別パーツのバネ式自動張力調整装置を、取り付けることができます。

⑤複線ワイド架線柱

主要幹線や私鉄の複線区間では、もっとも一般的な架線柱です。架線の張力調整装置の表現もされています。

⑥マルチ複線トラス架線柱

組み立て式の架線柱。梁を延長することで、複線～複々線の線路幅に対応できます。ポールはコンクリートと鉄骨の2種類を選択できます。

Point 架線柱の取り付け

各メーカーの架線柱には専用の台座が付属し、道床付き線路の下に敷く形で取り付けます。ジオラマに設置する際はあらかじめ架線柱の位置を決めて、台座を固定しておきましょう。場所によっては情景完成後に、地面へ孔を開けて差し込んでも構いません。高架への設置方法は各社で異なります。

情景への取り付け

ゴム系接着剤で取り付け

架線柱は専用の土台があるため、バラストを撒く前に取り付けておくと情景に馴染みやすいです。

KATO 高架への取り付け

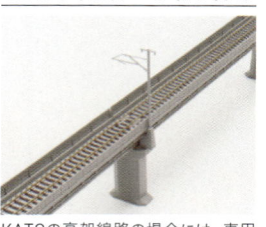

KATOの高架線路の場合には、専用の架線柱台座を橋脚に取り付けて、架線柱を差し込みます。

TOMIX 高架への取り付け

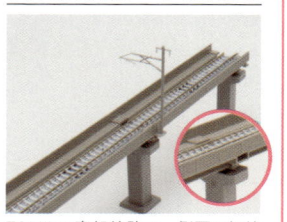

TOMIXの高架線路は、側面に架線柱取り付け用の孔があります。横から差し込むように取り付けます。

使用する道具 他｜ゴム系接着剤、ニッパー、新聞紙、ゴム手袋、プライマーサーフェイサー、アクリルもしくはエナメル系の塗料、ウェザリングカラー（ブラック）、ライター、プラキットのランナー

架線柱の取り付け方のルール

架線中の金具の先端には2種類の形状があり（左頁上段の画像参照）、直線区間と曲線区間で設置のルールが違っています。

単線 直線部

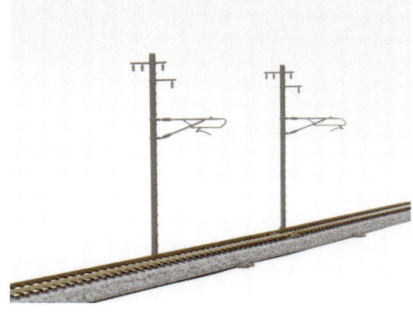

実物の架線はパンタグラフの摩耗を均一にするため、まっすぐではなくジグザグに張られています。そのため、架線柱先端の振止金具の向きが内外交互になるように設置します。

複線 直線部

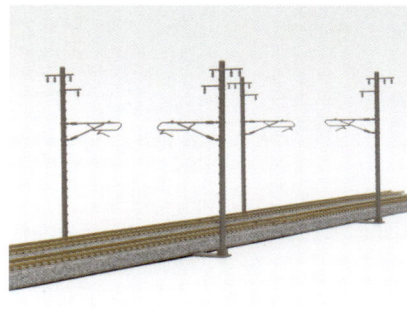

複線の直線区間も単線と同様に、架線柱の先端の振止金具の向きが、同直線上で内外交互になるように設置します。写真のように2本ずつ同じ向きのものがとなりどうしになるように複線に設置します。

曲線部 外側支持

曲線部分では架線柱が曲線の外側にある場合と内側にある場合で、設置ルールが異なります。架線柱が曲線線路の外側に立っている場合、先端の振止金具がすべて内側へ向くように設置します。

曲線部 内側支持

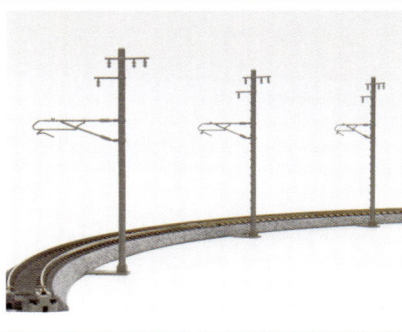

架線柱が曲線線路の内側に立っている場合も同様に、先端の振止金具が曲線の内側を向くように設置します。曲線の複線区間の場合も各線で同様に、振止金具が曲線の内側を向くように設置します。

架線柱のディテールアップ

塗装するだけでプラスチック感を消すことができます。架線柱は塗料が載りにくい素材のため、プラサフ※を活用して着色すると簡単です。

ランナーから切り出す

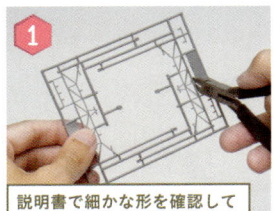

1

説明書で細かな形を確認してニッパーで切り出す

ランナーから架線柱を切り出します。細かい部分などを間違ってカットしないよう注意しましょう。

プラサフを吹く

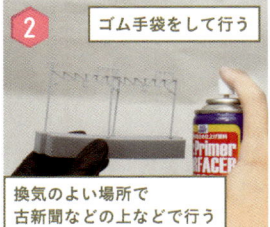

2　ゴム手袋をして行う

換気のよい場所で古新聞などの上などで行う

グレーのプラサフを吹きます。本来は下地塗料ですが、架線柱本体がグレーなのでこれだけで塗装が完了。

碍子を塗る

3

細かなものを筆塗りP.175

碍子に筆塗りで白色を入れます。アクリルもしくはエナメル系の塗料を使いましょう。

仕上げ

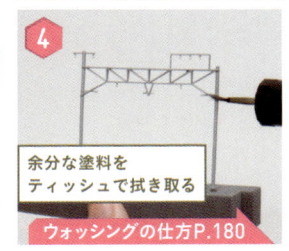

4

余分な塗料をティッシュで拭き取る

ウォッシングの仕方P.180

ウェザリングカラーのブラックで全体をウォッシングします。余分な塗料は拭き取って凹部に色を残します。

Up grade

伸ばしランナーで電線・架線をつくる

グリーンマックスやKATOのストラクチャープラキットのランナーを活用して電線をつくる方法です。火事ややけどに注意して作業を行います。また、架線柱のランナーは燃えやすいため、絶対に使わないでください。

ライターであっためる

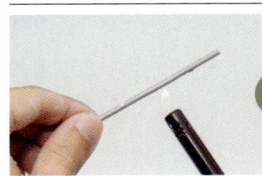

ランナーをライターで数秒あっためます。ランナーは回しながら均一に火が当たるようにします。

火を止める

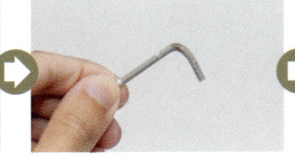

ランナーが曲がり出したら火を止めます。加熱しすぎないように注意しましょう。

引っ張る

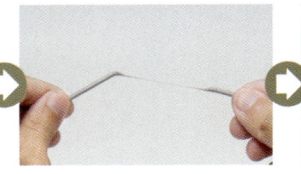

端を持ってゆっくりと引き伸ばすことで、細い線状の素材をつくることができます。

仕上げ

必要に応じて塗装し、ゴム系接着剤で電柱などに接着します。切り貼りして架線をつくるのもいいでしょう。

※プラサフはプライマーサーフェイサーの略

右側縦タブ：線路／地面・地形／草木・樹木／水・雪表現／建物／塗装／その他／架線柱を立てる

線路まわりコレクション

- 🔧 線路まわりに電柱や標識などを設置すると、情景の精密感がぐっと上がる。
- 🔧 TOMIXの線路際アクセサリーキットには、標識など複数のアイテムが収録されている。
- 🔧 標識には役割がある。それぞれの標識がどのような場所に設置されるのかを確認しよう。

線路まわりには鉄道の運行に必要な標識や信号、電柱などの標識や設備が設置されています。模型では各メーカーから発売されており、標識は地面に差し込むだけで設置できます。それぞれのアイテムの役割を知っておくと、どんな場所に設置するかが見えてきます。Nゲージではすべての標識を実物どおり忠実に再現する必要はなく、情景の演出として目立つ場所だけに設置しても構いません。TOMIXの線路際アクセサリーキットを中心にいくつか紹介します。

❶ 距離標（キロ程標）

鉄道の起点からの距離を示す標識。1km間隔を甲号、500m間隔を乙号と呼びます。模型では間引いて設置してもOK。

❷ 架空裸線路柱（ハエタタキ）

蒸気機関車の時代に見られた通信用の電柱で、線路に沿って等間隔で設置されていました。画像はジオコレ製品です。

線路まわりのアクセサリー

❸ 汽笛吹鳴警標

汽笛を鳴らすことを指示するための標識。見通しの悪いところや、踏切の手前などに設置されています。

❹ 勾配標

勾配の程度をあらわす標識。黒い腕を基準に下を向けば下り、上を向けば上りとなります。Lは水平を示します。

踏切障害物検知装置

踏切内の障害物を検知し、信号によって列車に危険を知らせるための装置です。踏切の際に設置されています。

一旦停止標

一旦停止をする必要がある場所に設置する標識です。機関区から本線に出る直前などに設置されています。

⑥ 非常停止警報機

駅構内で非常事態が発生した際に、列車に知らせる警報機。赤く点灯します。TOMIXのホームに付属するアイテムです。

⑦ キュービクル式高圧受電設備（キュービクル）

送電線からの高電圧を施設内で使える電圧に変圧する機器を収めた箱。画像はグリーンマックスの工具箱をキュービクルに見立てて使用。

⑤ 信号所

全国各地で見られる近代的な信号所。詰め所やその他の建物と見立てて使ってもOK。画像はKATOの組み立てキットです。

⑧ 信号機

信号機は役割によっていろいろな形状があります。再現しなくても、オーソドックスな形状のものを設置するだけでも雰囲気が出ます。

⑨ 側溝

線路際の側溝を表現できます。通信ケーブルを収めたトラフ（保護管）としても使えます。KATO製品。

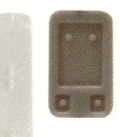

⑩ ATS地上子

ATS（自動列車停止装置）と呼ばれる保安装置の地上設備。車両に搭載した車上子へ信号や速度情報などを伝達します。

線路まわりのアクセサリー

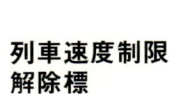

列車速度制限解除標

列車の速度制限を解除して、本来の速度に戻してよいことを示す標識。速度制限区間が100m以上の場合設置されます。

ATS確認標

ATS（自動列車停止装置）の入れ忘れや、動作に問題がないかの確認をうながすための標識です。

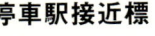

停車駅接近標

停車駅が近づいてきたことを示す標識。ホームから約400mの位置に設置されます。

車止め接近標

線路の終端部分が近づいたことを示す標識です。終着駅や側線などに設置されています。

列車速度制限標（上）列車速度標（下）

指定の速度まで落とすことを表す標識。カーブ区間の手前や、工事などで徐行が必要な場合にも立てられます。

列車停止標識（右）車両停止標識（左）

終着駅での列車の停止位置や、構内の入れ換え運転での、車両の停止位置を示すための標識です。

列車停止目標

列車の停止位置を示す標識です。記載されている数字は列車の編成両数の数。先頭をこの標識に合わせ停車させます。

右側縦書き見出し：
線路 / 地面・地形 / 草木・樹木 / 水・雪表現 / 建物 / 塗装 / その他 / 線路まわりコレクション

プラキットストラクチャーをつくる（GMバス営業所）

🔸 **プラキットストラクチャー**の多くは未塗装のため、自分好みの色に着色できる。
🔸 パーツを組み立てたあと塗装をし、そのあとパーツどうしを貼り付ける。
🔸 プラキットは場面によって接着剤を使い分けることが大切（右頁Point参照）。

使用するメイン道具

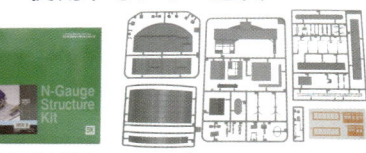

バス営業所（グリーンマックス）

グ リーンマックスからはプラキットのストラクチャーが多数販売されています。プラモデル同様、ランナーからパーツを切り出して組み立てていきます。最近は着色済みキットも増えましたが、基本的にはプラキットは未塗装ですので好みの色に着色して使うことができます。中でもバス営業所は特徴的な形状が人気。説明書通りに組んでもいいですし、改造する際のベースとしても使えます。

組み立てる①

ランナーからパーツを切り出して組み立てていきます。ランナーゲートと接着面はきちんと処理をしておきましょう。

パーツを切り離す

1 パーツから少し離れたところをニッパーでカット

ランナーからパーツをニッパーで切り出します。切り出す際はパーツから離れたところを切るようにすると、不意な破損を防ぐことができます。

2 パーツに残ったランナーゲートを再度ニッパーでカットします。

ランナーゲートの処理

3 サンドペーパーは#240〜800の粗さ

ランナーゲートがあった部分は、240〜800番のサンドペーパーをかけて綺麗に処理しておきましょう。

4 処理後の様子です。ランナーゲートは目立つ場所にあることが多いため、きちんとヤスリがけで処理することが大切です。

パーツを合わせて接着する

5 パーツどうしを合わせ、流し込み接着剤で接着します。筆で合わせ目をなぞるように塗布するのですが、少量で十分接着できます。

パーツ用の孔を開ける

6 パーツの取り付けなどで孔開けが必要な箇所は、塗装前の段階で開けておきましょう。ピンバイスを使って孔を開けます。

窓を切り抜く

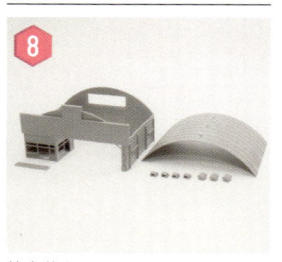

7 溝が用意されている

一度で切り抜かず数回なぞる

必要に応じて窓を開けることが可能です。パーツ裏の溝に沿ってカッターで切り抜きます。優しく数回なぞると簡単に切り抜くことができます。

組み立て後

8 基本的なパーツを組んだあとです。屋根と建屋は別の色に塗るため、この段階では接着しません。小さいパーツも塗り分け後に取り付けます。

使用する道具 他｜ニッパー、カッター、定規、サンドペーパー、流し込み接着剤、ピンバイス、ピンセット、ゴム系接着剤、多用途ボンド、塗装道具一式（P.64参照）、ティッシュまたは布きれ

塗装する

組み立てたパーツを塗装します。ストラクチャー類は下地をラッカー塗料の黒色で塗装しておくと照明を取り付けたときの光透けの防止にもなります。塗り分ける際はマスキングと塗装の順番、塗料（P.173参照）を確認しておきましょう。

表面の下地を塗装

エアブラシ塗装の仕方P.177

薄い板は光を通すため、遮光のために黒で下地をエアブラシ塗装しておきます。省略しても大丈夫です。

塗り分けの順番を確認して着色

マスキングの仕方P.178

扉に緑色を塗ったあと、扉をマスキングして建屋を塗装します。建屋塗装後に扉を筆塗りしてもよいです。

建屋の塗装ができたら扉のマスキングを剥がしましょう。扉を筆塗りする場合はP.174を参照してください。

そのほかのパーツも塗装

そのほかのパーツもエアブラシ塗装します。色ごとにパーツが別れている場合は、塗装後に組み立てます。

組み立てる②

塗装したあとのパーツどうしを組み立てます。塗装後の塗料を溶かしてしまわないように、プラスチック用の接着剤は使わず、ゴム系接着剤や多用途ボンドを用いて貼り合わせましょう。

接着面にゴム系接着剤を塗布し貼り合わせる

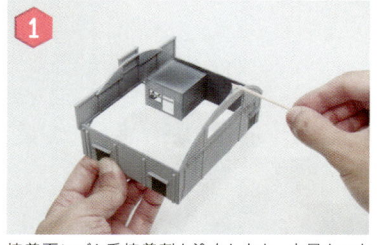

接着面にゴム系接着剤を塗布します。少量をつまようじなどに取り、伸ばすように塗るとよいです。

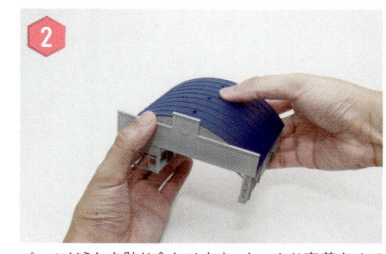

パーツどうしを貼り合わせます。しっかり密着させて固定しましょう。

塗り分け塗装する

指で持てない小さなパーツはピンセットでつまんで接着

細かなパーツも同様に、ゴム系接着剤で貼り付けましょう。

仕上げる

塗装後の組み立てができれば、最終の仕上げ工程に入ります。必要に応じて各工程は省略しても構いません。

ウォッシング（汚し塗装）

ティッシュまたは布きれで拭く

ウォッシングの仕方P.180

ウェザリング用の塗料を全体に塗布して、乾かないうちに拭き取ることで全体の色調を統一します。

シールを切り出して貼り付ける

付属のシールをカッターで切り出しましょう。台紙ごと切ってしまう方が、サイズの調整がしやすいです。

台紙から剥がす前に現物合わせで微調整をする

シールは寸法通り出ない場合があるため、カットして微調整したあとに貼り付けるとよいでしょう。

完成

お座敷運転P.23

窓ガラスをゴム系接着剤で貼り付けてバス営業所の完成です。お座敷運転に置くだけでも楽しそうです。

Point ▶ プラキットをうまく仕上げるためのポイント

プラキットの製作では接着剤を使い分けましょう。流し込み接着剤のようなプラ系の接着剤は、パーツどうしを溶かして接着します。対してゴム系や多用途ボンドは糊のようにパーツを貼り合わせて接着します。不用意にパーツや塗料を溶かさないように最終の組み立てにはゴム系を使うと失敗しづらいです。

仮組みをする

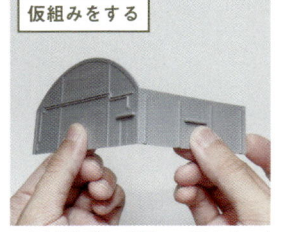

いきなり接着して組むのではなく、パーツの嵌合と接着面を先に確認しておきます。

接着面を整える

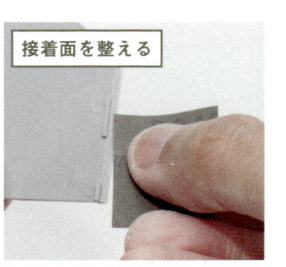

流し込みで接着する際は、パーツどうしがピッタリ合うように接着面をヤスリがけで整えておきます。

ゴム系接着剤も活用する

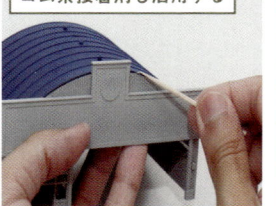

塗装後のパーツはゴム系または多用途ボンドで組み立てます。はみ出ても取り除くことが可能です。

建物
難易度 ★★★
1week

線路と連動するストラクチャーをつくる（単線・複線機関庫）

- 🔑 機関車なら木造など車両の雰囲気に合った機関庫の製品を選ぶ。
- 🔑 情景に固定する場合は、仮設置して車両が通過するかを確認する。
- 🔑 線路と連動するストラクチャーはお座敷レイアウトに置くだけでも楽しさが広がる。

使用するメイン道具

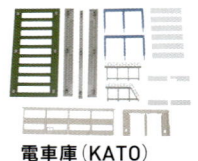

電車庫（KATO）

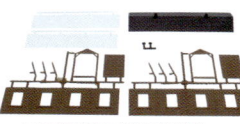

木造機関庫（津川洋行）

機関車や電車に似合う車庫のストラクチャーを組み立てます。機関車なら木造の機関庫を選ぶなど、走らせたい車両に似合う製品を選びましょう。簡単に組み上げることができるプラキット製品が多く、前頁のつくり方も参考になります。車両が通過できるか、試走を繰り返しながら設置しましょう。ジオラマの情景としても使えますが、お座敷レイアウトに取り入れることもできます。

▶ 単線木造機関庫をつくる

津川洋行の木造機関庫キットを組み立てます。蒸気機関車などにピッタリです。素組みでもよいのですが、塗装すると仕上がりがよりよくなります。

ランナーからパーツを切り出す

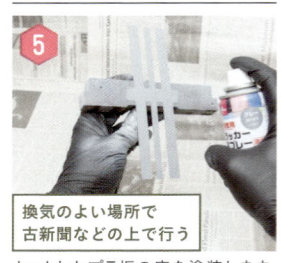

1

P.158①〜③参照

ランナーからパーツを切り出します。細かいパーツを誤ってカットしないよう注意しましょう。バリがある部分はあらかじめ処理をしておきます。

組み立てる

2

流し込み接着剤で接着

仮組みをして、接着面を確認しながら組み立てていきます。貼り合わせる面どうしは、軽くやすりがけしておくと接着しやすいです。

3

P.159塗装する、組み立てる参照

箱状に壁を組んだあと、ゴム系接着剤で屋根を取り付けます。塗装する場合は色ごとにパーツを分けておき、塗装後に接着しましょう。

車庫内の床をつくる

4

P.153「情景に合わせて踏切をつくる」③〜⑤も参照

製品には車庫の床が付属しないため、車庫内のサイズに合わせてプラ板をカットしてつくります。カット後、現物合わせで調整します。

床を塗装する

5

換気のよい場所で古新聞などの上で行う

カットしたプラ板の床を塗装します。持ち手に両面テープで貼り付けて、グレーの缶スプレーを吹きつけます。

線路と床を設置

6

線路の設置P.70

線路を土台に設置し、ゴム系接着剤で床を線路の上と脇に固定します。線路脇の床の厚みを出したい場合はプラ板を重ねて貼り付けましょう。

Point 車両を載せて確認

固定前に必ず試走し車庫の配置を微調整する

車両を載せて床や機関庫と接触しないかを確認します。同時に機関庫を設置した際のイメージも確認しておきましょう。

設置する

7

問題なければ機関庫を接着します。接着にはゴム系接着剤を使用します。このあとはP.86「地面をつくる」の作業に続きます。

複線機関庫をつくる

KATOのロングセラー商品でもある電車庫キットを組み立てます。接着剤不要で簡単に組み立てることができます。お座敷レイアウトへの設置も◎。

パーツを切り出して組み立てる

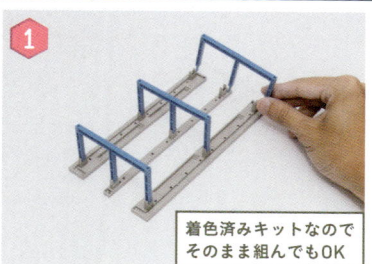

着色済みキットなのでそのまま組んでもOK

必要なパーツをランナーからニッパーで切り出して組み立てます。説明書を参考にパーツの位置を確認しながらつくりましょう。

基礎と柱を組んだら点検台を取り付けます。接着剤は不要なので、差し込むだけでOKです。

窓ガラスを取り付ける

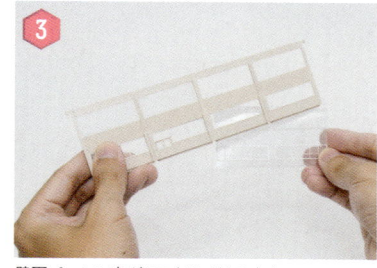

壁面パーツに窓ガラスをはめ込みます。

壁を組み立てる

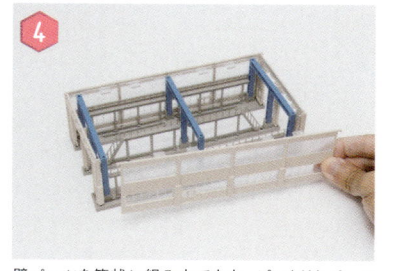

壁パーツを箱状に組み立てます。ピッタリとパーツがはまるため、組み立ては難しくありません。

屋根を取り付ける

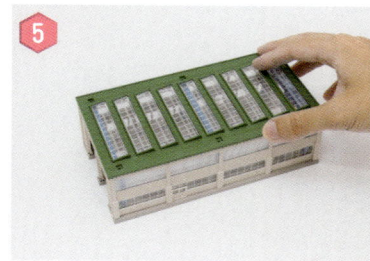

ガラスをはめ込んだ屋根を、建物の上部にかぶせるように取り付けます。

屋根は付属のピンを使って建物本体へ固定します。上部から6カ所差し込み、ベンチレーターのパーツをかぶせて固定します。

完成

土台に固定する場合は左頁を参照

お好みで前面に扉パーツを取り付けて完成です。お座敷レイアウトに置くだけで、楽しさが広がります！　複数個つなげると電車も収納することができます。

Upgrade　見えないところにこだわる

覗き込んだ際に見える、車庫の内部をつくり込むのも効果的。細かいディテールを追求しなくとも、市販のピット線路を設置したり塗装をしたりと、ごく簡単な方法で既製品そのままよりも変化をつけることができます。人形を設置したりするのもよい演出になります。

別売りのKATOのピット線路を電車庫内に設置すると、より作業風景を感じさせる演出に。機関庫に合わせた線路を選ぶとよいでしょう。

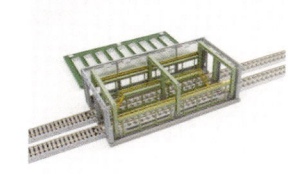

好きなカラーリングに塗り替えるのも、組み立ての楽しさのひとつです。塗装の際は組み立ての手順を確認しておくようにしましょう。

Close Up　石炭ペーストをつくる

バラストや石炭のような砂素材は、木工用ボンドを混ぜてペースト状にすると簡単に盛り付けることができます。木工用ボンドは乾燥するとツヤが出るため、ツヤを消したい場合はマットメディウムで代用するとよいでしょう。

石炭用の黒色の砂とマットメディウムをカップに取り、小型スプーンや薬さじなどで混ぜてペースト状にします。

給炭台に盛り付けて成形します。乾燥後は同じ形状のままで固まります。

蒸気機関車の炭水車に盛り付けると、既製品よりも石炭の質感をUPさせることができます。

ペーパーストラクチャーをつくる（給水塔）

- ペーパーキットの細かいパーツはカッターで慎重に切り出す。パーツによって異なる色の紙が使われているため塗装する必要はない。
- 接着には木工用ボンドを使用するが、ボンドの塗布は少量でよい。
- 組み立てる際は接着面を確認するための仮組みを必ず行う。

使用するメイン道具

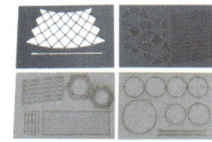

ペーパーキット（給水塔）

ペーパーキットはレーザーカットにより、繊細なディテールが表現されているのが特徴です。プラモデルと同じように台紙からパーツを切り出して組み立てます。このとき使うカッターはよく切れるカッターを選びましょう。接着には木工用ボンドを使用するのですが、間違えて接着すると綺麗に剥がすのが難しいため、必ずパーツの接着面を確認するための仮組みをするようにしましょう。

ペーパーストラクチャーをつくる

アドバンス製の給水塔を組み立てます。小さいキットですがペーパーキット組み立ての基本要素が詰まっています。

パーツを切りはなす

1

細かいパーツが台紙に収まっています。カッターでていねいに切り離します。よく切れるカッターを使いましょう。

ボンドを付けて組み立てる

2

細かいパーツには爪楊枝で塗布する

接着面を確認したあと、木工用ボンドを塗布してパーツを貼り合わせます。ボンドの塗布は少量で、はみ出さないように気をつけましょう。

脚・土台のパーツを組み立てる

3

給水塔の脚も説明書を参考に組み立てます。

4

脚と土台が組み上がりました。繊細な鉄骨表現は、レーザーカットされたペーパーキットならではです。

タンクを組み立てる

5

丸めてクセをつけておく

タンクの表面は平らな紙を丸めて接着します。接着を行う前に、ピンなどに巻きつけて丸めグセをつけておきましょう。

6

土台とタンクを接着します。

完成

7

塗装の仕方P.174

ハシゴを取り付けて完成です。塗装をする場合は、組み立て工程を意識して最終組み立ての前に行うようにしましょう。アクリル系塗料を使用。

Point 瞬間接着剤も併用する

強度に不安がある場合は瞬間接着剤で接着します。繊細な部分に染み込ませると、強度をあげることもできます。

ペーパーキット カタログ

アドバンス

蒸気機関車の時代を演出できるストラクチャーが、数多くラインナップされています。精密なトラスが再現されたガントリークレーンは必見。HOやZゲージの建物も販売されています。

1004 給水塔
機関区に必須の給水塔のキットです。組み立て後の高さは約19cmで、存在感抜群です。

1025 コンクリート駅舎
国鉄時代によく見られた駅舎をつくることができます。平たい屋根が特徴的。塗装なしで使うことができます。

1005 新式複線給炭曹
蒸気機関車に石炭を積み込むための通称ホッパーです。ガントリークレーンと合わせて設置したいアイテムです。

1013 標準型ガントリークレーン
蒸気機関車時代の全盛期に使用されていた、給炭層へ石炭を積み込むためのクレーン設備です。細いトラスが再現されています。

東京ジオラマファクトリー

鮮やかな硬質紙でつくられたペーパーキット。さまざまな建物がラインナップされ、設置すると街並みが豊かになります。パーツが色ごとに分けられているため、塗装不要で完成します。

洋館カフェ
繊細なカットで表現された、特徴的な形状の建物です。鮮やかな外観は異なる色の紙で色分けされているため、塗装不要です。

マンション A
レトロなおもむきのマンションのキットです。ベランダのつくりなどが特徴的。別売りの室外機や貯水槽などを組み合わせると、より精密感が上がります。

児童公園 A
公園の遊具が精密に再現されています。パーツが細かいため慎重に組み立てる必要がありますが、日常の風景を演出できるよいアイテムです。

模型店
老舗の個人模型店のキットです。入り口上のテントが懐かしさを演出しています。情景のアクセントとしてピッタリです。

風車
大きな羽を持つ風車をつくることができます。草原や丘の上などに設置すると似合いそうです。

 **KEY Item**

ペーパーストラクチャー用のふやけない接着剤

KATO
ロケットカードグルー
紙用の接着剤で、片側が紙ならあらゆるものと貼り合わせることができます。水分が少なく紙がふやけることなく接着ができます。

ペーパーストラクチャーをつくる〈給水塔〉／ペーパーキットカタログ

建物を設置する

- 各メーカーから発売されている建物の多くには台座が付いている。
- メーカーにより建物の台座の厚みが異なるため、並べる場合は高さを合わせる必要がある。
- 高さの調整方法は①台座を取り外してしまうか、②地面を嵩上げするかのふた通りある。

Before
建物の台座と地面に段差がある

After
段差が埋まり地面との一体感が出た

使用するメイン道具

建物　方法①ニッパー　方法②スチレンボード

建物は、駅や車庫など鉄道に関する施設以外にも、ビルやお店、住宅のような街をつくるためのものが各メーカーから発売されています。建物には台座が付いていることが多く、台座の厚みはメーカーによって異なります。そのため他メーカーどうしの建物を横並びにすると、高さが合わないことがあります。台座を外したり建物を嵩上げしたりして、高さを揃えると自然な感じになります。

方法①台座を外して設置する

建物の台座を取り外して使う場合は、本体のダボや爪の部分をカットしましょう。

台座を外す

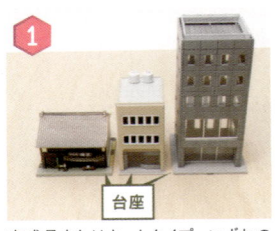
1 台座

完成品またはキットタイプ、いずれの場合も建物には台座が付いていることが一般的です。

2 各製品の説明書に従って台座を外す

台座を外すことで、ほかのストラクチャーとの高さを合わせやすくなります。

ダボ、爪をカットする

3

台座を固定するためのダボや爪がある場合は、ニッパーでカットします。

並べる

4 他メーカーの建物どうしでも高さが揃う

このあとは地面をつくるP.86へ

台座を外し高さを揃えたストラクチャーは、そのまま土台に設置して使用すればOKです。

方法②まわりを嵩上げして設置する

建物の台座を外さずに使う場合は、まわりの地面を嵩上げして地面の高さに台座の高さを揃えます。

地面を用意する

1 建物の台座よりも厚いスチレンボードを用意

建物の台座の厚み分地面を嵩上げするため、スチレンボードに台座の位置を記し、カッターで切り抜きます。

地面との高さを調整

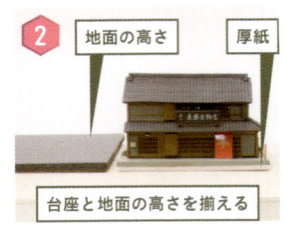
2 地面の高さ　厚紙

台座と地面の高さを揃える

台座と地面の高さが揃うように、台座の大きさにカットした厚紙などを台座の下に挟んで高さを調整します。

高さが揃った

3

このあとは地面をつくるP.86へ

厚紙とストラクチャーを埋め込みます。建物の台座ごとに、間に挟む厚紙の厚さを変えて高さを揃えます。

Point 固定方法

建物の固定には、ゴム系接着剤か木工用ボンドを用います。周辺にボンド水を使う場合は、溶けないようにゴム系接着剤を使用しましょう。

建物
難易度 ★ ☆ ☆
3days

人形や小物を置いて物語をつくる

- 人形や小物は 生活や物語をイメージしながら 設置する。
- ゴム系接着剤や木工用ボンドで接着もできるが、タッキーワックスを使うと、人形を固定したあとでも 再配置できる。
- 人形の設置は必ず 仮置きをして、立てる際は まっすぐ立てる ことを意識する。

使用するメイン道具

人形

自動車

タッキーワックス

N ゲージサイズの人形は、高さが約1cmほどの大きさです。そんな小さな存在の人形たちですが、ジオラマの中に設置すると情景が見違えるほど賑やかになります。人形は足の裏に接着剤を塗って固定します。接着剤がはみ出たり人形が斜めになったりすると、目立ってしまうので気をつけましょう。また、人形はひとりひとりの行動をイメージしながら設置すると、自然な感じになります。

人形や小物を配置する

人形の取り付けは、取り外して位置を変えることができるタッキーワックスが便利です。しっかり固定したい場合はゴム系接着剤または木工用ボンドで接着します。

人形を接着する

1 人形などの小物の扱いはピンセットが便利

人形の足の裏にタッキーワックスを塗布します。はみ出ないように少量を、爪楊枝などに取って付けるようにすると塗りやすいです。

2 人形を設置する場合、いきなり接着するのでなく、仮置きしてから設置場所を決めるようにします。人形は斜めにならないよう注意しましょう。

車や動物も同じ

3 車や小物も同様に接着します。より強固に接着したい場合は、ゴム系接着剤や木工用ボンドを用いて固定しましょう。

KEY Item

取り外し可能のオススメ接着剤

KATO タッキーワックス

少量の塗布でしっかり固定できる上、簡単に付け剥がしができるワックス状の接着剤。

Point 真鍮線で固定する

孔はピンバイスで開ける

裏側に孔を開け、真鍮線などで固定する方法もあります。大きめのフィギュアや車など、頑丈に固定したい場合に適しています。

Close Up 人形がつくり出す物語

人形はただ設置するのではなく、生活や物語をイメージすると自然な情景をつくることができます。例えば、駅のホームに人形を設置する場合だと、朝のラッシュ時なのかそれとも休日なのかによって、ホームに並んでいる人は異なります。駅の方向へ歩いている人が多ければ、通勤・通学のシーンをイメージすることができます。曜日や日時、さらに細かい人々の生活などを想像しながら人形を設置するとよいでしょう。

朝早く駅前で待ち合わせをしている学生、隣町の高校まで一緒に通学するのでしょうか。あるいは学校へ行かず……。

建物をひと手間加えて
格好よくみせる

- 市販の建物を格好よくするには、実物をよく観察し、汚れのつき方を再現する。
- 何がどのように汚れているのかを意識して観察をする。
- 建物の種類や汚れの状況に応じて道具と塗料を上手に使い分ける。

使用するメイン道具

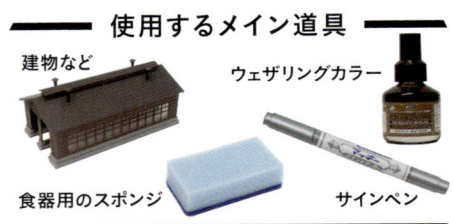

建物など
ウェザリングカラー
食器用のスポンジ
サインペン

市　販の完成品やキットの建物は造形がよく精密度が高いものが多いです。そのまま置くだけでも十分なのですが、ひと手間かけて彩色してあげると、より情景の中で際立つ存在になります。同じ形の建物を複数設置する場合も、それぞれの建物を加工することで単調にならず変化をつけることができます。汚し塗装はやりすぎると汚く見えるため、控え目に行うのがポイントです。

① 建物の壁の雨だれ表現

雨水が屋根や壁をつたって付いた跡の表現です。重力に沿って雨水が流れる方向を意識すると、より自然な仕上がりになります。

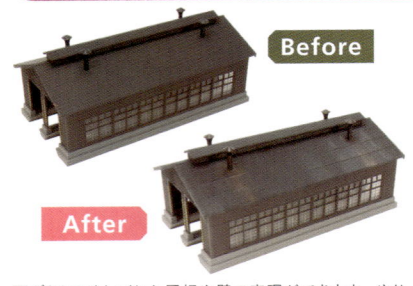

Before

After

ウェザリング用の塗料で壁の雨だれを書き込みます

雨ざらしでくたびれた屋根や壁の表現ができます。やりすぎると汚く見えるので実物よりも控えめに。ほかの建物や情景とのバランスも確認しましょう。

ウェザリングカラーのステインブラウンを用意し、筆で縦方向に書き込みます。雨が流れる方向を意識して、塗料を載せて乾燥させます。

薄め液を染み込ませた筆で、なぞるように塗料を広げます。薄め液が垂れた跡も拭いたりする必要はなく、そのままで表現として活用できます。

② 塗装の剥がれ（チッピング）の表現

鉄骨などの塗装が剥がれて、下地が見えている部分の表現です。スポンジを使ったチッピング塗装が効果的です。

エナメルまたはアクリル絵の具を使います

Before

After

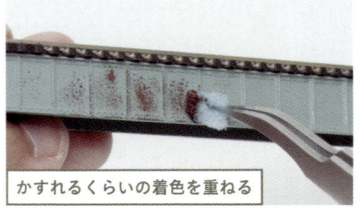

かすれるくらいの着色を重ねる

デッキガーダー橋の側面の塗料が剥がれ、下地の錆止め塗料が見えている様子です。雨だれやサビ汚れと合わせて着色するとより重厚感が出ます。

食器用のスポンジを小さくちぎって、少量の塗料をつけます。錆止めの色には、レッドブラウンまたはオキサイドレッドが使いやすいでしょう。

スポンジをやさしくトントンしながら色を載せます。塗料が大量につかないよう注意して、かすれるくらいの着色を重ねると失敗しづらいです。

使用する道具 他｜塗料の薄め液、エナメルまたはアクリル絵の具、ピンセット、面相筆、モデリングペースト、缶スプレー、古新聞、ゴム手袋

③瓦の表現

屋根の瓦は退色や取り替えなどによって、異なる色のものが混ざっていることがあります。細かい作業ですが筆で塗り分けることで、そのままの単色よりも賑やかになり精密な印象を与えることができます。

瓦屋根の瓦は筆を使って塗り分けます

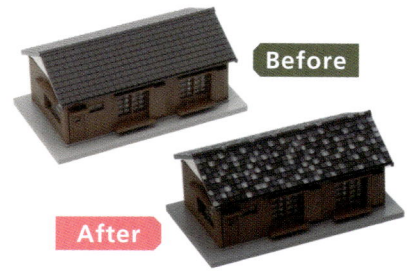

細かな筆塗りP.175

アクリル系またはエナメル系の塗料を使って塗り分けます。細めの面相筆があると便利です。筆塗り作業の練習にもなるでしょう。

瓦に2〜3種類のグレーをランダムに筆塗りします。多少のはみ出しは大丈夫です。大きくはみ出た場合は、乾燥後に別の色を塗り重ねましょう。

瓦が乾燥したらウェザリングカラーのブラックを全体に塗布し、半乾き程度で全体をティッシュで拭き取ります。瓦の境界がなじんで自然な感じに。

④レンガの目地の表現

市販のレンガのストラクチャーは、目地に色を入れるだけで簡単に質感がアップします。目地に色が入ると製品のレンガの精密さも際立ちます。

レンガの目地をモデリングペーストで強調します

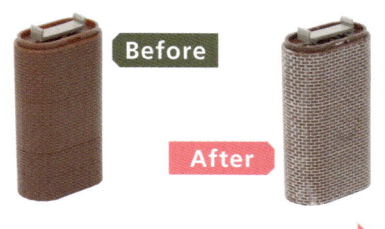

スミ入れP.180

表面を湿らせた布で拭き取る

レンガの目地には白色の塗料をスミ入れの要領で流し込んだり、パテやモデリングペーストを塗り込んだりする手法が簡単で効果的です。

モデリングペーストを少量取って、指で目地に刷り込みます。薄く伸ばすように塗ると、自然に目地に入り込んでいきます。

塗布したら、表面を軽く湿らせた布で拭き取ります。目地に入ったペーストも落ちることがありますが、その場合は乾燥後に再度刷り込みましょう。

⑤建物の窓枠の表現

サインペンを使って未塗装キットの建物の窓枠へ着色する方法です。着色済み製品で同じ建物を使う場合などでも個体差をつけることができます。

筆塗りなどが苦手な人はサインペンを使うと便利

未塗装キットの窓枠は、少々塗装の難易度が高い部分です。うまく塗り分けてあげると、建物としてのつくり込みの完成度がより高まります。

銀色のマッキーを塗ります。角に沿わせるようになぞるだけでしっかり色が載ります。ペンの色次第で窓枠の材質の表現を変えることができます。

着色後です。細かいドアのサッシや手すりなども、ペンを軽く凸モールドに当ててなぞるだけで、簡単に着色することができます。

建物の土埃・泥はねの表現

缶スプレーを使った簡単な土埃の汚れを表現する方法です。直接吹きかけるのではなく、跳ね返った塗料を載せる手法になります。

土埃でかすかに汚れた状態を演出します

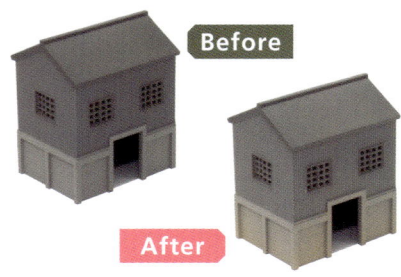

ゴム手袋をして古新聞などの上で行う

建物へ直接着色するのではなく、スプレーの跳ね返りを利用して建物下部への土埃を表現します。

市販の缶スプレーです。ライトサンドを使うと土と埃で色褪せた色調になります。スプレーはよく振って換気ができる場所で使うようにしましょう。

建物のまわりにスプレーを吹きかけます。強く吹くのではなく、やさしくふわっと吹きつけましょう。やりすぎない程度でやめるのがポイントです。

既製品をメイクアップする

- 成形色のストラクチャーはつや消しスプレーを吹くことで、プラスチック感を抑えることができる。
- 屋上小物セットなどを使うと、簡単な工作で情景の精密感を高めてくれる。
- 自作したデータや写真などを印刷して貼り付けることでオリジナリティが出せる。

Before

After

使用するメイン道具

 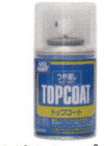

建物　　　　つや消しトップコート

完 成品のストラクチャーには塗装がされておらず、樹脂の素材の色（成形色）で構成されたものがあります。そのままでも問題ありませんが、プラスチックの質感が伝わってしまう場合は、つや消しのトップコートを吹き付けるだけで、簡単にプラスチック感を抑えることができます。また、屋根上のような目立つ場所や窓などに、簡単な工作をするだけで精密感を加えることができます。

既製品をメイクアップする

無塗装の成形色パーツで構成されたストラクチャーは、つや消しスプレーを吹くことでプラスチックの質感を抑えることができます。

ビルを分解する

1 各製品の説明書に従って分解する

塗装のためビルを分解します。この製品は階層ごとにパーツが外れる仕組みになっており、簡単に分解できます。増築することも可能な商品です。

2 手で簡単に外すことができる

窓ガラスのパーツも傷がつかないように、注意しながら取り外します。はめ込まれているだけで、接着はされていません。

つや消しスプレーを吹く

3 換気のよい場所で古新聞などの上で行う

窓を外したビルを組み戻し、全体につや消しスプレーを吹き付けます。20〜30cmほどの距離でまぶすように吹きましょう。

組み立てる

4 十分に乾燥させたあと、窓ガラスパーツを組み戻します。

付属のシールを貼る

5 付属のシールをカッターで切り出して、ピンセットを使って貼り付けます。目立つ箇所の大きめのシールのみを貼るだけでも構いません。

完成

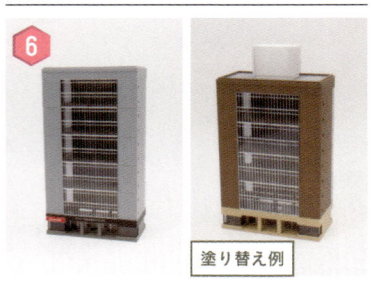

6 塗り替え例

つや消しを吹くことで、プラスチックの質感を抑えることができました。同様の方法で着色をして色を塗り替えるのも◎。

KEY Item 屋上小物オールインワンセット

ジオコレの屋上小物として、貯水槽やアンテナ、エアコン室外機などが発売されています。オールインワンセットには、屋上に使える小物一式がまとまって同封されています。ジオラマは上から眺めることが多いため、ストラクチャーの屋上に小物があるだけで精密感が高く見えます。エアコンの室外機は、ビル以外のストラクチャーにも設置できます。置くだけの小物ですので、少量のゴム系接着剤で固定しましょう。

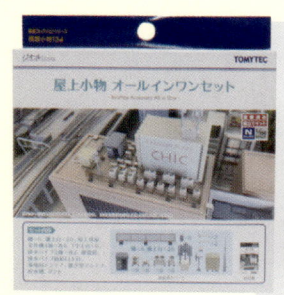 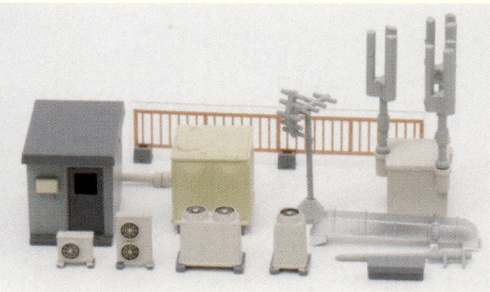

トミーテック
ジオコレ 屋上小物オールインワンセット

設置例① ビルの屋上

ビルの屋上に貯水槽やエアコンの室外機を並べて設置するだけで、賑やかになります。画像はTOMIXの大型ビルの屋上への設置例です。

設置例② 他社製品にも

他社製のストラクチャーにも活用できます。画像はグリーンマックスのビジネスビルの屋上への設置例です。

設置例③ マンションのベランダに

マンションのベランダに小型のクーラー室外機を置くことで、住人の生活感を演出できます。画像はTOMIXのマンションへの設置例です。

◀ オリジナルの素材を貼り付ける

自作したデータや写真などを印刷して貼り付けると、オリジナリティが出ます。チラシや雑誌の切り抜きなども活用できます。

印刷した看板を貼り付ける

1

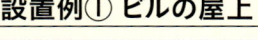

プリントした看板をカッターで切り出す

ストラクチャーに付属のシールの代わりに、自作したデータをカラープリントしたものを貼り付けることで、オリジナリティを出すことができます。

2 ピンセットを使って貼り付ける

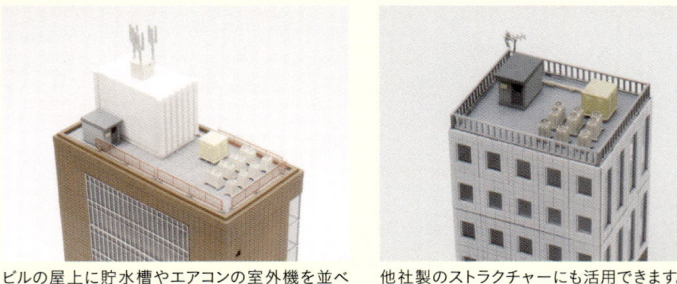

紙に印刷した場合は、ゴム系接着剤や両面テープを使って貼りましょう。ビル上の看板をオリジナルのものに変更すると、印象が変わります。

カーテンを貼り付ける

3

カーテンの写真をプリントアウトしたものを、建物の内側から貼り付けることで、ストラクチャーのハリボテ感を消すことができます。

完成

4

既製品のままでもよくできていますが、プリントした画像を貼り付けるだけで印象が変わります。家具のチラシ広告などを代用するのも◎。

⚠ 建物内には瞬間接着剤は使わない

建物の内部のような密閉された場所には、プラモデル用接着剤や瞬間接着剤は使わないようにします。接着剤が揮発する際にパーツが白化したり、透明なパーツが曇ってしまうことがあります。特にストラクチャーの場合、窓ガラスは透明で成形されていることが多いため、パーツが曇ってしまうと目立ってしまいます。密閉された空間やクリアパーツの接着には、ゴム系接着剤または木工用ボンドを用いましょう。

NG

建物内部のパーツの固定に瞬間接着剤を用いてしまったため、透明の窓ガラスが白く曇ってしまった例です。

建物

人物・小物コレクション

- 人形や小物はさまざまなものが販売されている。
- 人形の服装や季節を表す小物などで、季節感を演出することができる。
- 車の種類もさまざま。道路が賑やかになる。左側通行など交通ルールを意識しながら設置しよう。

情景に人形や車などの小物を設置するだけで、生活感を演出できて賑やかになります。複数の人形を設置する場合は夏服や冬服といった服装を統一するようにしましょう。農家にはトラクターが似合います。季節感を演出するときは、小物も草木や樹木などに合うふさわしいものを選びましょう。車やバス、トラックなどでも製品が充実しています。車種から時代設定などを決めてもよいですが、深く考えなくても問題ありません。

マナーのよい撮り鉄たち

トミーテック

ザ・人間115 撮る人々

カメラを持ってお気に入りの電車を撮る人たち。ジオラマの中でも安全な場所に設置しましょう。ホームの端や沿線に置いて、群れになるように並べるのもよいかもしれません。

青春の1ページ

トミーテック **ザ・人間123 学生（夏）**

駅前で待ち合わせ、ホームで電車待ちをする学生たちです。半袖の制服が青春の雰囲気を演出します。

駅前に迎えにきた車

KATO ／ 津川洋行

自動車クラウン／オート三輪トラック

昔の情景にピッタリな車たち。クラウンは塗り替えて使うのもありです。津川洋行の三輪トラックは未舗装道路に置いてもよさそうです。

海まで家族でドライブ

津川洋行

bB ME-11 ／ ポルテ ME-10 ／ シェンタ ME-9

津川洋行が発売している乗用車です。いずれも金属ボディで重量があります。情景には接着せずに置いておくだけでもよいでしょう。

貴重な光景に遭遇

わき役黒ちゃん
お召列車の超偉い人 平成バージョン
超偉い人です。手を振る様子がまさに超偉い人のそれです。情景の中にいると目を引くポイントとなりそうです。

バスで観光旅行

ポポンデッタ
ポポンデッタ_8216_HINO SELEGA SHD はとバス_N
バスは地域性があるため、見慣れたバスなどを情景に設置すると楽しさが倍増します。黄色いボディのはとバスは、ダイキャストの金属ボディです。

収穫の季節到来

津川洋行
NC-202 トラクター 青

農家のお供ともいえるトラクターです。緑の中に青いボディが映えます。製品状態で人形が載っているのがうれしいです。

ちょっとひと休み

KATO／トミーテック
軽バン・軽トラ／ザ・人間109 農家の人々
小屋の前のベンチで休憩している農家のおじさん。田舎の景色には軽トラがピッタリです。こういう風景って見かけますよね。白いトラックにはスミ入れ（P.180参照）で汚しを入れておくと情景になじみます。

荷役作業のベテラン

トミーテック
GJ! はたらくのりもの百景 001 暮らしを支える物流現場
荷物の積み下ろしをするためのフォークリフトです。付属の人形を載せることができます。

道路を綺麗に仕上げよう

津川洋行
NC-110 ロードローラー（グリーン）
少し特殊なはたらく車が津川洋行から発売されています。このロードローラーも金属製です。情景の中のちょっとしたアクセントになります。

今日こそ大物を釣るぞ

トミーテック
ザ・人間 釣り人
装備万端で魚を釣っている人たちです。クーラーボックスや釣竿も付属しているので、川や海の情景の情報量アップとしても使えます。

線路
地面・地形
草木・樹木
水・雪表現
建物
塗装
その他
人物・小物コレクション

塗装の基礎知識

- 何を塗装したいか、どんな塗装をしたいかで、塗装の手順が変わる。
- 塗装を施す場所や面積に応じて、塗装の方法を考える。
- 3つの塗料「ラッカー塗料・アクリル塗料・エナメル塗料」を上手に使い分ける。

やりたいこと別の塗装手段

キットの塗装や完成品の部分塗装、また仕上げ作業に行うウェザリングなど、それぞれの状況に応じて適切な塗装手段と塗料を選択しましょう。

いちからすべてを塗装

詳しくはP.175 178

プラキットやプラ板でつくった道路などは、いちから塗装をする必要があります。塗装の選択肢は右記のようにさまざまです。作業工程は増えますが、好きな色で着色できます。

全体をまず塗装	続いて部分塗装	まず全体を塗装しそのあと部分塗装する
マスキングしてエアブラシ（ラッカー塗料）	→ マスキングしてエアブラシ（ラッカー塗料）	
筆塗り（アクリル塗料）	→ 筆塗り（エナメル塗料）	

一部分の塗装

詳しくはP.175

塗装済みの完成品などの一部分に色入れをする場合は、下地の塗装を溶かさない塗料を選びましょう。筆塗りが簡単ですが、マスキングをしてエアブラシ塗装でも○です。

部分塗装①	部分塗装②	一部分の塗装はふた通りある
オススメ 筆塗り（エナメル塗料）	マスキングしてエアブラシ（ラッカー塗料）	
筆塗り（アクリル塗料）		

ウェザリング

詳しくはP.180

汚し塗装のことをウェザリングと呼びます。組み立てや塗装が終わったあとの、仕上げ工程として行います。汚れ方の表現によって、手法はさまざまあります。

①スミ入れ	②パステル	③ドライブラシ
筆塗り（エナメル塗料 or ウェザリング塗料）	筆塗り（パステル）	筆塗り（エナメル塗料 or アクリル塗料）

山・川情景

詳しくはP.85 122

情景への着色は車両やストラクチャーの塗装に比べて、神経質になる必要はありません。情景製作にはボンド水を多用するため、耐水性のある塗料を選択します。

地面	山肌	川
筆塗り（アクリル塗料）	筆塗り（アクリル塗料）	筆塗り（アクリル塗料）

ふたつの塗装方法

塗装には筆塗りとエアブラシのふたつの方法があります。どちらの方がよいというわけではなく、それぞれに長所と短所があります。塗装する場所や面積、表現方法によって使い分けましょう。

筆塗り

筆を使って着色します。必要な工具が少ないので手軽に塗装ができます。大きな建物の塗装から細かな色入れまで、筆の形や種類によって着色の幅が広がります。

P.174

エアブラシ塗装

エアで塗料を均一に吹き付けて塗装することができ、グラデーションがかかった塗装表現も得意です。細かい箇所への色入れは、筆塗りに比べると劣ります。

P.177

おもな塗料の種類とその特徴

模型用塗料にはラッカー・アクリル・エナメルの3種類があります。それぞれの塗料の特徴を理解しておきましょう。

	ラッカー塗料	アクリル塗料	エナメル塗料	ウェザリングカラー
乾きやすさ	早い 揮発性が高いため換気必須	薄く塗ると乾燥早い	ラッカーより時間がかかる	ラッカーより時間がかかる
ニオイ	強い	強くない	ニオイはある	ニオイはある
塗膜の強さ (塗り重ね)	下地や本塗装として使う	強く耐水性もある	エナメルの上に ラッカーは塗れない	塗装の一番最後に使う
特徴	プラスチックへの定着性がよく、模型用塗料として主流で色数も豊富です。塗膜が強く乾燥が早いのが特徴。ラッカー缶スプレーも同じです。	水溶性の塗料で、専用のうすめ液または水で希釈ができます。乾燥後の塗膜が強く耐水性があるため、情景の下地としても活用できます。	石油系の塗料で色の伸びがよく筆塗りしやすい反面、乾燥までの時間が長い。ラッカー塗料を溶かさないので、ラッカーの上に塗り重ねができます。	クレオスのウェザリングカラーの成分は油絵の具に近く、塗装後の仕上げに着色して汚れを表現できます。顔料が沈殿するためよく混ぜて使います。
製品名	ガイアーノーツ 鉄道模型用カラー / GSIクレオス Mr.カラー / TAMIYA タミヤカラー ラッカー塗料	 ターナー色彩 アクリルガッシュ / GSIクレオス アクリジョン / TAMIYA タミヤカラー アクリル塗料	 TAMIYA タミヤカラー エナメル塗料	 GSIクレオス Mr.ウェザリングカラー
	対応する溶剤 ガイアーノーツ ガイアカラー薄め液 GSIクレオス Mr.カラーうすめ液	対応する溶剤 TAMIYA タミヤカラー アクリル塗料（溶剤）	対応する溶剤 TAMIYA タミヤカラー エナメル塗料（溶剤）	対応する溶剤 GSIクレオス Mr.ウェザリングカラー 専用うすめ液

先 ——————— 失敗しない塗り重ね順 ——————→ 最後

塗装までの基本の流れ

プラキットなどの塗装を行うときの基本的な流れです。塗装前に付着した汚れを落としたあと、塗装を行いましょう。

洗浄
1

食器用洗剤で洗浄

やすりをかけた際の粉や、手の皮脂などが付着していると塗料が載らないので、食器用洗剤と歯ブラシを使って全体を洗浄し、よく洗い流します。

乾燥
2

容器にキッチンペーパーなどを敷いてその上に載せる

洗浄後は日陰で乾燥させます。塗装中に細部に溜まっていた水分が滲みでてくる場合があるので、しっかり乾燥させましょう。

下地処理
3
下地に黒色を塗装しているところ

素材に塗料を食い付きやすくさせたり、発色をよくするために下地を塗装します。不要な場合は、そのまま本塗装に進みましょう。

本塗装
4
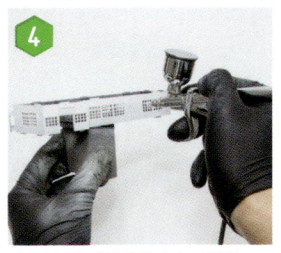

塗りたい色で着色します。完成へ一気に近づく工程ですので、ていねいに塗装しましょう。

！ 塗装時は万全の態勢を整える

塗装をする場合は安全面に配慮して作業をしましょう。塗料が舞ったり溶剤にシンナーを含むものがあるため、必ず換気ができる環境で塗装をします。手袋や防塵マスクも必須アイテムです。高価なものでなくてよいので必ず用意しておきましょう。

ゴム手袋

塗料が肌に付着しないように、手袋を用意しておきましょう。

防塵マスク

マスクがこんなに汚れる

目には見えづらい、空気中に舞った塗料を吸い込まないように必ず着用しましょう。

塗装ブース
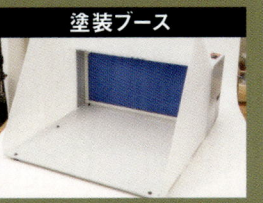
換気ができる場所で作業しましょう。塗装ブースは作業中に舞った塗料を外に逃がすことができます。

線路 / 地面・地形 / 草木・樹木 / 水・雪表現 / 建物 / 塗装 / その他 / 塗装の基礎知識

筆塗りの基礎知識

- 筆の種類は2種類。それぞれサイズの違うものもあるので用途に応じて使い分ける。
- 一度に塗り切るのではなく、重ね塗りをするのがコツ。
- 塗料の塗り重ね順を考えることが大切。多少のはみ出しは修正することができる。

筆を使い分ける

筆はおもに平筆と面相筆の2種類に分けられます。塗る面積の大きさに合わせて使い分けましょう。

広い面積は「平筆」で塗る

面積が広い部分への着色に使います。塗布する面積に合わせて選べるように、複数のサイズ（P.64参照）を持っておくと便利です。

TAMIYA
タミヤ モデリングブラシ 平筆

サイズの小さいものから大きいものまでラインナップされています。安価なため入手しやすく、複数本持っておくと便利です。入門用としてもぴったり。

細かいところは「面相筆」

細かい部分への色入れ用の筆です。極細筆は毛足の長さが数mmのものも。面相筆も異なるサイズ（P.64参照）を持っておくと便利です。

TAMIYA
タミヤ モデリングブラシ 面相筆

面相筆も異なる太さのラインナップがあります。毛足の細さや材質によって値段が変わります。入門用の安価な筆でも十分使えます。

手軽に塗装できるということが筆塗りのメリットです。筆にはおもに広い面積が塗りやすい平筆と、細かい部分に色を入れやすい面相筆の2種類があります。塗る場所に合わせて使い分けましょう。筆塗りにはアクリル塗料（アクリル絵の具を含む）またはエナメル塗料が向いています。色がはみ出た場合でもエナメル塗料の場合は溶剤で拭き取ることができます。アクリル塗料は乾燥すると溶けないので、上に色を塗り重ねしやすいのが特徴です。

筆塗りの基本の流れ

筆塗りは塗料を薄く伸ばすように載せます。ムラができることがありますが、一度で塗りきるのではなく、乾燥後に塗り重ねて色を濃くしていきましょう。

塗る

1

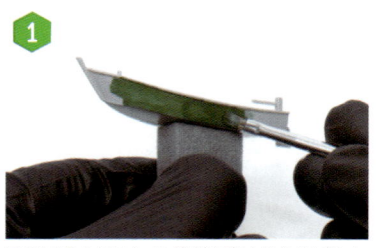

アクリルまたはエナメル塗料を薄く塗り広げます。希釈なしでも塗布できますが薄めても構いません。

乾燥後、重ねる

2

きちんと乾燥させてから塗り重ねる

一度に厚塗りするのではなく、薄く何度も重ねることで色を濃くしていきます。

別の色を塗り重ねる

3

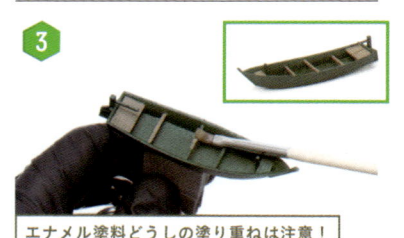

エナメル塗料どうしの塗り重ねは注意！

アクリルどうしは塗り重ねができます。エナメル塗料どうしだと下地の色が溶けることがあります。

塗りやすいよう持ち手を付ける

細かいパーツや持ちづらいものはクリップで挟んだり、両面テープで貼って持ち手を付けましょう。

①クリップで挟む

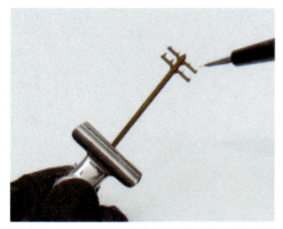

小さいものまたは細かいものに塗装するときは、クリップで挟んで持ち手をつくりましょう。

②割り箸に貼り付ける

両面テープで割り箸に貼り付けて、パーツを保持しながら塗装する方法もあります。

③持ち手を貼り付ける

持ち手

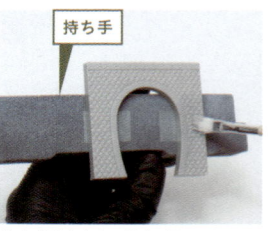

サイズが大きくて持ちづらいものは、塗装しやすいように持ち手を両面テープで貼り付けましょう。

④ランナーごと着色する

細かなパーツはランナーごと塗装

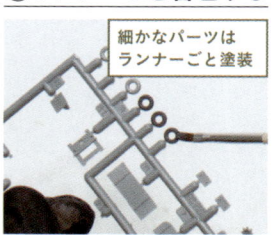

キットなどのパーツは、ランナーに付いた状態で塗装した方が効率がよい場合があります。

使用する道具｜平筆、面相筆、クリップ、割り箸、持ち手用の廃材、アクリル塗料、エナメル塗料、アクリル塗料専用溶剤（うすめ液）、エナメル塗料専用溶剤（うすめ液）、攪拌棒、溶剤用の容器、ティッシュまたは布、Mr.フデピカリキッド、ブラシウォッシャー、筆用コンディショナー

筆で広い面を塗る

広い面に着色する場合は平筆を使います。塗布する面積に合った大きさの筆を持っていると、作業の効率があがります。塗る面積が広いほど大きなサイズの平筆を使用しましょう。

塗料を混ぜる・薄める

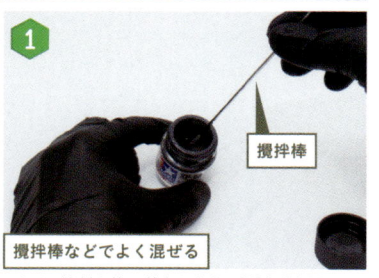

1 攪拌棒

攪拌棒などでよく混ぜる

アクリル塗料を筆で着色します。顔料が沈殿しているのでしっかり混ぜておきます。原液で着色できますが、伸びづらい場合は薄めて使います。

薄く塗り広げるように塗布する

2 **平筆を使い、塗料は筆に含ませすぎない**

塗料は筆にたっぷり含ませるのではなく、ビンのフチで軽く落としてから塗りはじめます。厚塗りにならないように薄く塗り広げましょう。

3 **一度に塗り切らず薄く塗ることを心がける**

塗装中にムラができても大丈夫です。一度に塗り切ろうとせず、まずは全体を薄く塗装します。塗り終わったら塗料をしっかりと乾燥させます。

2回目を塗り重ねる

4 **しっかり乾いてから塗る**

乾燥後、再度塗料を薄く塗り広げます。1回目の塗装が下地になりしっかりと塗料が定着します。ムラがあった部分も塗り重ねて無くなります。

別の色を塗り重ねる

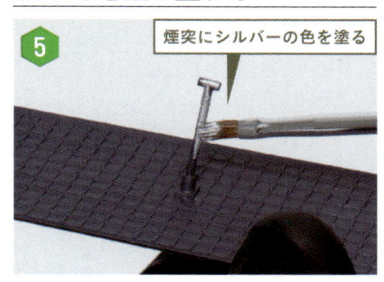

5 **煙突にシルバーの色を塗る**

乾燥後は同じような手順で色を上に重ねることができます。別の色を重ねて塗り分けすることも可能です。

完成

6

すべての着色が終わったら、しっかりと乾燥させて完成です。アクリル塗料どうしは乾燥後何度も塗り重ねが可能です。

筆で細かい部分を塗る

狭い面積や細かい部分を塗り分けるときは面相筆を使います。パーツをしっかり保持しつつ、手を添えて筆がブレないようにしましょう。

塗る

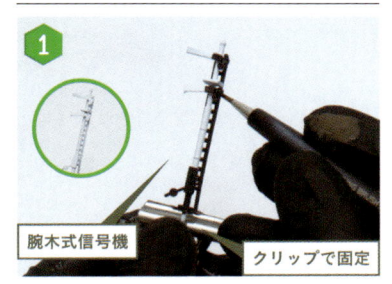

1 腕木式信号機

クリップで固定

筆塗りしていきます。作例では白のラッカー塗料で塗装した上に、黒のエナメル塗料を筆塗りしています。

Point ▶ 手を添えながら塗る

はみ出して余計な場所に色が付かないように、手を添えて筆がブレないように気をつけます。手を宙に浮かせて筆を塗らないようにしましょう。

別色を塗り、塗装後乾燥させる

2 **完成例**

別の箇所に異なる色を同様に塗っていきます。作例では白線を下地を残すようにして塗り分けています。塗装後はしっかりと乾燥させましょう。

Point 筆塗りでの塗り重ね時の塗料の使い分けとはみ出たときの対処法

下地の着色と筆での塗り分けは、原則異なる塗料どうしで行います。アクリルとエナメルの成分はラッカーを溶かさないので、ラッカーの上への着色は専用のうすめ液で拭き取ることができます。エナメルどうしの塗り重ねは同じ成分どうしなので、下地が溶けてしまうため避けましょう。

はみ出てしまった

ラッカーで塗装した青色の上に、エナメルでオレンジの色入れをしていたがはみ出してしまいました。

はみ出た色のみを溶かす

エナメルのうすめ液を染み込ませた筆または綿棒で、はみ出た部分をなぞるとオレンジ色だけが溶けます。

上塗りのみ拭き取ることができる

軽くこすって拭き取ることで、はみ出した部分のリカバーができます。異なる塗料どうしだからできる技。

筆のメンテナンス

筆先に塗料が残ったままだと筆が傷んでしまいます。使い終わった筆は専用の溶剤や洗浄液などできちんと洗浄しましょう。アクリル系の塗料の場合は、水でも洗い流せます。

筆先の塗料を拭き取る

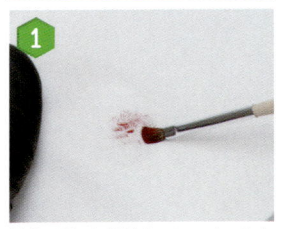

1

筆先に残った塗料を、ティッシュや布などに押し付けるなどして拭き取ります。

溶剤（うすめ液）で洗う

2 溶剤P.173

少量のうすめ液で筆先を洗います。乾いて固まった塗料も溶けだすので、ゆすいで落としておきます。

3 うすめ液を入れ替えてさらに洗う

ある程度落ちたら、うすめ液を入れ替えて透明になるまで洗います。

毛先を整えて乾かす

4

ティッシュなどで水気を拭き取る

筆先を拭き取り毛足を整えます。洗浄に使ったうすめ液は、ティッシュに染み込ませて廃棄します。

Close Up　Mr.フデピカリキッドなどメンテナンスには専用ツールが便利

Mr.フデピカリキッドはあらゆる塗料を溶かす成分が入った、筆専用の洗浄液です。ブラシウォッシャーと合わせて使います。使用後に洗浄しないで放置してしまった筆は、塗料が固まって使えなくなります。特にアクリル絵の具は一度固まると、水で洗っても溶けません。

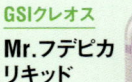

GSIクレオス
Mr.フデピカリキッド

GSIクレオス
Mr.ブラシウォッシャー

メンテナンスツールの使い方

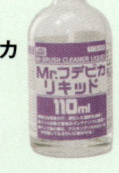

1

中の金具が洗う威力を高める

Mr.フデピカリキッドをブラシウォッシャーに注ぎ、汚れた筆を金具にこするようにして塗料を落とします。しつこい汚れは筆先を数分浸けておきます。

2

塗料が落ちたら流水で筆先を洗い、毛足を整えるようにティッシュなどで水分を落とします。リンス成分が含まれているので毛先がまとまってくれます。

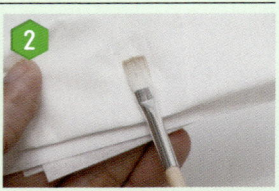

保管方法

筆は毛先が曲がらないように気をつけて保管しましょう。コンディショナーを付けると毛羽立ちや型崩れを防げます。

Point　筆先が荒れても活用できる

毛先が傷んでしまったり汚れが落ちなくなった筆は、すぐに捨てるのではなく、情景や汚し塗装用の筆として再利用しましょう。

筆用コンディショナーを塗布

1

TAMIYA 筆用コンディショナー

筆先に少量のコンディショナーを付けてなじませます。もちろん平筆でも使えます。

拭き取る

2

ティッシュなどで拭き取る

拭き取って毛先を整えます。リンスとノリの成分が含まれているので、保管時の型崩れを防止できます。

収納する

3

筆先を乾燥させて収納します。ペン立てやケースに入れるときは、毛先が乱れないよう気をつけましょう。

Close Up　山・川・情景などへの着色方法

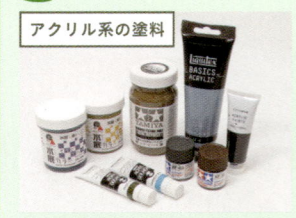

アクリル系の塗料

模型用塗料だけでなく、アクリル絵の具やアクリル系の情景素材も豊富です。ジェッソなどもこの仲間です。水で薄めることも可能です。

山や川、地面などの情景への着色はアクリル系の塗料がオススメです。アクリル系塗料なら筆も水で洗えるので使い勝手がよく、乾燥後は耐水性があるためほかの素材を上に重ねる下地にもなります。レジンのような水素材の目止めにもなり、パウダー固着用のボンド水で溶けないのもメリットです。

情景専用筆があるとよい

筆先が傷んだものを使用

地形への着色は筆が傷むため、専用筆を用意しておくとよいでしょう。ペースト素材の塗布には、筆先が傷んだものを使いましょう。

塗膜の強さと耐水性

乾燥すると強度が出る

乾燥したアクリル塗料は強度が出て耐水性もあります。目止めやコーティングとして使え、塗料や素材を上に重ねることができます。

塗装
難易度 ★★★
1week

エアブラシ塗装の基礎知識

- ⏎エアブラシは広範囲かつ均一に塗装ができる上、グラデーションがかった表現ができる。
- ⏎エアブラシで本塗装を行い、筆塗りで細部の着色をするとスムーズに作業ができる。
- ⏎雨の日や湿度の高い日は、エアに水分が混ざりやすいため塗装は避ける。

使用するメイン道具

スタンド
エアブラシを立てるためのスタンド。カップに塗料を入れるときに必要です。

エアブラシ
トリガーを引くとエアの力で塗料を吹き付けます。いろいろなタイプの製品があります。

エアレギュレーター
エアの調整を行います。ブラシへ送るエア内の水分を、除去する役割もあります。

コンプレッサー
空気を圧縮してエアブラシに送り込みます。使っているのはコンパクトな入門製品です。

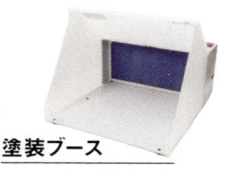

塗装ブース
ファンの力で空気中に舞った塗料を、室外に吸い出します。窓際に設置して使います。

エアブラシ塗装では、圧縮した空気の力で塗料を霧状に吹き付けることで着色します。広範囲へ均一に塗装できるだけでなく、ぼかした表現やグラデーションがかった着色が可能です。塗装にはエアを送るためのコンプレッサー、エアの量を調整するレギュレーターが必要となります。塗装ブースを合わせると、一式を導入するためのハードルがあがりますが、一度揃えると長期間にわたって使うことができます。塗装の手段が増えるため、工作の幅も広がりとてもオススメです。

⬛ エアブラシ塗装の基本の流れ
はじめての方は難しく感じるかもしれませんが、希釈した塗料をカップに入れて、あとはトリガーを引くだけと仕組みは簡単です。

塗料を攪拌する

1
攪拌棒

攪拌棒などでよく混ぜる

塗料は顔料が分離して沈殿していることがあるため、しっかりと混ぜておきます。

塗料を小皿に移す

2

攪拌棒に伝わらせて入れる

小皿に塗料を移します。クレオスの調色カップは、目盛りと注ぎ口がついていて便利です。

溶剤（うすめ液）で薄める

3 スポイトなどで溶剤を入れて攪拌

溶剤P.173

原液のままでは吹けないため、うすめ液で希釈します。塗料1に対してうすめ液3が理想的です。

カップに入れる

4

入れたらフタを忘れずにする

こぼれないようにエアブラシのカップに入れます。塗装時はカップにフタをしておきましょう。

⬛ 使い方のポイント
エアブラシによる塗装は、塗料を薄く吹き付けて重ねていきます。厚塗りにならないよう気をつけながら進めましょう。

試し吹きを必ず行う

1

古新聞などに試し吹き

いきなり吹き付けるのではなく、塗料が綺麗に出るかを確認してから、本塗装を行います。

一度で塗るのではなく塗り重ねる

2

「薄く塗る」が基本

一度で塗るのではなく、薄く塗り重ねて塗装します。大量に塗料を吹くと厚塗りになってしまいます。

3

しっかりと乾いてから重ねる

早く色を着けたい気持ちを抑え、薄く何度も重ねることで、均一かつ綺麗に着色ができます。

❗ 湿度の高い日は塗装を避ける

雨の日や湿度が高い日はエアに水分が混ざってしまい、そのまま吹き付けると塗料に水分が混ざり、塗膜が乱れたり曇った感じになってしまいます。

使用する道具 他｜ゴム手袋、ラッカー塗料、アクリル塗料、エナメル塗料、各塗料の溶剤（うすめ液）、攪拌棒、小皿、スポイト、マスキングテープ、マスキングゾル、カッター、定規、ピンセット、持ち手用の廃材、空きビン、ティッシュ、ツールクリーナー、綿棒

マスキングをする

複数の色を塗り分ける場合は、マスキングテープで1色目を覆ってから次の色を塗装します。マスキングの手間を基準にどの色を先に塗るのがよいかを考えてから作業を進めましょう。

マスキングテープをカットして貼り付ける

1

マスキングテープをカッターでカットします。テープの断面をマスクする部分の端に合わせて使うようにします。

2 1色目を白色で塗った

複数のテープで端から覆う

マスクする部分にテープを貼り付けます。一枚で覆うのではなく、端から順に少しずつ貼り付けましょう。

中央の隙間を埋める

3

マスクしたい部分をすべて覆う

輪郭を貼ったあと、残った中央の隙間を埋めるようにテープをさらに貼り付けます。

エアブラシ塗装

エアブラシで塗装するときは、いろいろな角度から吹き付けていき、入り組んだ箇所や凹んだ部分など塗り残しのないように色を載せていきます。

奥まったところから塗る

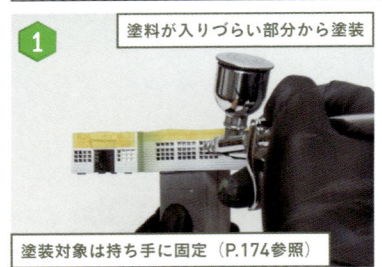
1 塗料が入りづらい部分から塗装

塗装対象は持ち手に固定（P.174参照）

全体を吹いたあとに細かいところを塗ると、全体が厚塗りになってしまうため、まずは塗料が入りづらい奥まったところから先に塗装します。

2 1色目の白の上に2色目として緑色を塗っていく

続いて角や縁部分に色を載せていきます。表面の凸凹は吹き付ける角度によって陰になり色が届かないため、あらゆる角度から吹きつけます。

さらに塗り重ねる

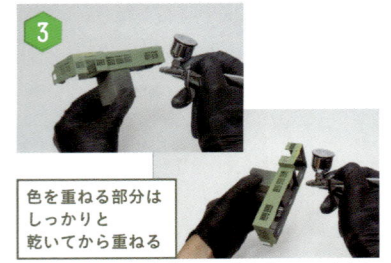
3

色を重ねる部分はしっかりと乾いてから重ねる

持ち方を変えて別角度からも色を載せていきます。塗料は厚塗りではなく、薄く何度も重ねることを心がけましょう。

塗装後、乾燥させる

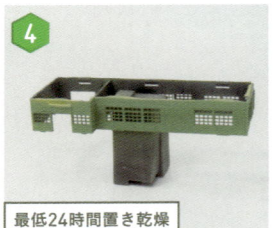
4

最低24時間置き乾燥

全体塗装が終わればしっかり乾燥させます。塗装するものによっても異なりますが、最低24時間置いておけば、塗膜はしっかり定着します。

マスキングテープを剥がす

5

ピンセットなどで慎重に剥がす

マスキングをしている場合はテープを剥がします。塗膜に傷をつけないようにゆっくりと剥がしましょう。

完成

6

テープをすべて剥がせれば完成です。作例では下地に白色を吹き付け、マスクをして緑を吹きました。異なる色をさらに重ねることも可能です。

Point ニードルストッパー

エアブラシの後のネジを回すことによって、トリガーの引ける範囲を調整できます。絞るとエアの吹きすぎを防ぐことができます。

Point 距離によって塗料の付き方が変わる

遠い

遠すぎると塗料が載りません。ザラザラした仕上がり（砂吹き）になってしまいます。

適距離

適切な距離だと、色が均一かつ綺麗に塗れます。約3〜5cmの範囲内が理想です。

近い

エアブラシが近すぎると、塗料が多く載って厚塗りになってしまいます。

エアブラシと塗装対象との距離が変わると色の載り方にも影響が出ます。近すぎると塗料が厚くなってしまい、逆に離しすぎると色が載りにくく、塗料が届くまでに溶剤が揮発してしまうためザラついた仕上がりになってしまいます。適切な距離を意識して塗装します。

Close Up 塗料が剥がれた場合

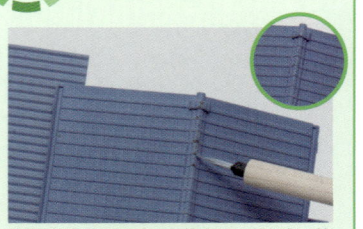

塗膜が剥がれてしまった場合は、同じ色の塗料を薄く塗り重ねてリカバリーしましょう。厚塗りすると塗装が溶けてしまうので、面相筆の筆塗りで少量の塗料を置くように塗布します。

Close Up 下地の塗装で仕上がりに差が出る

下地の役割

- ☑ 黒サーフェイサーはプラ素材の透けを防止する
- ☑ 色調を整えて本塗装の塗料の発色をよくする

下地塗装にはいろいろな役割がありますが、情景製作での重要な役割を紹介しましょう。ストラクチャーや地面などに使用するプラ素材は、光を通してしまうことが多く、遮光を目的として下地を吹くだけで重厚感を出すことができます。また全体の色調を整えたり、本塗装の塗料の発色をよくする役割もあります。

プラ製品の下地塗装にはサーフェイサー

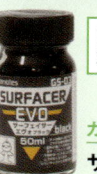

プラを遮光して重みを出せる！

ガイアノーツ
サーフェイサーエヴォ

隠蔽力が強くつや消しの黒色になります。エヴォシリーズにはブラック以外にも様々な色展開があります。

工作に使える万能サーフェイサー！

GSIクレオス
サーフェイサー

本来は下地の細かな傷を埋めるためやディテールの確認などに使いますが、全体の色調を整える役割もあります。

Point 塗料が載りにくい素材にはプライマーを使用

架線柱などに使われる折れにくい軟質のプラスチックや金属素材には、基本的に塗料が載らないため、塗装の際は塗料が定着するようにプライマーを下地に吹き付ける必要があります。プライマーはスプレータイプや筆塗り、エアブラシで使えるものがあり、使いやすいものを選びましょう。

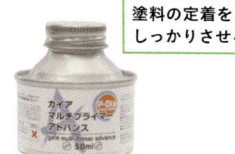

塗料の定着をしっかりさせる

ガイアノーツ
マルチプライマーアドバンス

そのままエアブラシで吹き付けることもできます。乾くと粘着性が出て塗料がしっかりと定着するようになります。

金属素材の下地に使える

TAMIYA
メタルプライマー

塗料定着のためのプライマーの役割と、塗装の下地としてのサーフェイサーの役割を同時に得られます。

金属車両の塗装にも

金属の車両キットの塗装には下地のプライマーが必須です。一度に分厚く塗るのではなく、薄く何度も塗り重ねます。奥まった箇所などは筆で塗りましょう。

🖌 メンテナンス

塗装する色を変える場合や塗装終了後には、カップ内を綺麗に掃除しておきます。塗料が残ったまま放置すると、塗料が固まってしまって、トリガーやニードルが動かなくなってしまいます。

余った塗料をビンに戻す

1

混ぜた塗料は空きビンへ

使わずにカップ内に余った塗料をビンに戻します。塗料を混ぜて使ったときは、元のビンではなく、空きビンに戻すようにしましょう。

残った塗料を吹き出す

2

戻したあとにカップ内に残った塗料は、ティッシュなどに吹き出して、カップを空にしておきます。

カップ内を拭き取る

3

ツールクリーナー

ティッシュで拭くと繊維が残りやすい

キムワイプや不要な布などでカップ内を拭き取ります。ツールクリーナーを染み込ませると綺麗に落ちます。

うがいをする

4

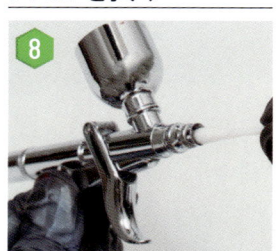

ツールクリーナーを入れてうがい

ツールクリーナーを入れてノズル先端を抑え、エアを逆流させてうがいをします。飛び散ることがあるので気をつけましょう。

吹き出す

5

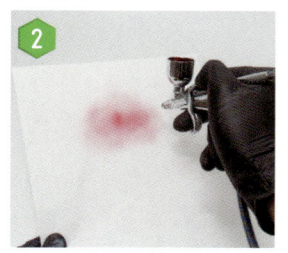

うがいした塗料をティッシュなどに吹き出します。カップ内に固着した塗料も溶かして落とすことができます。

4〜5 の工程を繰り返す

6

OK

色が付かなくなるまで繰り返す

再度ツールクリーナーをカップに入れてうがいをします。溶剤に色が付かなくなればOKです。

カップの奥を拭く

7

ツールクリーナーを染み込ませた綿棒で、カップの奥を拭いておきます。意外と汚れが残っている箇所です。

ノズルを拭く

8

同様にノズルの先端部分に溜まった塗料を拭き取ります。この部分に塗料が固まると、次回の塗装がうまくできません。

ウェザリング（汚し塗装）のテクニック

- 情景制作に欠かせない**ウェザリング（汚し塗装）の手法4種類**を紹介。
- それぞれの手法を**複合的に使う**と表現の幅が広がる。実物がどのように汚れているのかを意識しながら行う。
- 車両やストラクチャーだけでなく、**岩や地面などの情景にも応用**できる。

実物の建物や鉄道車両は、雨ざらしになったり土埃（つちぼこり）が付着していたりして汚れています。汚れを表現する塗装のことをウェザリングと呼び、さまざまな手法があります。おもにエナメル塗料を使うことが多いのですが、ウェザリング用塗料も発売されています。ポイントは実物が「何でどのように」汚れているかを意識することです。実際の汚れの質感をイメージしながら、使う塗料や材料、手法を選択しましょう。

スミ入れ（凹んだ部分に色を入れる）

薄めたエナメル塗料またはウェザリング用塗料を、表面の凹みに入り込むように塗布して隅に溜まった汚れを表現します。

Before → **After**

使用する道具①

エナメル塗料

黒や茶色系のエナメル塗料を、溶剤でしゃばしゃばに薄めて使用します。一番オーソドックスな手法です。

使用する道具②

ウェザリングカラー

GSIクレオスのウェザリング用塗料です。顔料が沈殿しやすいためよく振ってから使います。ビンには攪拌用の球が入っています。

塗り広げる

1

スミ入れ
ウォッシング

凹みに流し込むように塗料を筆で塗布します（スミ入れ）。全体の色のトーンを落ち着かせたいときは、塗料を全体に塗り広げます（ウォッシング）。

乾燥後、拭き取る

2

乾燥後、溶剤を染み込ませた綿棒で全体を拭き取ります。凹みに入った塗料を残すことで、溜まった汚れを表現することができます。

作例① 橋脚

サビを意識した茶系を塗布、重力方向へ拭き取る。緑は拭き取らずコケ表現（フィルタリング）。

作例② 擁壁

擁壁の目地に茶色系の塗料を流し込む。表面全体にも塗布し、軽く拭きあげて着色する。

パステル（エッジに色を入れる＋料の質感を出す）

パステルを使うと粉っぽい埃の表現ができます。土や煤、サビなどの表現にも。

パステルの形はいろいろ

1

各社からさまざまなパステルが発売されています。ブロック状のパステルは、茶漉しやカッター、やすりなどで削って粉状にしてから使用します。

粉を筆にとる

2

余分な粉は落としておく

パステルを筆にとります。いきなり着色するのではなく、一度ワンクッションおいて紙などに余分な粉を落とします。

刷り込む

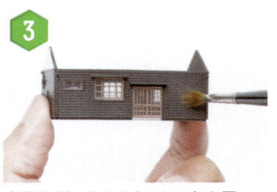

3

少量を刷り込むようにして色を置いていきます。木造建物に白系のパステルを刷り込むと、褪色した表現になります。

異なる色を重ねる

4

1色だと単調になるため、黒や茶色系のパステルを重ねます。失敗した場合は水で洗い流すことができます。

Before

After

作例① コンテナ

茶色系のパステルを、細い筆で書き込むように着色してサビのような表現をすることができます。

作例② 地面

地面にふんわりとパステルをのせると、粉っぽい埃の感じを演出することができます。

ドライブラシ（エッジに色を入れる）

凹みに色を入れるスミ入れとは逆で、エッジに色を入れる手法です。凸凹のあるディテールに効果的で立体感を簡単に出せます。

Before → After

塗料を用意する

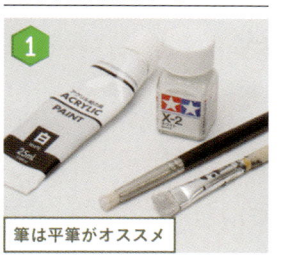

1

筆は平筆がオススメ

筆塗りなので使うのはアクリル系またはエナメル系の塗料です。白やグレーのような明るい色を使用します。

筆に塗料を付ける

2 塗料は少しでOK

筆に少量の塗料を付けます。着色する箇所によって筆の大きさは使い分けますが、平筆が使いやすいです。

ティッシュで拭う（ぬぐ）

3

ティッシュや布で拭って、カサカサになるくらいに塗料を落とします。塗料がわずかに筆先に残る程度を目指します。

軽くこするように色を載せる

4 何度もこすり付ける

スミ入れは左頁参照

筆先を軽く当てるようにしてエッジに色を載せていきます。何度もこすり付けて着色します。さらにスミ入れも施せば立体感が出ます。

作例① 岩

ゴツゴツした岩肌は、出っ張った部分に明るめの色を載せることで立体感が増します。その他、地面の凸凹なども際立たせられます。

作例② 給水塔のサビ

鉄骨の縁に付いたサビなどもドライブラシで表現可能です。トラス鉄橋や、コンテナ、ワムなどの貨車にも応用できます。

作例③ 擁壁やポータル

岩肌と同様にドライブラシによって、凸凹のディテールが際立ちます。擁壁やポータルはスミ入れなどほかのウェザリング手法と組み合わせれば、より重厚感を出すことができます。

エアブラシ（ぼかし・グラデーションで色を入れる）

薄く色を吹き付け汚れを表現します。線路まわりのサビや建物の埃汚れなどに。

塗料を希釈する

1

エアブラシ塗装の基本の流れP.177

ラッカー系塗料はエアブラシで薄く吹く程度だと、下地を溶かすことはありません。厚塗りは厳禁です。ラッカー以外の塗料を使ってもOKです。

吹き付ける

2

エアブラシ塗装P.178

細吹きで様子を見ながら色を載せていきます。塗り替えるのではなく、下地が見えつつぼんやりと色が着くぐらいを目指しましょう。

3 より暗めの色を重ねる

さらに色を載せます。より暗めの色を重ねると、単調な表現を避けることができます。雨だれとサビが混ざった汚れを意識しています。

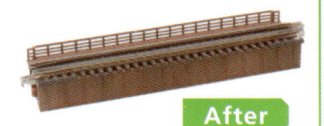

Before → After

作例① 車庫

建物全体の埃汚れには、タンやバフといった色合いを吹き付けて表現。蒸気機関車の煤汚れにはつや消しブラックを煙の当たる部分に軽く吹き付けます。

作例② 線路

線路まわりは走る車両によって汚れ方が変わります。蒸気機関車などは煤や灰混じりの汚れ、電車はサビも混じったダークアース調の色を吹き付けると、走行車両の足元が締まります。

作例③ コンクリート

アスファルトやコンクリートなどのグレーの上に、黒を吹き付けることで汚れや陰影の表現になります。単色だと単調になる部分も、変化をつけることができます。

使用する道具｜＜ドライブラシ＞アクリル系またはエナメル系の塗料、各塗料の専用溶剤（うすめ液）、ゴム手袋、ティッシュまたは布
＜エアブラシ＞エアブラシ塗装道具一式（P.177参照）、ラッカー系塗料またはそのほかの塗料、各塗料の専用溶剤（うすめ液）

181

線路
地面・地形
草木・樹木
水・雪表現
建物
塗装
その他
ウェザリング（汚し塗装）のテクニック

3Dプリントで
オリジナルストラクチャーをつくる

- 3Dプリントでオリジナルの大きなストラクチャーや、小さなものなどをつくることができる。
- 3Dプリントでは完成品をつくれるわけではなく、素材をつくるイメージ。接着や塗装が必要になる。
- 3Dプリントに任せることで手作業が減り、ほかの作業に充てる時間をつくれるメリットもある。

モデリングソフトで設計して
3Dプリントで造形して塗装した風車

使用するメイン道具

モデリングソフト　　3Dプリンタ　　造形材（UVレジン）

最近は個人でも自宅で扱える3Dプリンターが増えました。3Dプリンターでは市販では売っていないものや、情景に合わせたストラクチャーをオリジナルでつくることができます。造形するためには3Dデータが必要になりますが、無償のソフトでも十分な機能を備えています。ただし、3Dプリントは基本的に無塗装で造形されるので、塗装作業が必要になります。

3Dプリントではこんなものがつくれる

市販されていないものや、欲しい大きさやサイズに合わせたストラクチャーをつくることができます。

鉄橋や防潮堤など大きなもの

橋脚や鉄橋

大小さまざまな橋脚や鉄橋は、路線によって特徴的な形をしています。3Dプリント品はある程度の強度があり、車両を載せても問題なく走らせることができます。

防潮堤

防潮堤のような大きな人工物は、造形したパーツを貼り合わせてつくれます。完成品をつくるのではなく、素材をつくって組み立てるイメージです。

市販にないストラクチャー

特徴的な建物や市販されていないストラクチャーの製作は、3Dプリントの醍醐味です。自分のジオラマにしかないオリジナルの建物の製作はとても楽しいです。

駅前や線路まわりを彩る小さなもの

ポストや駅前小物

単体での市販品が少ない駅前のポストや、精密なSLの動輪モニュメントは、ジオラマの中のひとつのアクセントになります。ただし、塗り分けは必要です。

車止めや線路まわりの小物

車止めのような小物は、立体データを複数並べて造形すれば、いっぺんにまとめてつくることができます。積まれたレールも3Dプリント品です。

架線柱

架線柱のように細くて繊細な形状の造形は、3Dプリントの得意分野です。路線特有の形状の架線柱など、市販されていないものをつくることも可能です。

3Dデータの作成

造形したいデータをモデリングソフトで作成します。画面の中で立体を組み合わせて形をつくっていくイメージです。立体データはSTLと呼ばれるファイルに書き出します。

データの作成

1 モデリングソフトP.185

モデリングソフトでデータを作成します。円中や直方体を組み合わせるようにして立体をつくっていきます。

2

モデリングソフトで作成した3Dデータを書き出します。3Dデータのファイルの拡張子はSTLになります。

サポート材を付けてファイルに書き出す

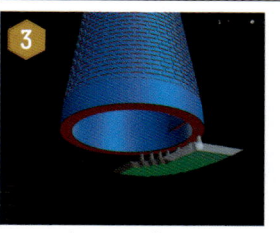

3

つくったデータを3Dプリント用に変換するスライサーソフトで、造形に必要なサポート材を取り付けます。

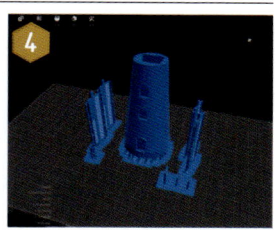

4

造形の速度や積層の厚さなどの設定をし、データを3Dプリンターに転送します。

3Dプリンターで造形

作成したデータを造形します。繊細なモデルのプリントができる光造形タイプの3Dプリンターは、紫外線で硬化したレジンを層のように連ねて立体をつくり出します。

プリンターと材料を用意する

1

3Dプリンターは小型なものが多く卓上でも使えます。液体のレジンは手に触れないよう注意して作業します。

タンクにレジンを注ぐ

2 ゴム手袋をしてレジンを扱う

レジンをよく振って攪拌し、レジンタンクに注ぎます。硬さや色などレジンの種類はさまざまです。

各種設定を確認して造形開始

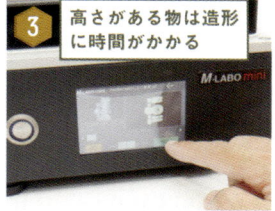

3 高さがある物は造形に時間がかかる

転送したデータを選択し造形を開始。複数のパーツを同時に造形でき、造形時間は造形物の高さで決まります。

4

リフトが降下して造形がはじまります。フタを被せて太陽光に当たらない場所で行います。あとは待つだけです。

造形したものを仕上げる

造形が終われば立体物を取り出して仕上げます。付着しているレジンを洗浄して水分を乾燥させたあと、UV光を当てて二次硬化させます。

モデルを洗浄する

1 ヘラなどで取り出す

メガネ用の超音波洗浄機

リフトからモデルをヘラなどで取り出して流水で洗います。洗ったあとは、メガネ用の超音波洗浄機で、細部のレジンを落とします。

二次硬化をする

2

ネイル用のUVライト

しっかり乾燥させたあと、ネイル用のUVライトを当てて二次硬化させます。二次硬化することで強度が増して加工しやすくなります。

サポート材をカットする

3 横方向に沿って割れやすいので注意

造形に必要なサポート材をカットします。造形物は積み上がった層に沿って割れやすいため、サポート材は少しずつていねいに取り除きます。

Close Up サポート材とは?

モデリングした素材

サポート材

立体が崩れないよう支えるために必要な補助部分。造形の起点となり、造形後は不要なため取り除きます。

仕上げ前の状態

4 サポート材が付いていた部分はサンドペーパーをかける

サポートが付く面は表面が乱れるため、サンドペーパーなどでやすりがけをしておきます。パーツが揃えばあとは塗装、組み立てです。

塗装して完成

5

3Dプリントの造形物は、材料の色のまま造形されるため、基本的に塗装（P.172参照）が必要になります。好みの色で着色して完成となります。

Point プリントした素材は表面処理、塗装、接着が可能

造形直後は軟らかく表面がしっとりしていますが、二次硬化後はしっかり固まり削り出しや塗装が可能になります。プラ用接着剤は使えないので、瞬間接着剤やゴム系接着剤を使います。

プライマーP.179

各種塗料で着色が可能。つるつるした表面は塗料が剥がれることがあるため、下地にプライマーを吹いておきましょう。

線路
地面・地形
草木・樹木
水・雲表現
建物
塗装
その他

3Dプリントでオリジナルストラクチャーをつくる

3Dプリンターってどんなもの？

家庭でできる3Dプリントは大きく分けて2種

自宅で使える3Dプリンターは大きく分けて2種類です。熱溶解積層（FDM）方式は、樹脂を溶かして積み上げて立体をつくります。大きく強度のある造形が得意です。光造形方式はレジンに紫外線（UV光）を照射して、硬化させた層を重ねて造形します。繊細なディテール表現が可能です。FDM方式の造形時間は体積で決まり、複数の立体をつくる場合、個数分の時間がかかります。光造形方式では複数の立体を同時に出力でき、造形時間は立体の高さで決まります。つくりたいものに合わせて選択しますが、いずれも仕上げと塗装の工程は必要です。

熱溶解積層（FDM）方式

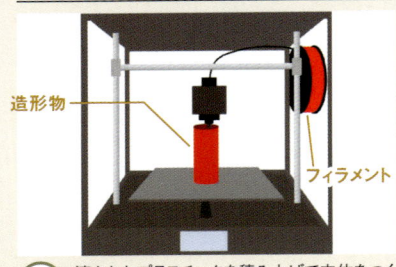

造形物 / フィラメント

特徴	溶かしたプラスチックを積み上げて立体をつくります。大きい造形が得意です。
素材	フィラメントと呼ばれるABSやPLA（植物由来のプラスチック）が主流です。
材料	メーカー直売や通販サイトなどで購入可能です。5〜10万円台。

光造形方式

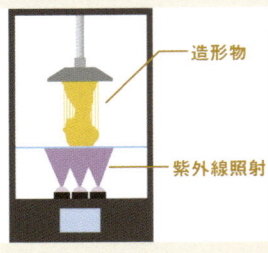

造形物 / 紫外線照射

特徴	レジンに紫外線を当てて硬化させて立体をつくります。繊細な造形が得意です。
素材	レジンは換気と手袋は必須です。ノンアレルギーレジンがオススメです。
材料	3万円前後の低価格帯モデルでも十分。二次硬化用ライトなどが別途必要になります。

プリントまでのおもな流れ

3Dプリントのおもな工程です。3Dプリンターのタイプで造形後の手順が変わります。熱溶解積層（FDM）方式で造形した立体は洗浄と二次硬化は不要です。

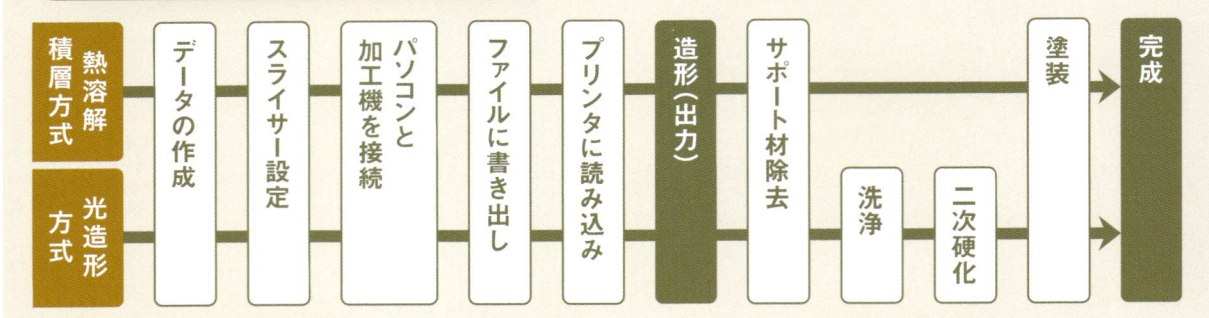

熱溶解積層方式 / 光造形方式

データの作成 → スライサー設定 → パソコンと加工機を接続 → ファイルに書き出し → プリンタに読み込み → 造形（出力） → サポート材除去 → 洗浄 → 二次硬化 → 塗装 → 完成

Close Up 平面の製作にはレーザーカットもある！

平面図のデータで加工するレーザーカットは、3Dプリントよりも短時間かつ簡単に立体物をつくることができます。作例で使った加工機はCO$_2$ガスを用いてカットする業務用タイプ。価格帯はメーカーによりますが、最近ではコワーキングスペースで使える場所も増えています。

レーザー加工機本体

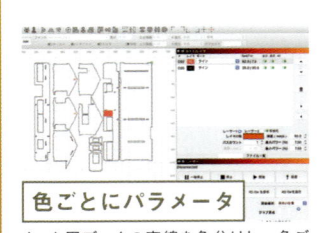

メーカー：創新テック株式会社
製品名：AEON LASER MIRA 7S

作例①根雨駅
カットした厚紙とひさしは3Dプリントしたもの、屋根はグリーンマックスの瓦を使用。既製品と自作パーツを組み合わせて製作。

作例②敦賀駅
ロの字に組んだスチレンボードの側面に、窓を切り抜いた厚紙を貼り付けて、巨大な駅舎の壁を製作。

レーザーカットでできること

色ごとにパラメータ
カット用データの実線を色分けし、色ごとに異なるパラメータを割り当てることで、彫刻とカット（右記参照）を使い分けることができます。

カット
紙や薄手の木材なら簡単に切り抜くことが可能。工作でよく使うプラ板は、熱で溶けてしまうので綺麗な切断は難しいです。

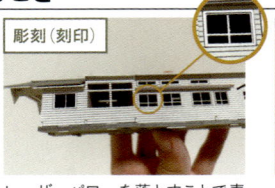

彫刻（刻印）
レーザーパワーを落とすことで素材の表面に刻印ができます。ストラクチャーの木目などの表現も簡単にできます。

貼り重ねて立体に
立体感を出すときはカットした素材を貼り重ねて表現します。着色する場合は、先に色付けを行い切り分けて接着する方法も。

造形用のデータをつくる（3Dモデリング）

3Dプリントをするためのデータはフリーデータを活用する方法もありますが、モデリングソフトを使って作成することができます。個人利用では無償で使うことができる、Autodesk社のFusionは操作がわかりやすく人気のソフトです。データの作成のおもな流れは平面に描いた図形を押し出して※立体をつくり、複数の立体を組み合わせるようにしてつくりたい形状に仕上げていきます。何回でもやり直して修正できるのも、モデリングソフトのメリットです。同じ形でも色々なつくり方があるため、色々と試してみましょう。

※押し出しは、平面の形状を立体的な構造にする操作のこと

Autodesk Fusion

メーカー	Autodesk社
価格	個人利用は無料
動作環境	Windows、macOS※

Autodesk社がリリースしている3Dモデリングツール。直感的な操作感でわかりやすくて人気。ダウンロード無料で、クラウド上で操作するためインターネットの接続が必要です。非商用目的の個人利用の場合は、機能に制限がありますが無償で使うことができます。

※最新の動作環境はP.208で紹介しているお問い合わせ先のHPでご確認ください

3Dで給水塔をつくる

簡単な機能のみを使って給水塔をつくります。基本的な手順は平面図（スケッチ）を書き、押し出し機能を使って立体にしていきます。

スケッチを書く 面を選択

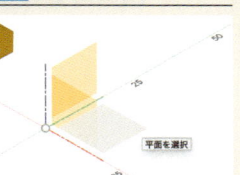

平面図を書くための面を選択します。前・横・上からの3つの面があるので、書きやすい面を選んでスケッチを描いていきます。

平面図（スケッチ）を書く

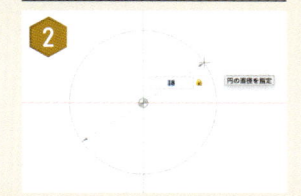

ラインや図形のツールを用いて平面図を描きます。円柱状の給水タンクをつくるため、真上から見た正円をスケッチします。

書いたスケッチを押し出して立体化

スケッチを閉じ、押し出し機能を用いて平面図を立体化します。面をつかんで矢印の向きにドラッグすると、立体を生成することができます。

同様に各部をつくる

データ作成の基本操作はスケッチを押し出すだけです。同様に支柱を押し出してつくります。その他の部分も面から押し出して表現します。

パイプは線を書いて立体化

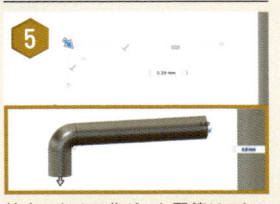

給水のための曲がった配管はスケッチで線を描き、パイプ機能で立体化するだけで簡単に生成することができます。

リベットは円柱の角を取る

タンクに並んだリベットをつくります。リベットとなる円柱をスケッチから押し出して生成し、フィレット機能で角を取ってR※をつけます。

※Rをつけるとは、角を丸くする加工のこと

複製して増やす

リベットはひとつひとつつくるのではなく、パターン機能で複製します。複数必要なときも部分的につくって増やせばよいのが3Dのメリットです。

結合でまとめて完成

複製したパーツは独立しているため、結合機能でひとつの塊にしておきます。その他ディテールを追加できればデータの完成です。

上の過程で紹介できなかった便利な機能の一部を紹介

Fusionには用途に応じたさまざまなツールが用意されており、アイコンを選択するだけで直感的に使用することができます。よく使用するツールの一部を、ピックアップして紹介します。

ロフト

ふたつの面が結合

ふたつの離れた面どうしを結合する機能。押し出しではつくれない複雑な形状を自動的に生成してくれます。

分割

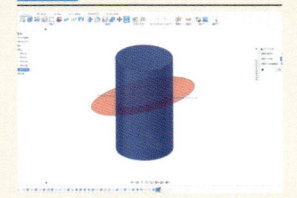

立体をスケッチで描いた線によって分割する機能。別パーツ化したい場合にも活用できます。

シェル

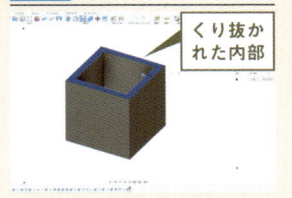

くり抜かれた内部

立体をつくりその内部をくり抜く機能。コップのような立体を生成することができます。

面取り

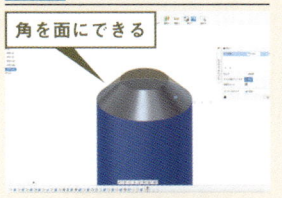

角を面にできる

フィレット機能は角をRに変換でき、面取り機能では角を取って面にすることができます。

建物に照明を付ける

- ストラクチャーや情景に電飾を仕込むことで、夜景の演出をすることができる。
- 市販のLEDや基板などを活用すれば、照明用の回路を簡単に組むことが可能。
- Nゲージの車両用室内灯や乾電池で点灯させる電飾キットを使うと、より簡単に照明を取り入れることができる。

After

Before

ス トラクチャーや情景の中にLEDを取り付けて夜の風景を演出します。LEDは基本的にはんだ付けなどで抵抗を取り付ける必要があります。最近では抵抗や配線が取り付け済みのものも通販などで購入でき、以前より手軽に電飾が可能になりました。複数のLEDを点灯させる場合は、並列回路基板を使うと便利です。また、乾電池でLEDを光らせる電飾キットも発売されています。

照明回路の仕組み

市販のLEDを使って建物に照明を組み込みます。並列回路用の基板を活用すれば、簡単に複数のLEDを点灯することができます。電源は運転用とは別に用意しましょう。

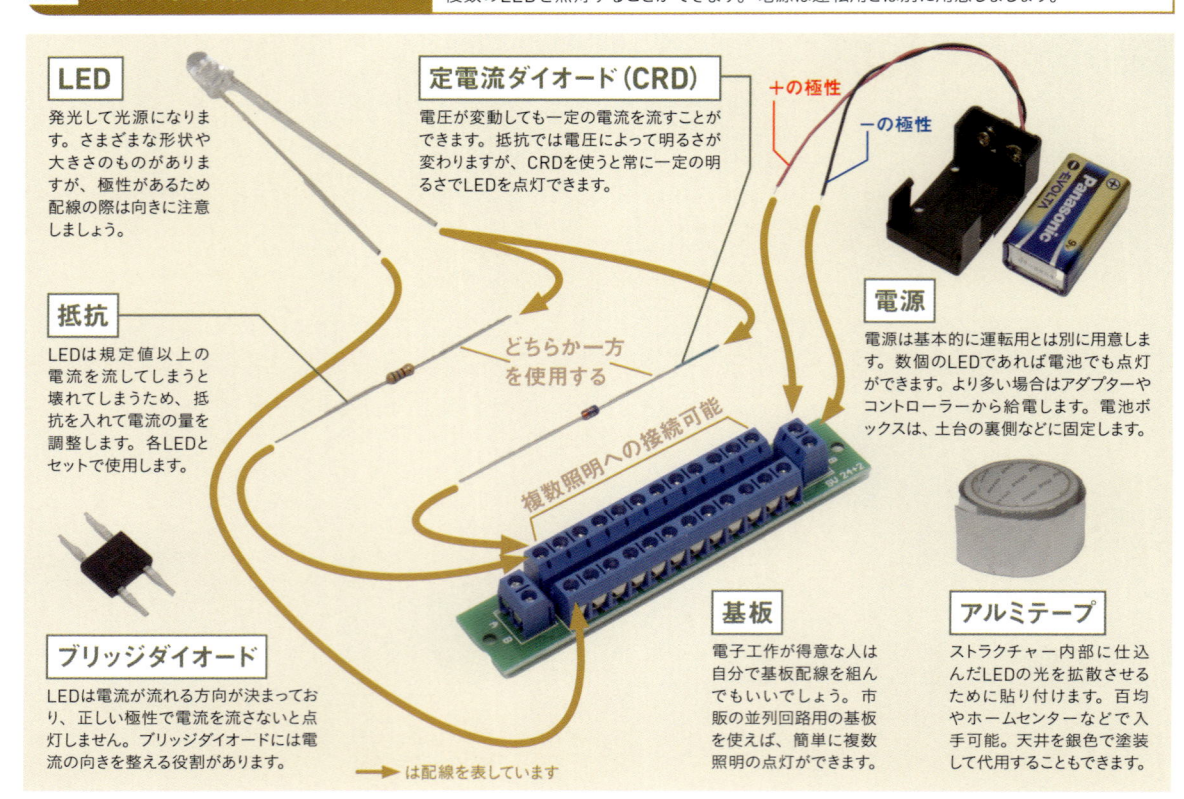

LED
発光して光源になります。さまざまな形状や大きさのものがありますが、極性があるため配線の際は向きに注意しましょう。

定電流ダイオード（CRD）
電圧が変動しても一定の電流を流すことができます。抵抗では電圧によって明るさが変わりますが、CRDを使うと常に一定の明るさでLEDを点灯できます。

＋の極性
−の極性

抵抗
LEDは規定値以上の電流を流してしまうと壊れてしまうため、抵抗を入れて電流の量を調整します。各LEDとセットで使用します。

どちらか一方を使用する

複数照明への接続可能

電源
電源は基本的に運転用とは別に用意します。数個のLEDであれば電池でも点灯ができます。より多い場合はアダプターやコントローラーから給電します。電池ボックスは、土台の裏側などに固定します。

ブリッジダイオード
LEDは電流が流れる方向が決まっており、正しい極性で電流を流さないと点灯しません。ブリッジダイオードには電流の向きを整える役割があります。

基板
電子工作が得意な人は自分で基板配線を組んでもいいでしょう。市販の並列回路用の基板を使えば、簡単に複数照明の点灯ができます。

アルミテープ
ストラクチャー内部に仕込んだLEDの光を拡散させるために貼り付けます。百均やホームセンターなどで入手可能。天井を銀色で塗装して代用することもできます。

→ は配線を表しています

使用する道具とアイテム

建物や情景に光を灯すために必要なアイテムを紹介しましょう。電子部品を扱うお店やネット通販などでも安価に購入することができます。

電飾①

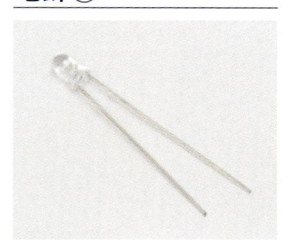

砲弾LED

先端が半球になったLEDです。明るく点灯するため建物の室内用に向いており、暖色や白色などがあります。

電飾②

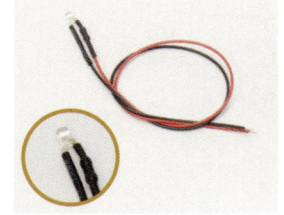

抵抗付き砲弾LED

砲弾LEDに抵抗があらかじめ配線されているものです。そのまま電源に接続することで点灯が可能です。

活用例

小屋のような建物だと、1灯仕込むだけで明るく点灯させることができます。天井に拡散用のアルミテープを貼っておくと、いっそう光量をアップさせることができます。

電源

電池ソケット

9ボルト電池用のソケットです。線路へつなぐと車両の前照灯や室内灯などでの点灯も可能になります。

電飾③

チップLED(1608)

1.6×0.8mmのとても小さなLEDです。ポリウレタン線が配線されている商品もあります。抵抗を取り付けて使用。

活用例

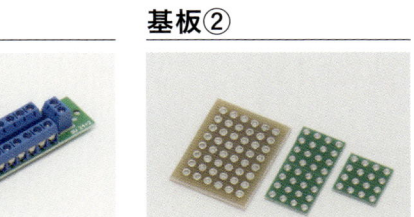

街灯やその他細かい部分の電飾に活用できます。LEDのサイズが小さいため、精密感のある光の演出が可能になります。ポリウレタン線はよじって這わせるように設置します。

基板①

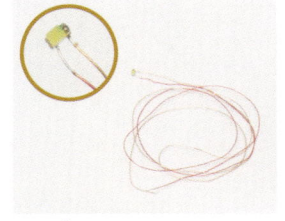

並列用基板

各LEDからの配線を並列に接続できる基板です。ハンダ付けが必要なく、極性を合わせてねじ止めするだけです。

基板②

プリント基板

自分で基板をつくりたい人用です。ハンダ付けの手間はありますが、市販の並列用基板より安価にできます。

建物に照明を取り付ける

市販のLEDを使ってジオラマ内の建物に電飾を仕込む方法です。建物によって工程が入れ替わる場合がありますが、基本的に手順は同じです。

電飾を用意する

1

建物に取り付けるLEDを用意します。LEDには抵抗もしくはCRDを取り付けておきます。

配線用の孔を開ける

2

孔

建物は各製品の説明書に従って分解しておく

土台と建物に配線用の孔を開けます。建物には元から孔があるものもありますが、無い場合はドリルで開けておきます。

LEDを取り付ける

3

LED

配線

孔にLEDを通して、配線を土台の裏側に引き込みます。

配線する

4

土台の裏側からみたところ

並列用基板

配線を基板につなぎます。各LEDからの配線を並列で接続します。画像の情景ではチップ・砲弾LEDなど合わせて10個のLEDを使用しています。

点灯を確認する

5

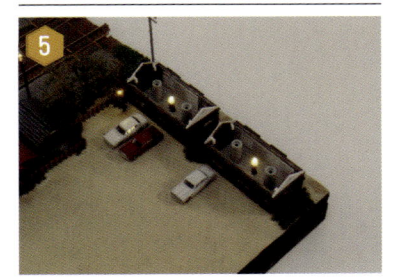

基板に電源を接続したら通電して点灯を確認します。点灯しない場合は、配線が正しくされているかを再度確認しましょう。

アルミテープを貼る

6

建物内部や天井にアルミテープを貼ることで、光が拡散されて明るさがアップします。テープが無い場合は、天井を銀色に塗っても効果があります。

完成

7

建物の地面への設置P.164

屋根を取り付けて完成です。ストラクチャーによっては、先にLEDを建物内に仕込んでから地面に設置する方が、効率がよい場合があります。

線路
地面・地形
草木・樹木
水・雪表現
建物
塗装
その他
建物に照明を付ける

Nゲージ用室内灯を活用した照明

車両用の室内灯をストラクチャーに活用する方法です。

室内灯を活用して照明化した駅舎

使用するメイン道具

車両用の室内灯

建物（作例はKATOの地上駅舎）

アルミテープ

室内灯を用意する

1

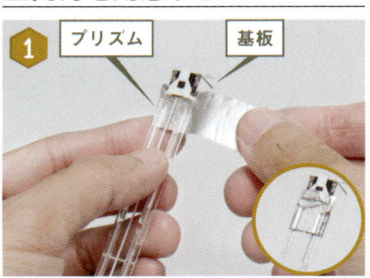

プリズム　基板

KATOの室内灯を使う場合は、基板とプリズムをアルミテープなどで固定します。アルミテープが通電箇所に触れないように注意しましょう。

配線をはんだ付けする

2

はんだ付けP.190

はんだごてを使って基板に配線します。長時間熱を当て続けると、プラが溶けたりLEDが壊れることがあるので短時間で行いましょう。

配線を通す

3

配線を駅舎の中に引き込み、建物の底へ通します。製品によっては配線孔が無い場合があるので、その場合はドリルで孔を開けておきます。

プリズムを固定する

4

プリズムはカッターでカット

折り目に沿ってプリズムを室内のサイズにカットし、天井に両面テープなどで固定します。天井には拡散用のアルミテープを貼っておきます。

通電確認をして完成

5

基板と電源をつなぎ点灯確認

通電して点灯を確認したら屋根を戻します。屋根と建屋が一体になった建物の場合は、建屋の天井などにプリズムを設置するとよいでしょう。

Point 照明への給電方法は乾電池か家庭用交流電源からの2通り

照明を光らせるには、電池と交流電源の2種類の給電方法があります。小さくて点灯箇所が少ない情景や、外部電源が使えない場合には市販の9ボルト電池などが使えます。点灯箇所が多い場合や固定レイアウトなどの場合は、照明専用の電源を用意します。照明用のコントローラーを用意する方法がもっとも簡単です。

乾電池の場合

特徴 市販の9ボルト電池とソケットなどを使います。外部の電源が使えない場合などに活用します。

交流電源の場合

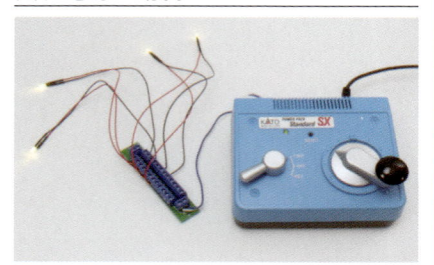

特徴 点灯箇所が多い場合には、照明の給電用に運転用とは別のコントローラーを用意する方法が、一番簡単で扱いやすいです。

Close Up テープLEDを使う

直線状に光らせたい場合や、広範囲を照らす場合には、LEDがテープ状に配置されたテープLEDを活用します。LEDを数個間隔でカットして長さを調整でき、電源をつなぐだけで複数のLEDを点灯できます。

自由な長さにカッターでカット

通電すると一度に複数のLEDが点灯して迫力があります。長さは自由にカットして調整しましょう。

活用例①

テープLEDならホームなどの細長い形状のストラクチャーに仕込むことも、簡単にできます。

活用例②

固定式レイアウトのライトアップや、ケースに入れたジオラマの照明に使うなど、用途はいろいろあります。

⚠ 室内灯の組み込みでは光透け、光漏れに注意

市販のストラクチャーは内部に照明を入れると、プラスチックが透けてしまうことがあります。その場合には内側を黒や銀色で塗装して遮光すると効果的です。同じようにプラパーツの隙間から光漏れがあるような場合には、アルミテープなどを貼って埋めることで対処しましょう。

△ 壁も光ってしまっている

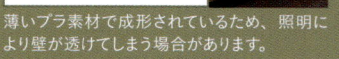
薄いプラ素材で成形されているため、照明により壁が透けてしまう場合があります。

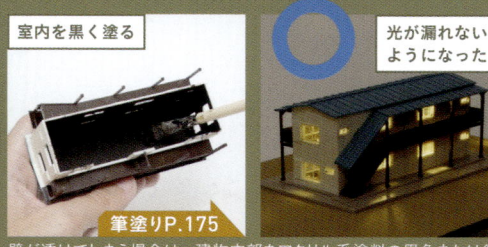

室内を黒く塗る

筆塗りP.175

○ 光が漏れないようになった

壁が透けてしまう場合は、建物内部をアクリル系塗料の黒色または銀色で筆塗りして遮光します。プラパーツの隙間はアルミテープを貼っておくと、光漏れを防ぐことができます。

◣ 既製品を用いて手軽に点灯

トミーテックの電飾キットは6灯のLEDが配線されており、電池をセットするだけで簡単に使えます。

トミーテック 電飾キット

1
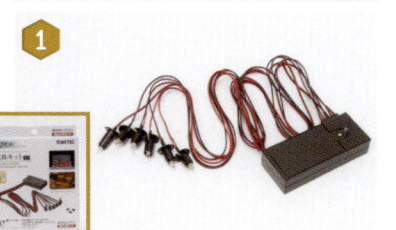
製品はLEDと電池ボックスが配線済みで、単3電池2本で点灯します。

建物内部に設置する

2

建物内部に設置します。遮光フィルムも付属しています。配線の長さが届く範囲で設置しましょう。

スイッチを入れて点灯

3

スイッチを入れると点灯します。小さいジオラマなどで活用することができます。

照明付きや簡単に照明化できる 製品カタログ

TOMIX
島式ホームセット（都市型）照明付

ホームの屋根にLED照明が設置されており、配線は別売りのパワーユニットに接続して明るさを調節します。看板や自販機なども点灯します。

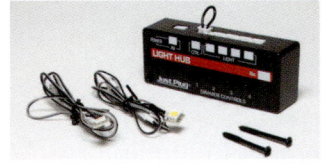

KATO
ジャストプラグ ライト＆ハブセット

ライトハブにLEDと電源アダプターを差し込むだけで簡単に照明の点灯が可能。それぞれのLEDはボリュームによって明るさの調整ができます。

+

→

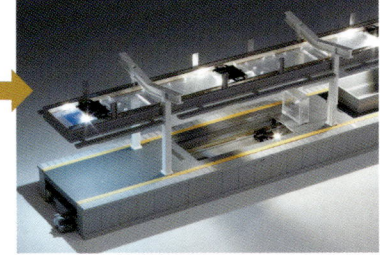

KATO
ホームDX照明キット

近郊形ホームDXに取り付けるためのLED照明です。点灯には別途ターミナルユニジョイナーが必要となります。

KATO
近郊形ホームDX 島式セット

現代のプラットホームを再現可能。新幹線の駅で多く採用されている形態がプロトタイプ。別売りのホームドアや照明キットに対応します。

ホームの屋根裏と床下に設置されているレールに挟むように取り付けることで、ホームやホーム上のアクセサリーを簡単に点灯することができます。

フレキシブル線路のフィーダーの配線と電動ポイントを設置する

- フィーダーとはコントローラーから線路へ給電するコード。フレキシブル線路にははんだを使ってフィーダー線を取り付ける。
- ポイントは道床付きのポイント線路を組み込むのが簡単。接続はフレキシブル線路用のジョイントを使用する。
- ケーブルの色と極性を確認しておく。赤＋黒− が一般的だが、KATO製は 白＋ 青−。TOMIX製は 茶色＋ 白−の極性。

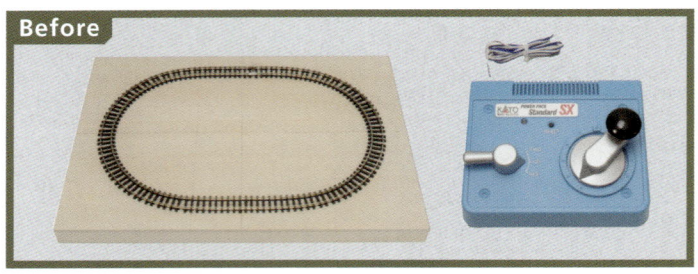

Before

After

コントローラーとつながり運転可能に！

使用するメイン道具

ジョイント

フィーダー

ポイント線路とポイントマシン

フ レキシブル線路（P.31参照）へフィーダーを配線するときは、フィーダーケーブルの線路側をカットしたものを線路にはんだ付けします。フィーダーは使いたいコントローラーに合ったものを使います。配線のときはケーブルの色と極性を確認しましょう。コントローラーとは異なるメーカーのポイント線路を設置する場合、別途ポイントマシン用の電源を用意する必要があります。

フィーダーの配線

先端をカットしたフィーダー線をフレキシブル線路へはんだ付けします（作例はTOMIX製のフィーダー）。ここではジョイントへはんだ付けしていますが、レールへ直接配線しても構いません。

予備はんだを盛っておく

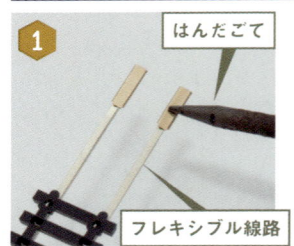

1 はんだごて / フレキシブル線路

はんだを盛る部分にこて先を当てて熱します。はんだ付けするときは事前に接合部分に予備はんだを薄く盛っておくと、作業しやすくなります。

2 はんだ / 予備はんだOK

十分に熱せられたら少量のはんだを当てて溶かします。溶けたはんだが薄く伸びたところでこて先を離します。固まれば予備はんだはOKです。

配線側にも盛る

3 −の極性 / フィーダーの配線 / ＋の極性

同様の手順で配線側にも予備はんだを盛っておきます。はんだで表面が覆われればOKです。

溶かして接合する

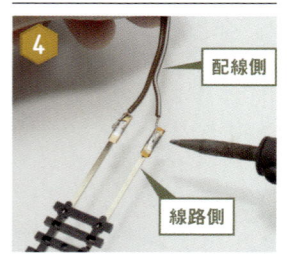

4 配線側 / 線路側

予備はんだをした箇所を重ね合わせて、こて先を当てます。それぞれのはんだを溶かして接合します。

接合されたら離す

5 接合完了 / 固まるまで動かさない

はんだが溶けて接合されたら、こて先を離します。溶けたはんだが冷えて固まるまで、配線は重ねたまま動かさないようにしておきましょう。

土台に配線を通す

6 開けた孔に配線を通す / ドリルで孔開け / 線路の固定P.72

土台にドリルで孔を開けて、配線を通します。枕木の位置を調整し、線路をゴム系接着剤と小釘を使って固定します。

ジョイントの隙間にはんだ

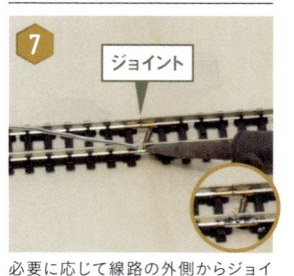

7 ジョイント

必要に応じて線路の外側からジョイントの隙間にはんだを流し、線路とジョイントを固定します。これにより通電不良を防ぐことができます。

KEY Item

ジョイント付きの便利なフィーダー線

KATO ターミナルジョイント

KATOのフレキ用のフィーダーを使えば、はんだ付けの必要がなく簡単に給電できます。

ポイント線路を設置する

フレキシブル線路と道床付きのポイント線路を組み合わせて設置する方法です。ポイントはコントローラーからの給電、またはポイントマシン用の電源を使います。

線路の位置を土台に記す

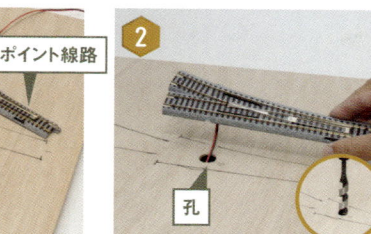

ポイント線路

フレキシブル線路とポイント線路の設置位置をペンなどで土台に記しておきます。ポイントの配線のための孔の位置も決めておきましょう。

孔を開けて配線を通す

孔

土台にドリルで孔を開けて、配線を通します。この段階では線路の固定はまだ行いません。

コルク道床を取り付ける

コルク道床P.73

コルク道床どうしが接触する箇所はカッターでカット

フレキシブル線路の設置場所にコルク道床を取り付けます。ポイントの分岐側のコルク道床は、接触する箇所をカットして設置し調整します。

ジョイナーを交換する

ジョイナーを取り外し交換

ポイント線路のジョイナーを取り外し、フレキ用のジョイントに交換しておきます。

フレキシブル線路の取り付け

フレキシブル線路

線路の取り付けP.72

フレキシブル線路を取り付けます。ジョイントがズレないように注意します。いきなり接着するのではなく、仮置きして位置を確認しましょう。

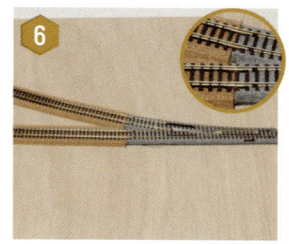

もう片側のフレキシブル線路も同じように取り付けます。線路位置が決まれば、ゴム系接着剤などで線路を固定します。

Close Up ポイントマシン用の電源

ポイント線路はメーカーを問わず混合して使うこともできます。そのときはメーカーに応じたポイントマシン用の電源を用意しましょう。フレキシブル線路を使うと、柔軟な組み合わせで線路を組むことができます。

電源の組み合わせは自由

TOMIX用のポイント電源

フィーダーとコントローラーをTOMIX、ポイント線路にKATOを使用した例です。逆の組み合わせでも問題ありません。

Plus+α ポイント線路の選択式・非選択式について覚えておこう

KATOのポイント線路

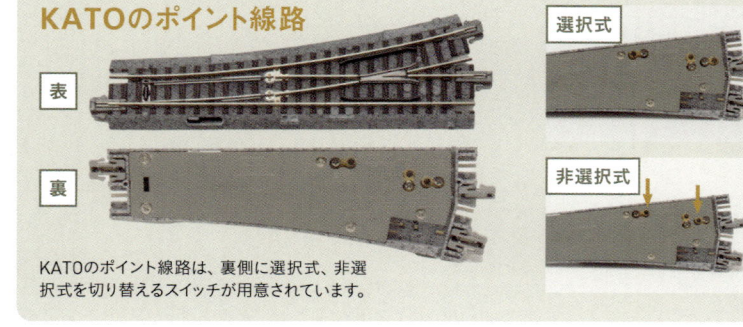

表

裏

選択式

非選択式

KATOのポイント線路は、裏側に選択式、非選択式を切り替えるスイッチが用意されています。

KATO・TOMIXのポイント線路は基本的に選択式が採用されています。選択式とはポイントが切り替わった側の線路へ通電する方式で、非開通側の線路に停車している車両は動きません。もう一方の非選択式はポイントの開通向きに関係なくすべての線路へ通電する方式で、デコーダで車両を個別に操作するDCCの運転などに活用されます。KATOの一部ポイントでは、裏側のネジ位置を変えることで選択、非選択を切り替えることができます。

Point フィーダーの設置箇所は分岐の前が基本

基本的にフィーダーは分岐の前に設置します。待避線の中にフィーダーを設置してしまうと、ポイントの開通方向によっては線路全体への給電ができなくなってしまいます。また、大型のレイアウトの場合、フィーダーから離れるほど電圧降下が生じて車両の速度が落ちることがあります。この問題は、等間隔に離した位置に複数のフィーダーを取り付けることで解消できます。

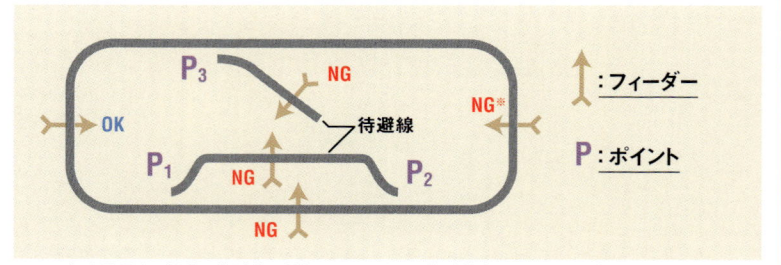

P₃ NG

OK

P₁ NG P₂ NG*

NG

↑ ：フィーダー

P ：ポイント

待避線

フィーダーを設置する場合は待避線の外側に設置します。待避線内に設置するとポイントの開通方向によっては、待避線の外側の線路に給電ができなくなってしまうからです。

※右側のフィーダーはP1とP2の開通方向が揃っていない場合、P3の待避線へ給電できなくなります

車両に室内灯を取り付ける

- 車両内の照明には車両に対応した室内灯製品を使用する。室内灯製品はメーカー純正のものを選ぶと安心。
- 対応する室内灯や取り付け方は車両によって異なるため、車両の説明書やメーカー商品ページを確認する。
- 組みあげる前に点灯確認は必ず行っておく。

室内照明を組み込んだ車両

塗装して室内をカスタマイズした車両たち（右頁下参照）

使用するメイン道具

車両照明ユニット

室内灯クリア（KATO）　室内照明ユニット（TOMIX）

Ｎゲージの車両には別売りの室内灯を取り付けることが可能です。室内灯は各メーカーから発売されており、KATO製であれば「室内灯クリア」が全車両に対応します。白色と電球色の2種類があるので、車両に合わせて選択しましょう。TOMIXからは「室内照明ユニット」が発売されています。車両によって形状が異なるので、車両製品のオプションに記載されているものを購入しましょう。

車両に照明を組み込む① KATO

KATO製の車両には同社の「室内灯クリア」を使用します。必要に応じてカラーフィルターを取り付けることもできます。

ボディを取り外す

1

ボディは無理やりこじ開けない

車両のボディと床下を外します。ボディを広げるようにして持ち上げると外れます。ボディを傷つけないように注意しましょう。

集電板を取り付ける

2 扱いはピンセットで

車両の端から集電板（集電シュー）を左右1個ずつ、奥までしっかりと差し込みます。指の脂などが付着すると通電不良が起きるので気をつけます。

カラーフィルターを取り付ける

3

必要に応じて基板にカラーフィルターを取り付けます。フィルターを取り付けることで、照明を暖色寄りにすることができます。

基板を取り付ける

4

車両に取り付けた集電板と、基板の通電部が接触するように気をつけながら、基板を差し込んで取り付けます。カチっとはまればOKです。

プリズムを取り付ける

5 プリズムは溝の位置で折るだけでカットできる

全長に合わせてカットしたプリズムを車両に取り付けます。基板にぴったりと付いた状態になるように取り付けましょう。

点灯確認

6

線路に載せて点灯確認をします。光らない場合は集電板と基板の通電部が、きちんと接触しているかどうかもう一度確認しましょう。

完成

7

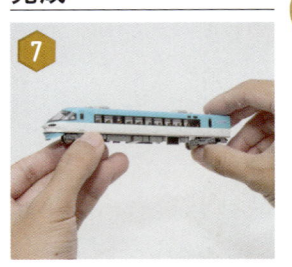

ボディを戻し、再度点灯確認をして問題なければ取り付け完了です。その他の車種や、動力車も取り付けの工程は同じです。

Point 専用プリズムが取り付け済みの車両もある

車種によっては、専用のプリズムが取り付け済みの車両があります。その場合はプリズム以外を同じ手順で設置すればOKです。

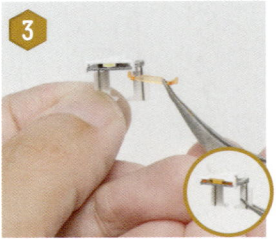

車両に照明を組み込む② TOMIX

TOMIX製の車両には同社の「室内照明ユニット」を使用します。マイクロエース、グリーンマックス製の車両とは互換性があります。

ボディを取り外す

車両のボディと床下を外します。ボディを広げるようにして持ち上げると外れます。ボディを傷つけないように注意しましょう。

遮光シールを貼り付ける

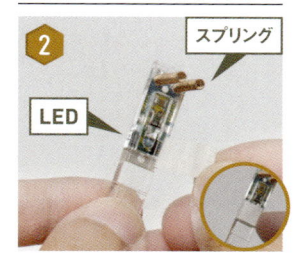

照明ユニットのLEDがある部分に、付属の遮光シールを貼り付けます。プリズムにぐるりと1周巻き付けるようにします。

プリズムをカット

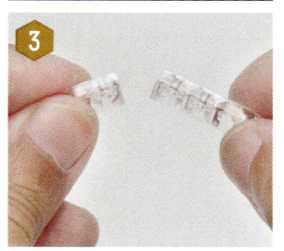

車両の全長に合わせてプリズムをカットします。折り目に合わせて、カッターやニッパーを用いて切り取りましょう。

車両へ取り付ける

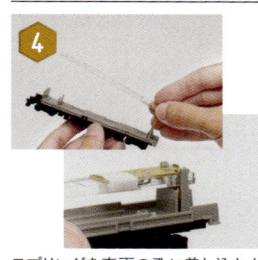

スプリングを車両の孔に差し込むように、照明ユニットを取り付けます。ユニットがしっかりはまっているかを爪で確認しましょう。

点灯確認

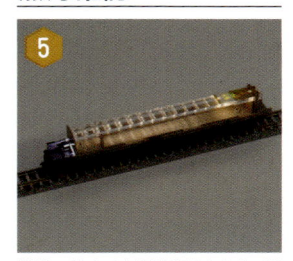

線路に載せて点灯確認をします。光らない場合は、スプリングが奥まできちんと差し込まれているかをもう一度確認しましょう。

完成

ボディを戻し、再度点灯確認をして問題がなければ取り付け完了です。その他の車種や、動力車も取り付けの工程は同じです。

Point マイクロエースやグリーンマックス、ポポンデッタも同様の手順で取り付ける

マイクロエースやグリーンマックス、ポポンデッタ製品の純正室内灯もTOMIXと同じ構造なので同手順で取り付けが可能です。対応する室内灯は説明書などで確認しましょう。

室内灯は互換性のある社外品もありますが、車両に対応したメーカー純正品を選んでおくと安心です。

Plus α 車両室内を塗装する

車両内部の座席を塗装したり市販のシールなどを貼り付けることで、室内灯を点灯したときに車内表現が際立ちます。人形を載せるのも効果的。

床色を塗装する

エアブラシ塗装P.177

車両のボディと座席パーツを外し、床の色となるグレーを塗装します。下地としてプライマー（P.179参照）を吹いておくとよりよくなります。

床をマスキングする

細く切ったマスキングテープを、床部分に貼り付けます。隙間ができないように、しっかりと擦って定着させます。

座席を塗装する

塗装の参考P.178

座席の色を吹き付けて塗装します。車両のスミにまで塗料が行き渡るように、あらゆる角度から吹き付けて色を入れます。

マスキングを剥がす

ピンセットでていねいに剥がす

座席の塗装と乾燥が終わったらマスキングを剥がします。勢いよく剥がすと、塗膜が一緒に剥がれることがあるのでていねいに行います。

枕カバーを貼り付ける

ピンセットで貼り付ける

ハセガワのミラーフィニッシュをカットして貼り付けて、枕カバーを表現します。白のマスキングテープでも代用できます。

ボディを戻して完成

完成画像寄りは左頁

ボディを戻して完成です。室内灯が入っていると、室内の加工がより鮮明に目立つようになります。人形などを載せてもよいでしょう。

枕カバーデカール

完成画像は左頁

レールクラフト阿波座のデカールを貼り付けると、パンダくろしおのかわいい枕カバーを表現できます。室内が賑やかになるアイテムです。

内装表現シール

完成画像は左頁

ヌヌ小屋の内装シールは、貼り付けるだけで車両の特徴的な内装を表現できます。布の質感も再現されています。

「車両の室内を塗装する」で使用する道具｜車両、エアブラシ塗装道具一式（P.177参照）、ラッカー系またはアクリル系塗料、マスキングテープ、カッター、ピンセット、ミラーフィニッシュまたは白のマスキングテープ

車両をショーティー化する

- 一般車両を小型化し、省スペースでの運転を可能にする。
- 車両のボディを分解しプラスチック用のこぎりでカットする。
- 台車や動力は入手しやすい既製品を利用する。

Before

After

一般車両の約半分の長さに小型化

使用するメイン道具

小型化したい車両

小型車両用動力ユニット（KATO）

通常の車両よりも短くデフォルメされた車両のことをショーティーと呼びます。約半分の長さになった車両は、その全長の短さゆえに半径の小さなカーブレールも通過できるため、省スペースで遊ぶことが可能です。市販のショーティー車両もありますが、通常の車両を切り詰めてショーティー化する遊び方もあります。短い車両と省スペースの線路、さらに小さな情景製作と楽しさが広がります。

車両を小型化する

市販の車両をカットしてショーティー化する方法です。少々難易度があがりますが、小さい車両は省スペースで遊ぶことができるためとても魅力的です。

車両を分解する

1

分解方法は各製品の説明書やメーカーのホームページで確認

車両のボディを分解します。床板とボディを手で簡単に外せるタイプや、屋根から外すタイプなどがあります。

ボディをカットする

2

切断面はサンドペーパーで処理

ボディと窓などの各パーツを、プラ用のこでカットします。カット位置は車両に合わせます。切断面は平らになるように処理しておきましょう。

ボディを接着する

3

全長約7cmに調整

全体のバランスを見ながら、全長が約7cmになるように調整します。カットして長さの調整をしたボディを瞬間接着剤で接着します。

動力ユニットを組み込む

4

接触する部分があればボディを削るなどで調整

動力車には入手しやすく汎用性のある、KATOの小型車両用動力ユニットを使います。ボディが被さるように各部を微調整して仕上げましょう。

Close Up　ナロースケールについて

けいべん
軽便鉄道のように、線路幅が狭い鉄道をナローゲージと呼びます。縮尺が1/87～1/80のナローゲージは、Nゲージと同じ9mmの線路を走ります。これらの車両をHOナローと呼んだりします。

Nスケール　　ナロースケール

左は1/150、右は1/80の電気機関車。どちらもNゲージの線路を走りますが、スケール（縮尺）が異なります。

ゲージ（軌間）とスケール（縮尺）

ゲージ（軌間）	スケール	呼び方	おもな鉄道
610mm	1/76	009（ダブルオーナイン）	軽便鉄道や鉱山鉄道など
762mm	1/87～1/80	HOナロー	軽便鉄道や鉱山鉄道など
1067mm	1/150	Nゲージ	JR線、私鉄など
1372mm	1/150		世田谷線など
1435mm	1/160		新幹線、京浜急行など

※上記のすべてが9mmの線路を走ります

車両と情景を格好よく撮影する

🔹 **背景を用意**して**撮影**すると**模型が引き立つ**。
🔹 **自然光を上手に取り込む**と実物同様の影ができて格好のよい写真を撮影できる。
🔹 **車載カメラ**が搭載されている車両を利用すると、**臨場感のある景色**を撮影できる。

製 作したジオラマは、背景を用意すると格好のよい写真が撮影できます。テレビなどのディスプレイに写真を映し出すことで、簡単に背景をつくることができます。写真を綺麗に撮るには明るさが必要になります。ライトの下な

どで撮影しましょう。また、自然光を利用すると、実物同様の影ができてジオラマを引き立たせることができます。さらにカメラの機能を上手に使うことによって雰囲気の異なる写真を撮影することができます。

撮影台のつくり方

ジオラマは背景を用意して撮影すると模型が引き立ちます。空などの情景を表示したディスプレイの前で撮影すると、手軽に背景をつくることができます。

背景
撮影のときは背景に余計なものが映り込まないようにしましょう。TVやモニターに空や風景の写真を映して背景にする手法も。

お立ち台
ジオラマは台の上に載せて嵩上げをすることで、下から見上げるような迫力のある写真を撮りやすくなります。

撮影したい作品
小さいディスプレイジオラマだからこそ、車両を載せて撮影してみましょう。撮影前には車両が脱線していないかを確認しましょう。

余計なものが映った場合はトリミングをしましょう。また、なるべく明るい場所で撮影することでより綺麗な写真に仕上がります。

撮影テクニック

スマホやデジカメを使った簡単な撮影テクニックです。明るい場所で撮影すると綺麗な写真に仕上がります。その他、カメラの機能を上手に使い分けましょう。

自然光を上手に取り込む

ジオラマを自然光の下で撮影すると、影がはっきりと出るため実物のような写真になります。

レンズを使い分ける

標準レンズ

広角レンズ

スマホでもカメラレンズを切り替えて撮影すると、同じ位置からの撮影でもまったく異なる写真を撮ることができます。

広角レンズで撮影すると遠近感が出て奥行きを表現できます。レンズの位置を線路に近づけて撮影すると、実物と同じ目線での写真になります。

カメラの機能でピントの範囲を広げる

ピントの合う範囲を調整すると、同位置から撮影した写真でも印象が変わります。背景をボカすことで車両を引き立てることができます。

ピントの調整を変更して、ピントが合う範囲を広くしてみます。全体をくっきりと見せたい場合は、このように撮影しましょう。

車載カメラで先頭車からの景色を撮影

市販の車載カメラでレイアウトを走行する様子を撮影すると、運転士気分で模型の中に入り込んだような臨場感があります。動画映像（左写真参照）を楽しむことができます。

TOMIX
車載カメラシステムセット

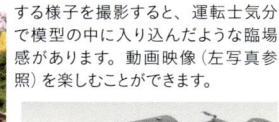

カメラ搭載車、動力車を含む3両のセットになります。

その他

難易度 ★ ★ ★
3days

レイアウトと車両の
メンテナンスと保管

- レールと車輪が**汚れると通電不良**になり**車両が走らなくなる**ため、**定期的にメンテナンス**が必要。
- レイアウトやジオラマには**埃が載らないように対策**する必要がある。
- 大きいレイアウトには**クリーニングカー**があると便利。

使用するメイン道具

綿棒　　レールクリーナー　　除電ブラシ
　　　　　　　　　　　　　　（TAMIYA）

鉄 道模型で遊ぶ上で避けて通れないのは、定期的なメンテナンスです。レールと車輪が汚れてしまうと通電ができなくなり、ライトが点かなかったり車両が動かなくなります。基本的なメンテナンス方法は、市販のクリーナー液を使ってレールと車輪を拭くだけです。すぐに汚れて走らなくなることはそれほど多くはないですが、遊び終わったあとなどに手入れすることを心がけましょう。

🔧 レイアウトのメンテナンス

車両を走行させているとレールが汚れるため、定期的に拭いて掃除します。レイアウトに載った埃の掃除と、埃対策も考えましょう。

①レールを磨く

カーブの内側は丹念に拭く

レールクリーナーを染み込ませた綿棒を、レールに軽く押し当てるようにしてこすると汚れが落ちます。カーブの内側は車輪のフランジが当たることで汚れが付きやすいため、念入りに拭いておきましょう。汚れていることでさらに汚れが付着しやすくなるため、定期的に拭いておきます。

②しつこい汚れやサビにはサンドペーパーを使う

目の細かいサンドペーパーでこする

仕上げはクリーナー＋綿棒

綿棒で落ちない汚れやサビなどは、800〜1000番手の目の細かいサンドペーパーでこすって落とします。ペーパーの目が大きいとレールに傷がつき、スパーク汚れが発生しやすくなるため注意しましょう。サンドペーパーを使ったあとはクリーナーを染み込ませた綿棒などで、粉塵を拭き取っておきます。

③埃を落とす

除電ブラシで払う

掃除機＋ストッキング

レイアウトのストラクチャーに積もった埃は、除電ブラシで優しく払って落とします。レールに載った埃は掃除機で吸い取りましょう。ストッキングを掃除機の先端に被せておくと、線路上に落ちてしまった細かいパーツなどを吸ってしまうことを防げます。

④埃対策

ディスプレイケースに収納

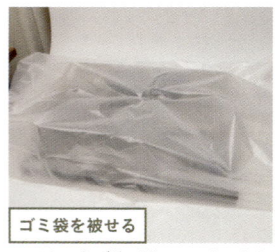

ゴミ袋を被せる

レイアウトやジオラマは出しっぱなしにしていると、必ず埃が載ってしまいます。小型の情景はディスプレイケースに収納することによって、埃の付着を防いで飾っておくこともできます。大型のレイアウトには切り開いたゴミ袋などを被せておくだけで、埃対策となります。

車両のメンテナンス

レールと同様に走行によって車輪も汚れます。動きがギクシャクしたりライトや室内灯が点滅するような場合にはメンテナンスをしましょう。

車輪を拭く

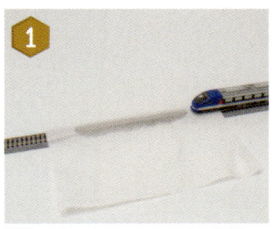

1 線路の上にキッチンペーパーを載せ、キッチンペーパーにクリーナーを染み込ませます。

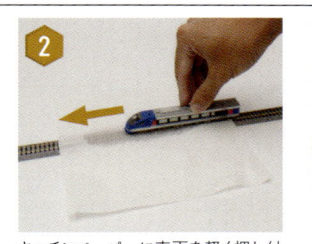

2 キッチンペーパーに車両を軽く押し付けるようにして、前後に往復させて車輪の汚れを落とします。

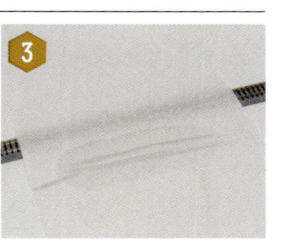

3 車輪に付着していた汚れです。車輪が汚れたままで走行していると、レールも汚れやすくなります。

動力車は綿棒を使う

4 埃が絡まっているときは取り除く

動力車の車輪は綿棒でていねいに拭き取ります。線路に載せて通電しながら、車輪全体を拭きましょう。

Point ▶ ## 車両が動かなくなるおもな原因（動かなくなった場合）

車両が動かなくなった場合のよくある原因は、おもに車輪のスパーク汚れです。レールから車輪へ通電する際にわずかな火花が発生し、細かい埃などが炭化して付着します。また、埃の付着や車輪の脱落などにも気をつけましょう。

①スパーク汚れ

走行する上で避けて通れないのがスパーク汚れ。車輪やレールにこびりつくと、通電せず動かなくなります。

②埃が絡まっている

線路上に載っていた埃が、台車のギアや車輪の隙間に絡んでしまうと走行に支障をきたします。

③パーツがはまっていない

車輪や台車などのパーツが外れてしまっていることがあります。走行前に確認するようにしましょう。

KEY Item ## メンテナンス用に持っておきたい専用ツール

鉄道模型で遊ぶ上で持っておきたいメンテナンス用具です。レールや車両のメンテナンスではクリーナー液が必要になります。KATOとTOMIXからそれぞれ発売されているので購入しておきましょう。用途は同じですので、どちらを選んでも問題ありません。ポポンデッタからはクリーナー液を出しながらレールを拭けるペン型のクリーナー、TOMIXからは大型レイアウトの埃除去もできるクリーニングカーが発売されています。用途によって使い分けましょう。

クリーナー液

TOMIX レールクリーナー
メジャーアイテムのレールクリーナー。綿棒などに染み込ませて使います。

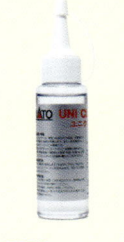

KATO ユニクリーナー
用途は同様です。塗料を溶かさないので、ボディに付いた汚れにも使えます。

綿棒

KATO 綿棒
手軽にレール掃除ができる綿棒です。持ち手が長いため駅やトンネルなど、奥まった場所のレール掃除に使えます。

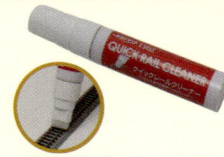

ポポンデッタ クイックレールクリーナー
クリーナー液を出しながらレールを拭けるペン型の商品。持ち運びもしやすいため運転会などでも重宝するアイテム。

大きいレイアウトにオススメ

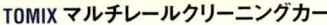

TOMIX マルチレールクリーニングカー
大型レイアウトの手が届かない場所のレール掃除に便利。埃を除去する吸引モードと拭き掃除モードに切り替えることができます。機関車に牽かせて使用します。機関車などの動力車と連結させて線路上を走行させることで、線路のクリーニングが可能です。

クリーニング棒を自作するのもあり

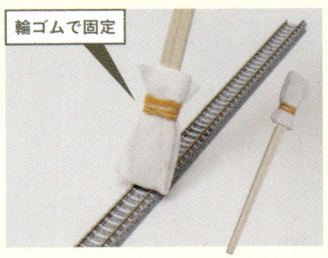

輪ゴムで固定

割り箸の先に布を巻きつけるだけで簡単にクリーニング棒になります。不要な衣類などを再利用できます。ほつれにくくしっかりしたジーンズ生地がオススメ。

用意するもの
割り箸、布（ジーンズ生地）、輪ゴム

エンドレスレイアウトをつくる

- ⚡ エンドレスレイアウトは、さまざまなテクニックを複合的に使用してつくる。
- ⚡ シチュエーションによって、臨機応変に工作の順序を入れ替えてよい。
- ⚡ プランニングを立てておくとスムーズに工作が進む。途中でつくりたいように変更してもOK。

どんな情景にしたいか

テーマ：蒸気機関車が似合う情景／モチーフ：山口線

つくりたいもの

- ・駅のホームには待避線を設置して2編成で遊べるようにする
- ・待避線には最低6両編成が停車できるようにする
- ・トンネルと鉄橋を設置する
- ・ターンテーブルと扇形機関庫を設置する

省 スペースで遊べる600×900mmサイズのレイアウトを製作します。モジュールやジオラマとは異なり、周回走行できるものをエンドレスレイアウト（P.46参照）と呼びます。小さい面積に線路と情景を詰め込むため、省略する箇所やデフォルメも必要となります。プランニングの段階でレイアウトに入れたい要素をピックアップしておきましょう。つくり込めないものは潔く省略します。完成後に運転を楽しめるように、さまざまな角度から眺められるポイントをつくっておきましょう。

使用するメイン道具

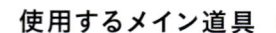

台（基盤）

情景素材

線路、建物

コントローラー

🔲 レイアウト製作の一般的な流れ

プランニングを立てておくと工作が捗ります。大まかな流れは下記の通りですが作業によって順番を前後させても構いません。

プランニング → 台（基盤）の準備 → 線路の敷設 → 線路と道路の仕上げ／地形の工作／外壁の作成 → 草木の植え込み／建物の設置／アクセサリーの取り付け → 細部の仕上げ → 完成

使用する道具 他｜スタイロフォーム、ペン、カッター、発泡スチロール用接着剤、ゴム系接着剤、塗装道具一式（P.64参照）、情景テクスチャーペイント、土パウダー、ボンド水、トンネルポータル、新聞紙、プラスタークロス、プラスター、ベニヤ板、小型のこぎり

プランニング

今回は走らせたい車両からレイアウトプランをイメージし、情景としてつくりたい要素を選定しました。スペースに収めるため半径が小さい線路を選択。線路を組んで走行テストもしておきましょう。

情景をイメージする

1 何をつくるか考える①②P.50 52

好きな情景や遊びたい車両などからイメージして、どのような情景をつくるかを決めます。

線路や建物などを集める

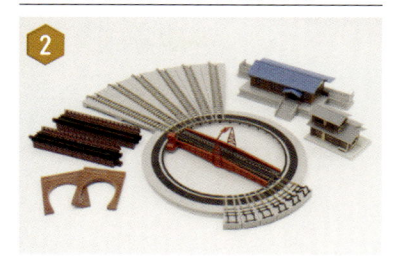

2

情景に必要なストラクチャーや線路などを集めます。建物はあとから買い足してもOKです。

配線を考える

3 土台の決め方P.54

プランを決めたら車両の試運転も忘れずに

線路を仮組みしてレイアウトプランをイメージします。さまざまな組み合わせを試しましょう。

土台の準備

レイアウトの土台部分をつくります。鉄橋を組み込む場合は、スタイロフォームなどで地面を嵩上げしておきましょう（P.93参照）。線路の位置を決め、配線用の孔も開けておきます。

土台を嵩上げする

1 線路の高さより低い地形をつくる場合に嵩上げしておく

必要に応じてレイアウトボードの上にスタイロフォームを木工用ボンドなどで貼って、土台を嵩上げします。

線路を仮組みする

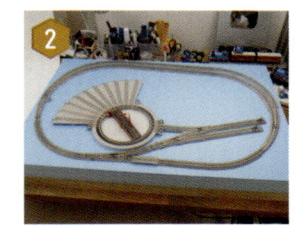

2

改めて線路を組み、位置を決めます。山や鉄橋、ストラクチャーをどの場所に設置するかも決めておきます。

線路の位置を記す

3 配線用の孔はドリルで開ける

位置が決まったら、線路の位置を土台に記します。配線用の孔が必要なところには孔を開けておきます。

鉄橋を設置する

4 鉄橋の設置P.130

鉄橋を設置する場所は、あらかじめその部分のスタイロフォームをカッターなどで切り取っておきます。

線路の敷設

土台の素材に合った接着剤で線路を固定します。線路が固定できれば、レールの側面にブラウン系の塗料でサビ色を塗っておきます。線路の固定後も車両が問題なく通過するか、テストしておきましょう。

接着剤を塗る

1 線路の敷設P.70

スタイロフォームに線路を接着する場合は、発泡スチロール用の接着剤を使用します。

線路を固定する

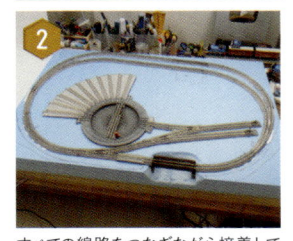

2

すべての線路をつなぎながら接着して固定します。線路が浮いたりしていないか確認しましょう。

Close Up 他社ポイントを組み合わせる

フレキ用ジョイントP.191

TOMIXのポイントは1mm嵩上げすると、KATOの線路と高さが合います。接続にはフレキ用ジョイントを使用。

線路を塗装する

3 線路の塗装P.75 エアブラシ塗装P.177

レールの側面にサビ色を入れます。エアブラシではなく、筆塗りや茶色のマーカーで塗ってもOKです。

地形と地面の製作

厚みのある素材を重ねて地形の形をつくり、粘土で地表の起伏をつくります。土はペーストやパウダーで表現します。擁壁を設置する場合はこの段階で場所を決めておきましょう。

地形に擁壁を設置

1 擁壁の設置P.98

ゴム系接着剤で固定

板状の素材を重ねて、大まかな地形をつくります。擁壁は事前に塗装しておき、接着して固定します。

粘土で地表をつくる

2 粘土の貼り付けP.83

粘土を貼り付けて地表に起伏をつくります。剥がれ防止の木工用ボンドを、下地に塗っておきましょう。

土ペーストを塗る

3 土の表現P.86

土を表現するためのペーストを塗布します。今回はTAMIYAの情景テクスチャーペイントを使用しました。

パウダーを撒く

4 ここにパウダーを撒いた

土の表現P.87

さらに土用のパウダーを撒いてボンド水で固着します。複数色を混色して撒くと、自然な感じになります。

使用する道具 他続き｜サンドペーパー、バラスト、スプーン、マスキングテープ、スポイト、グロスポリマーメディウム、電飾用素材（P.186参照）、グラスアプリケーター、繊維状の草素材、プランツシート、樹木、人形、小物

線路 / 地面・地形 / 草木・樹木 / 水・雪表現 / 建物 / 塗装 / その他 エンドレスレイアウトをつくる

山とトンネルの製作

線路の線形に合わせて山とトンネルをつくります。レイアウトに収めるため山の形や大きさを考える必要があります。車両の見栄えなども考慮し位置を決めましょう。

入り口と芯をつくる

1

トンネルポータルを設置し、小さく切ったスタイロフォームを芯材として、山の骨組みをつくります。

山の形をつくる

2

丸めた新聞紙を重ねて肉付けします。その上にプラスタークロスを貼り付けて、山の表面をつくります。

地表をつくる

3

TOMIXのプラスターを盛り付けて、地表の質感をつくります。岩肌になる部分は凸凹をつけておきます。

着色する

4

山への着色P.176
ドライブラシP.181

黒、グレーのアクリル絵の具で着色し、乾燥後に白でドライブラシを施します。パウダーを撒布しても◯。

化粧板をつくる

ベニヤ板で土台の側面に化粧板を貼り付けます。今回は地形に合わせて板を切り出しますが、先に化粧板をつくってから地形をつくる方法もあります。やりやすい手順で製作しましょう。

山の稜線を描く

1 地形に沿った線をペンで記す

地形に合わせてベニヤ板に稜線をケガきます。紙に描いて板にトレースしても構いません。

切り出す

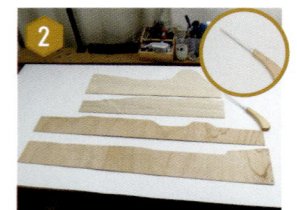

2

線に合わせて板を切り出します。薄いベニヤ板はカッターでも切れますが、小さいのこぎりがあると便利。

貼り合わせる

3

木工用ボンドを塗布し、土台に貼り付けます。角の部分は板がズレないように、テープで固定します。

着色する

4 やすりがけしてから塗装

固定後、板の表面をやすりがけして着色します。今回は木材用のニスを塗り重ねました。好みの塗料でOK。

線路にバラストを撒く

固定した線路のまわりにバラストを撒きます。線路まわりが仕上がると一気に製作が進みます。車両が通過するかを確認しながらていねいに作業しましょう。

バラストを撒布

1

バラストの撒き方P.71 74

面積が広い箇所への撒布には、スプーンなどを活用します。その後、筆などで均一にならします。

Point ▶ ポイントはマスキング

ポイントは精密なため、駆動部や隙間などにバラストが入らないように、マスキングをしておきましょう。

マスキングの仕方P.178

ボンド水で固着する

2

スポイトでボンド水を染み込ませてバラストを固着します。1日以上しっかりと乾燥させましょう。

着色する

3 エアブラシ塗装P.177

ラッカーまたはアクリル系塗料で着色

サンドペーパーでやすりがけ

必要に応じてバラストを着色します。着色後は線路上の塗料を落とし、車両が走行することを確認しましょう。

川や水田に水を入れる

情景の一部にでも水の表現があると自然をより演出することができます。浅瀬の水表現は、透明のグロスポリマーメディウムを塗り重ねるだけで簡単に表現可能です。

水底へ着色する

1

水底への着色P.122

水の色は水底への着色で表現します。アクリル絵の具を塗装しておきます。

メディウムを塗布する

2

ここではKATOの大波小波を使用

グロスポリマーメディウムを筆で塗布します。乾燥後に塗り重ねると厚みを出せます。

乾燥させる

3 1日以上乾燥させる

埃に気をつけながら、1日以上乾燥させます。前の手順で表面に凸凹をつけると水面の揺れを表現できます。

川も同様

4

川をつくるP.126

川や池なども同様の方法で表現できます。小さいジオラマやレイアウトの情景にオススメの手法です。

🚃 建物の設置

建物は取り付けまでに仕上げておきましょう。設置するときは接着して固定してもよいですし、取り外しできるようにしても構いません。電飾を仕込むときは、取り付ける前に土台へ配線用の孔を開けておきましょう。

建物を仕上げる

1

建物の組み立てP.158
建物を仕上げるP.166

建物は設置するまでに組み立てや塗装、ウェザリングを施して仕上げておきます。

設置する

2

建物の設置P.164

土台の素材に適した接着剤で固定し、異なるメーカーどうしは、地面を嵩上げし高さを揃えます。

電飾を入れる

3 建物に電飾を入れるP.186

電飾を取り付けた

電飾を入れる場合は、事前に地面へ孔を開けておきます。建物の遮光対策も忘れずにしましょう。

🚃 草木を植える

情景に草や木を植え込みます。情景製作の終盤の工程です。緑が入ると一気に完成に近づきます。背の低い草むらから順番に植えていきましょう。

雑草をつくる

1

草を撒くP.102 103 104

グラスアプリケーターで繊維素材を撒布。静電気の力で立たせた状態で草を撒くことができます。

草むらをつくる

2 プランツシートを貼り付けた

木工用ボンドで接着

プランツシートを薄く伸ばし貼り重ね草むらをつくります。前の手順の雑草に被せるとより立体感が出ます。

樹木を植える

3

樹木をつくるP.110
樹木を植えるP.117

KATOの樹木キットでつくった針葉樹を植えます。地面に孔を開け差し込み、ボンドで接着します。

🚃 細部の仕上げ

最後の仕上げとして小物を取り付けて完成です。車や人形、その他の小物を取り付けます。細かいアイテムが加わると情景が賑やかになります。

人形の取り付け

1

タッキー
ワックス
で接着

人形、小物の取り付けP.165

人形の設置ですが、それぞれの人が何をしようとしているのかをイメージしながら設置しましょう。

小物の取り付け

2

強固に接着する場合は
ゴム系接着剤または木工用ボンドで

その他の小物は踏切警報器や信号機、電柱など小さいアイテムでも、存在感のあるものばかりです。

建物の裏にも

3

ふと目に入る建物の裏側にも小物を設置すると、精密感とつくり込みを演出することができます。

完成

すべてのアイテムの取り付けが終われば完成です！　最初は何もなかった土台の上に、自分だけの世界ができあがりました。毎日少しずつ工作をしていると、百点満点ではなくともいずれ形になります。さらに手を加えていくのも楽しみ方のひとつ。あとは車両を走らせたり飾ったりして遊びましょう！

Nゲージを楽しむために知っておきたい基本的な用語をまとめました。
気になる用語を確認して鉄道模型づくりのテクニックの上達に役立てましょう。

あ行

アクセサリー
一般的には飾りのことをいいますが、レイアウトやジオラマでは電柱や看板、各種の標識、人形など小物のことをさします。情景に生き生きとした表情を醸し出すための重要なアイテムです。

アクリル絵の具
アクリル樹脂を固着材に用いている絵の具で、アクリル塗料の一種です。水彩絵の具のように筆塗りができます。

アクリル塗料
模型に使われる塗料のひとつで、水溶性のため毒性が少なく、安心して使えます。ラッカーよりも乾きは遅く、筆塗りに向いていますが、吹き付けもできます。筆は水洗いができますが、専用の溶剤もあります。水溶性ですが、乾燥させると耐水性になります。

アダプター
コンセントから入力する交流電流（AC）を使う機器に合わせた形式の電力に変換して出力する装置です。

アーノルド型カプラー
カプラーとは連結器のことです。鉄道模型で使用されるもっともスタンダードなカプラー。ドイツのアーノルト・ラピート社の製品から普及したため、このように呼ばれます。

インレタ（インスタントレタリング）
車両表面の文字やマークを転写できる便利なシール。台紙を模型の表面に当て、先の丸いものでこすると、文字やマークが転写されます。転写したインレタを剥がれにくくするには、台紙をその上に当てて、全体を軽くこすっておくとよいでしょう。

ウェザリング
建物などの劣化や腐食、変退色など自然環境にさらされてできた汚れを再現する塗装技法です。塗料だけでなく、パステルなども使います。

エアブラシ
圧縮空気で、塗料をシュッと霧状に吹きつけて塗装するための道具。筆塗りと異なりムラのない塗面が得られ、ぼかし塗りや塗り重ねもスムーズにできます。

エナメル塗料
模型に使われる塗料のひとつです。不透明タイプの塗料です。均等に広がりつやが美しく、ラッカーやアクリル塗料を侵さないので、筆塗りやスミ入れなどに適しています。専用の溶剤で薄めて使います。

エンドレス
鉄道模型のもっとも基本的な線路の組み方で、一般的には円や楕円形などに線路をつないだ状態になります。文字通り、終点のないのが名前の由来です。

エンドレスレイアウト
エンドレスの線路を組み込んだレイアウトのことです。

オーバルレイアウト
オーソドックスな小判形（楕円形）に組んだ線路のレイアウトのことをいいます。

か行

カプラー
カプラーとは連結器のことです。車両の種類やメーカーごとに、異なる形状をしていることが多く、種類がたくさんあります。形が異なると基本的に併用することはできません。

軌間
軌間鉄道の2本のレールの間の幅のことをさします。模型も実物もレール間の内側の幅の長さを測定した数値を使用します。

キット
組み立てて完成させる商品。完成までの部品がトータルでセットになっているものが多いですが、車両キットなどはモーターなどの部品が別売りの場合もあります。塗装が必要なもの、塗装済みのものなど形態はさまざまで、素材もプラから真鍮、紙などさまざまです。組み立ての難易度はキットによって違いがあります。

筐体
機械や電気機器などを中に収めた箱のことです。

グラスアプリケーター
静電気の力を利用して草素材に帯電させて、地表に垂直に立たせることができる道具のこと。代表的な製品にKATOの芝生の達人3があります。

グルーガン
スティック状のプラスチックを熱で溶かして接着する、ピストルのような形をしたアイテムです。

グロスポリマーメディウム
アクリル絵の具と混ぜて薄めて光沢を出すためのメディウムです。そのまま塗ると乾燥後に透明になります。

ケガく
木材やプラスチック板などの素材に、加工のために線や位置などの補助線を描くことです。

建築限界
車両が通過するときに支障が出ないように定める限界範囲のことです。車両と建築物などが接触しないように建築限界内に物を置いたり建てたりしないように気をつけます。

ゲージ（gauge）
ゲージは線路（2本のレール）の間隔（鉄道の軌間）のことです。広義には縮尺を示すこともあります。

コネクタ
コネクタとは電力や電気信号の流れをつなぐための部品です。コントローラーと線路をつなぐ場合に用いられます。コネクタとはつなぐという意味です。

ゴム系接着剤
模型工作でよく使われる接着剤のひとつ。乾きが早く固着するととれにくい特徴があります。素材を問わないので便利です。

さ行

サブテレイン
情景製作の地形をつくる素材で勾配をつくるときなどに用います。発泡スチロールでできています。同種の製品にフレキ勾配があります。

サンドペーパー（紙やすり）
研磨剤が付いている厚紙のこと。紙の裏面に書いてある#のついた数字は、研磨剤の目の荒さを表し、番手と呼びます。番手が大きくなるにつれて目が細かくなり、表面処理をする際は、通常番手の小さいものから大きいものの順番で使用します。目詰まりしないように水で濡らしながら研磨することもできます（水研ぎ）。Nゲージの情景製作なら240番、400番、600番、800番、1000番あたりを揃えておくとよいでしょう。

サーフェイサー
塗装前のパーツの表面を整え、塗装の仕上がりを美しくするための専用塗料です。塗装の下地のこと。

ジェッソ
アクリル絵の具の下地剤として使用する素材。土台の表面を整える作用があります。

ジェルメディウム
グロスポリマーメディウムよりも硬めで、光沢性のある盛り上げ材です。そのまま塗ると乾燥後に透明になります。

ジオラマ
フランス語からきており、風景を立体的に見せる手法という意味。鉄道模型ではレイアウトと同じことをさします。本来、車両運転を考えない情景模型のことを示し、もともとは運転のできる情景模型はレイアウトと呼び分けていました。

治具（じぐ）
補助工具のことをいいます。

瞬間接着剤
硬化時間が非常に速く、接着力も強い接着剤です。ゼリー状のものなどもあり、用途によって使い分けるとよいでしょう。

ジョイナー
レールとレールをつなぐパーツ。機能的には電気的な接続をはかるもの。逆に電気的に絶縁する絶縁ジョイナーなどもあります。

ジョイント道床
フレキシブル線路と道床付き線路をスムーズに接続するためのものです。

真鍮（黄胴、ブラス）
鉄道模型で使われる金属材料の中でいちばん代表的なものです。完成品やキット、自作にも使われています。

シンナー
ラッカー系塗料を薄めて粘度を下げるために使われる有機溶剤です。シンナーを含む溶剤を使うときは必ず換気できる環境で使用します。

シーナリー
鉄道模型の世界では鉄道路線の風景をさします。線路やストラクチャー（建物、構造物）を除く山や川、草原などの自然の部分です。

スケール（scale）
スケールとは、実物の鉄道車両の寸法を縮尺であらわすための尺度のことをいいます。Nゲージは1/150のスケール（縮尺）です。

スタイロフォーム
スタイロフォームはポリスチレン樹脂を主原料とする発泡体の断熱材です。鉄道模型工作では地面の土台などに使います。

スチレンボード
スチレンボードは「ポリスチレンフォーム」という素材を圧縮することで強度を持たせた発泡板で、一般には断熱材に使われます。模型工作では地面の表現をはじめ幅広く使用する素材です。

ストラクチャー
レイアウトやジオラマで情景を再現するための建造物のことです。駅舎やプラットホーム、民家などの建物のほか、鉄橋やトンネルポータルなどもさします。

スミ入れ
模型のパーツの凹んだ部分に塗料を流し込み、模型の表面の凸凹をハッキリと目立たせる作業です。

スラブ軌道
線路を支える道床の一種で、コンクリート製の板状のブロックの上に線路を敷設しています。

線路
2本のレールを枕木の上に並べたもの。線路のことをレールと呼ぶこともあります。鉄道模型の車両は、レールに流された直流電源を車両で集電して、モーターをまわして走る仕組みになっています。

た行

タッキーワックス
仮留めや付け外しができる接着剤です。人形やミニカーなど取り外しできる状態で設置したいときに用います。

ダボ
固定するために用意されている出っ張りのこと。

ダマ
粉末を溶かすときにできる粉のかたまりをさします。

チッピング塗装
もともとチッピングには「欠ける」という意味があります。鉄道模型では「塗装が剥がれた感じ」の表現をするときに使います。

デカール（ディカール）
車両の文字やマークを転写するシールの一種です。台紙ごと水に入れて、台紙から転写膜を浮かして模型に貼ります。

テクスチャーペイント
情景のベースとなる土の表現に最適な塗料。

デコーダ
DCCでコントローラーからのデジタル信号を受け取り、モーターを動かす出力に変換するコンピュータ基板のことです。

デッキガーダー鉄橋
橋桁部が線路の下になっている鉄橋です。開放的なつくりで、通過する車両の車輪や床下機器などをよく見せることができます。

道床
線路構造の一部で、線路を支える砂利を盛り上げた部分やその下の土台まで含みます。鉄道模型の世界では砂利盛りの部分のみをさします。

道床付き線路
実際の鉄道の線路はレールと枕木だけでなく、それらを支える道床と路盤までが含まれます。模型では道床と枕木にレールが固定されているものを道床付き線路といいます。

トップコート
トップコートはコーティングすることで、「塗膜」「デカール」「汚し（ウェザリング）」などを保護してくれる透明のスプレーです。「光沢」「半光沢」「つや消し」の種類があります。

ドライブラシ
筆に付けた塗料を拭き取って、筆先にわずかに残った塗料で塗る技法のことをいいます。スミ入れとは逆で凸部分に色を載せ、凸凹を目立たせる作業です。

トラス
三角形を基本単位として構成する構造形式で、鉄橋に使用されることが多いです。

トラム
路面電車のことをさします。

トレーラー車
客車や貨車のように自走するための動力を載せていない車両のことです。

な行

ナローゲージ
線路の幅（ゲージ）が国際標準軌1435mm（スタンダードゲージ）よりも狭い鉄道のことをいいます。模型ではNゲージの場合は軌間が6.5mmなど9mmよりも狭い軌間を使った模型などがあります。

のり面
人工的な斜面のことです。

は行

パイク
箱庭的な超小型レイアウトのことです。

パウダー
一般的には粉をいいますが、鉄道模型ではジオラマパウダー、カラーパウダーなどの情景用素材です。特殊樹脂や木粉素材などに着色してあり、地面や草、葉、花などの表現として使います。

パステル
顔料を粉状にしたもので、チョーク状になったものもあります。車両やストラクチャーのウェザリングに使います。

発泡スチロールカッター
発泡スチロールを切断するためのカッターです。発熱タイプと刃物タイプがあります。厚さのある発泡スチロールを切断するときやたくさん切断する場合は発熱タイプが便利です。

バラスト
線路と枕木が敷かれた下の部分を道床といいますが、ここに敷きつめられている砂利のことをバラストといいます。別名バラスともいいます。

バリ
製造過程でできてしまう余分な突起やささくれのことです。

パワーパック（コントローラー）
鉄道模型の制御機器のことです。模型車両のスピードや走る向きを制御します。コントローラーとも呼ばれています。

はんだ付け
スズと鉛の合金でつくられたはんだを、電気はんだごての熱で溶かして、真鍮どうしなどの金属部材と部材の間にはんだを流して接合する技法です。

パーツ
部品のことをいいます。

ヒケ
パーツの表面が凹んでいる部分のことです。

フィーダー
コントローラーから出力されたケーブルが線路と接続される箇所をフィーダーといいます。フィーダーを備えた専用線路をフィーダー線路といいます。

フォーリッジ
粒状になった情景用素材の一種です。植込み、樹木、下草などの表現に向いています。

プライマーサーフェイサー（プラサフ）
塗料の食い付きをよくするプライマーと、表面を整えるためのサーフェイサーが一緒になったものです。

プラスター
水に溶いて使用する地面や岩肌をつくるための粉末状の石膏。硬化にかかる時間は長いですが、作業がしやすく乾燥後も頑丈です。

プラスタークロス
荒く織った布にプラスター（石こう）をまぶしてある素材です。水につけて貼るだけで地形の表面をつくれます。

プラ用接着剤
プラスチック素材の接着に適した接着剤です。

フランジ
車輪の外周にそってある帽子のつばのような出っ張りです。

プランツ
KATOが販売している草を再現するための素材の名称。目の細かいパウダー状のものからちぎって使うスポンジ状のものまであり、粒の大きさによって名称が異なります。

プランツシート
プランツの一種で細かいネットに細かいスポンジ粒を絡ませた素材です。

フレキシブル線路
通称"フレキ"と呼ばれる模型用の線路。プラスチック枕木にレールがはめられた状態で売られています。一般的な道床付き線路と違い、自由なカーブに曲げることができます。

閉塞運転
線路をいくつかの区間に区切り、その区間に１本の列車しか走行させないようにする運転方法のことです。

併用軌道
自動車が走る道路上に敷設された軌道のことです。鉄道模型では市街を走る路面電車の表現に使われます。

ポイント
線路の分岐点に設置され、進路を転換するときに線路を分ける装置のことです。Nゲージでは電動で動かせるポイントスイッチが発売されています。

ボンド水
バラストや草、砂などの固着や固めたりするときに使います。水に木工用ボンドを混ぜることで簡単につくることができます。スポイトで滴下させながら使います。

ポータル
トンネルの出入り口を再現できるストラクチャー素材です。

ま行

マスキング
塗装のとき、塗ってはいけない部分をマスキングテープなどで被うこと。吹き付けや、筆塗りのときにも便利です。

マットメディウム
アクリル絵の具と混ぜてつや消しにするためのものです。本来は画材ですが、仕上がりをつや消しにしたい部分への接着剤としても使えます。

メディウム
メディウムは下地に用いたりアクリル絵の具に混ぜたりして使用する添加剤のことで、マットメディウム、ジェルメディウムなどいくつかの種類があります。

目止め
表面の凸凹や隙間を埋め、コーティングすることです。

モジュール
鉄道模型のレイアウト形態のひとつで、車両が走れるように線路を敷いた一区間だけの情景のことです。線路をつなげたり、モジュールどうしをつなげて車両を走らせるようにすることもできます。

モジュールレイアウト
一定の規格にしたがってつくったモジュールどうしを連結することでひとつのレイアウトになった状態のこと。集合式レイアウトとも呼ばれます。

モデリングペースト
モデリングペーストは大理石の粉末を含んだ粘りの強いパテ状の白色下地剤です。

木工パテ
木材への使用に特化したパテ。柔らかく、小さな凹みに入りやすいので細かい補修作業に向いています。

木工用ボンド
紙や木の接着に使う専用接着剤です。木材用に特化したタイプと、陶器やプラスチックなど多用途に使えるタイプとあります。水で薄めてボンド水として使えます。

モーター
鉄道模型の動力部分。車両は線路に流れた電気を車輪から給電して走ることができます。

や行

ヤード
貨物車両の入れ替えや組み換えを行うたくさんの線路がある貨物列車の停車場のことです。

擁壁
擁壁とは崖や盛土が崩れ落ちるのを防ぐために築かれた壁のことで、レイアウトに取り入れるとちょっとしたアクセントになります。

ら行

リベット
重ね合わせた鋼材を締結するのに用いる、金属製の部品です。頭部とねじ山のない胴部からなります。

リレーラー
走行中に脱線した車輪をレール上に復帰させる器具です。リレーラーを用いることでレールの上に簡単に車両を載せることができます。

レイアウト
模型列車を走らせるための線路と情景を備えた目的でつくられた運転施設のことです。レイアウトとは配置ということです。線路を配置することから、この名称があります。

レジン
レジンはプラスチックでつくられた「合成樹脂」のことです。深さのある水を表現するときに用います。

連結器
車両と車両をつなぐための機器。鉄道模型の世界ではカプラーと呼びます。

レール
車両の車輪を支え、進む方向を定めるための鋼鉄製の細長い棒で、線路を構成する重要な部分です。鉄道模型では２本のレール、枕木、バラストが一体になっている道床付きのレールのことをいうことが多いです。

ロックモールド
岩をつくるための岩の形をしたシリコン製の型のことです。石膏を流し込むと綺麗な岩ができあがります。

A to Z

Bluetooth
無線通信技術の一種で10m程度の短距離の通信規格です。

C（シー）
曲線線路の半径を示す記号で、TOMIXの線路で用いられています。数値はmmで表示します。「C391」は半径391mmの曲線をあらわします。

DCC（デジタルコマンドコントロール）
デジタル信号をレールに流して車両やポイントなどに直接指令を送り、鉄道模型を遠隔制御する方式のことです。

S（エス）
直線線路の長さを示す記号で、数値はmmで表示します。「S248」は長さ248mmの直線線路です。

R（アール）
曲線線路の半径を示す記号で、KATOの線路で用いられています。数値はmmで表示します。「R348」は半径348mmの曲線をあらわします。

さくいん

※太字は詳しく説明しているページを示しています

● 著者紹介

SHIGEMON
(しげもん)

鉄道模型・3Dプリンター・ジオラマ製作を中心に動画を作成。YouTube登録者数11万3000人（2025年3月現在）。精巧で魅力的なジオラマ製作が定評で、鉄道施設の記録として製作したジオラマを公共施設に提供したり、イベントへの展示物を製作するなど幅広い活動をしている。また関連メーカーへの取材を精力的に行い、最新の製品を積極的に紹介。誰もが楽しめる魅力的な鉄道模型の世界を発信する第一人者だ。

● STAFF

デザイン	松田 満（RAWSUPPLY DESIGN SOCIETY）
DTP	株式会社 ACQUA
	ルナークス
	山上 剛
	西川梓（デザイン工房すじこ）
	キックグラフィックス 上中 謙
	大村タイシデザイン室
撮影	SHIGEMON
編集制作	オネストワン（田中一平、田中正一、内田未央）
企画・編集	成美堂出版編集部（原田洋介、芳賀篤史）

● 協力（50音順）

アルモデル
一般社団法人鉄道模型コンテスト
オートデスク 株式会社
株式会社アドバンス
株式会社 グリーンマックス
株式会社 関水金属（KATO）
株式会社 津川洋行
株式会社 トミーテック
株式会社 ハセガワ（MODEMO（モデモ））
株式会社 ポポンデッタ
株式会社 マイクロエース
東京ジオラマファクトリー
原鉄道模型博物館

● 編集後記（オネストワン）

本書の著者は、若い頃に祖父から贈られた成美堂出版の『はじめての鉄道模型』を愛読していました。そして今回、偶然にも本書の執筆を依頼することになりましたが、それは偶然以上の縁だったのかもしれません。

一冊の本との出会いが、時を経て新たな一冊へとつながる──本が持つ不思議な力を感じた瞬間でした。

本書が、これから鉄道模型の世界へ踏み出す人や、さらなる技術を磨きたいと願うファンの皆様にとって、少しでもお役に立てれば幸いです。

★P.185で紹介しているAutodesk Fusionの
お問い合わせ先はこちら
https://www.autodesk.com/jp/products/fusion-360/

やりたいことから引ける! 鉄道模型Nゲージ テクニックバイブル

著 者	SHIGEMON（しげもん）
発行者	深見公子
発行所	成美堂出版
	〒162-8445　東京都新宿区新小川町1-7
	電話(03)5206-8151　FAX(03)5206-8159
印 刷	TOPPAN株式会社

©SEIBIDO SHUPPAN 2025　PRINTED IN JAPAN
ISBN978-4-415-33425-7
落丁・乱丁などの不良本はお取り替えします
定価はカバーに表示してあります